Horstmann
Olberding
Schubert
Velasco-Töpfer

¡Claro que sí!
Spanisch in Beruf und Alltag

2. Auflage

Stam 7374

Vorwort

Das Buch richtet sich an jugendliche und erwachsene Lernende ohne Vorkenntnisse, die die spanische Sprache von Grund auf lernen wollen.

Mit Themenschwerpunkten zur spanischen und lateinamerikanischen Landeskunde sowie zu wirtschaftlichen Fragen der spanischsprachigen Welt ist es besonders geeignet für Schülerinnen und Schüler der Höheren Handelsschule, der dreijährigen höheren Berufsfachschule mit gymnasialer Oberstufe sowie für den Ausbildungsgang Kaufmännische/-r Assistent/-in Fremdsprachen.

Darüber hinaus eignet sich das vorliegende Buch vor allem für Lernende in Sprachschulen mit einer praxisnahen und wirtschaftsbezogenen Ausbildung zum Fremdsprachenkorrespondenten und in Fort- und Weiterbildungskursen bei Industrie- und Handelskammern und sonstigen öffentlichen und privaten Trägern.

Konzept und Lernziel

„Claro que sí" enthält 28 Lektionen, die jeweils umfassen:

- einen themenbezogenen Text mit Fragen zum Verständnis und zur selbständigen Anwendung der vermittelten Strukturen und Inhalte,
- einen übersichtlich strukturierten Grammatikteil mit zahlreichen Beispielen in spanischer Sprache und knapp gefaßten Regeln,
- einen ausführlichen Übungsteil mit variierenden Übungstypen zur Festigung von Grammatik und Wortschatz sowie zu ihrer selbständigen Anwendung,
  Eine Übung besteht stets aus einer Übersetzung ins Spanische, um die Fertigkeit des „Übersetzens" ins Spanische zu entwickeln.
  Arbeitsanweisungen werden von der 1. Lektion an in einfacher spanischer Sprache gegeben und dem Lernenden entsprechend angepaßt.
- ausführliche praktische Kommunikationsaufgaben und Rollenspiele, die im besonderen auf die Entwicklung und Förderung kommunikativer Fähigkeiten in persönlichen und beruflichen Situationen vorbereiten.

Im Anhang werden die wichtigsten Themen der Geschäftskorrespondenz in Beispielen dargestellt. „Claro que sí" fördert über Dialoge und Rollenspiele die Hör- und Sprechfähigkeit, entwickelt durch Fragen und Aufgaben zu den vorgegebenen Texten das Leseverständnis und erweitert durch das Abfassen von Privat- und Geschäftsbriefen die Schreibfertigkeit. Darüber hinaus werden die Voraussetzungen für das Übersetzen einfacher Texte und das Dolmetschen in allgemeinen privaten und beruflichen Situationen geschaffen.

Ein Vokabelverzeichnis zu jeder Lektion erfaßt die neuen Wörter. Ein alphabetisches Wörterverzeichnis gibt an, an welcher Stelle ein Wort eingeführt wird und erleichtert den Umgang mit „Claro que sí".

Einen besonderen Dank sagen wir unseren spanischen und lateinamerikanischen Freunden, vor allem Frau Patricia Abeler (Costa Rica/Möhnesee) und Herrn José Gutiérrez (Hamburg/Spanien), die uns bei der Erstellung des Manuskripts geholfen haben.

Zu „Claro que sí" gibt es eine Sprachcassette (Stam 9859), die sämtliche Lektionstexte umfaßt.

Stam Verlag
Fuggerstraße 7 · 51149 Köln

ISBN 3-8237-7374-7

© Copyright 1997: Verlag H. Stam GmbH · Köln
Das Werk und seine Teile sind urheberrechtlich geschützt. Jede Verwertung in anderen als den gesetzlich zugelassenen Fällen bedarf deshalb der vorherigen schriftlichen Einwilligung des Verlages.

Inhalt

Lección	Título	Gramática	Situación comunicativa	Página
1.	En la universidad	pronombres interrogativos I ser, artículos, sust.sing./pl., verbos en -ar, la negación	sich vorstellen, sich begrüßen, Herkunftsort, nach dem Befinden fragen.	6
2.	En el bar de la universidad	ir, ir en, estar; Gebrauch estar, hay, ser, genitivo	Gespräch in der Bar: Was trinkst du? etc..	14
3.	La familia Soler	verbos en -er, tener, hacer, pron. posesivos, números I (1–19), pron. interrog. II, sintaxis	Informationen über die Familie geben, Alter angeben	22
4.	En la agencia de viajes	verbos en -ir, salir, números II (20–99), la hora, adjetivos, mucho, sust. en -ion	Informationen über die Familie geben, Alter angeben	30
5.	Algunas informaciones sobre España	muy–mucho, ver	über sein Land erzählen	38
6.	En el Corte Inglés	la negación, querer, poner, ir a + inf., gustar, pron. demostrativos	Kleidung einkaufen, nach dem Weg fragen	42
7.	Dos cartas	los números III (ab 100), la fecha, pron. personal en nom., adjetivos, saber, venir	Briefe schreiben, einen Ort vorstellen, nach Geburtstag und Alter fragen	50
8.	Por la tarde	acusativo personal, empleo del artículo definido, verbos con diptongo (ue, ie), días de la semana, el tiempo	telefonieren, Planung der Freizeit, über das Wetter berichten	58
9.	Una excursión memorable	el pretérito perfecto, por + Tageszeit	sich über die Freizeit unterhalten, einen Brief schreiben	65
10.	Cartas	verbos con infinitivo, la oración interrogativa indirecta, verkürzte Adjektive	Brief schreiben an Hotels, Reisebüro, Verkehrsamt	69
11.	En el banco	tener que + infinitivo, hay que + infinitivo, se habla, todo, estar + participio perfecto, Nationalitätenadjektive	in der Bank: Geld tauschen etc., Europäische Union: Währungen, Ländernamen etc.	76

12.	La mudanza	el participio perfecto irregular, el pronombre personal como complemento directo, el pronombre relativo neutro (lo que, todo lo que), venir	Umzug: nach Dingen fragen, Gegenstände suchen, Briefe schreiben	85
13.	Cena entre amigos	el gerundio, el complemento directo, el complemento indirecto, Stellung des Personalpronomens	Essen zubereiten, Zutaten, Brief schreiben	92
14.	Hispanoamérica	la gradación del adjetivo, formas irregulares de la gradación, la comparación, los números IV (millón)	Statistiken beschreiben, Dinge miteinander vergleichen, über ein Land erzählen, Brief schreiben, Fragen zu Hispanoamerika beantworten	97
15.	Un día laboral	preposiciones, verbos reflexivos	einen Brief schreiben und den eigenen Tagesablauf schildern, Text zum Thema: día laboral schreiben	104
16.	Una comunidad autónoma española	adverbios, „lo" als neutraler Artikel	über eine Region berichten, eine Statistik beschreiben, sich gegenseitig Fragen zu einem Thema stellen	109
17.	Una comida de negocios	negaciones (algo, nada, alguien, nadie, alguno, ninguno), Fragepronomen ¿cuál?	Brief schreiben (Hotel bestellen), Dialog: Auf einer Messe Gespräche führen, von einem Tag auf der Messe berichten, Gespräche dolmetschen	117
18.	Aspectos del turismo	el pretérito imperfecto, formas regulares e irregulares ser e ir hace, desde hace, desde	Text zum Thema „turismo" verfassen, Vor- und Nachteile des Tourismus formulieren, Dialog: turista-campesino dolmetschen	124
19.	El problema del agua	el futuro imperfecto, indirekte Rede	Brief schreiben, berichten, was man gemacht hat und was man machen wird	131
20.	Argentina – un crisol de la cultura europea	Gebrauch von pretérito perfecto und pretérito imperfecto, Präpositionen, seguir + gerundio, Prozentzahlen	über ein lateinamerikanisches Land berichten, Wirtschaftsdaten von 2 Ländern vergleichen	138

21.	Gente de fuera	Konjunktionen: si, cuando, mientras que, das alleinstehende Personalpronomen	Statistiken verbalisieren und analysieren	146
22.	Una gallega de Bremen	el pretérito indefinido: Formen und Gebrauch	Abfassen eines landeskundlichen Textes, Fragen stellen zur Situation eines ausländischen Arbeitnehmers	151
23.	Madrid, una capital joven	pretérito imperfecto und pretérito indefinido: Gebrauch der Zeiten, Adjektivo + ísimo	Fragen stellen, Brief schreiben, über die spanische Hauptstadt sprechen	158
24.	Nos rodea la publicidad	Der Imperativ: bejahte und verneinte Formen	Aufforderungen und Befehle formulieren, Wegbeschreibungen formulieren	165
25.	Se necesita una mano de obra cualificada	Der Konjunktiv: Formen und Gebrauch	eine Wohnung beschreiben, ein Büro beschreiben, Tätigkeiten in einem Büro erläutern	172
26.	La nueva Andalucía	Das Konditional: Formen und Gebrauch; die Verwendung des Personalpronomens bei vorausgehendem Objekt	Wünsche und Wunschvorstellungen äußern; einen Supermarkt beschreiben; ein Verkaufsgespräch aus der Sicht eines Verkäufers und eines Käufers führen	180
27.	Sandías de Cádiz	Gebrauch von 2 Personalpronomina; Infinitivkonstruktion zur Satzverkürzung; alguno/a; ninguno/a; die Verkleinerungsformen; conocer	über ein Gespräch mit anderen berichten; Abfassen eines persönlichen Briefes; ein Gespräch an einer Hotelrezeption führen; eine Bildgeschichte versprachlichen; die Beschäftigungsstrukturen anhand von Statistiken beschreiben und vergleichen	186
28.	Costa Rica: ¿la Suiza centroamericana?	Das Passiv	über ein mittelamerikanisches Land berichten; Brief schreiben	193

Apéndice 198
Correspondencia comercial 199
Fonética y gramática 203
Vocabulario 220

Lección uno 1

En la universidad

Es un curso de alemán en la Universidad Autónoma de Madrid. Aquí estudian chicos, chicas y adultos.

1. Pablo: – Hola, soy Pablo. Y tú, ¿quién eres?

   Enrique: – Soy Enrique. Soy estudiante. Estudio aquí en la Universidad Autónoma de Madrid.

   Enrique: – Hola Pablo, ¿qué tal?

   Pablo: – Bien, ¿y tú?

   Enrique: – Pues, regular.

2. Carmen: – Buenos días, soy Carmen Latorre Moreno. ¿Y usted?

   Teresa: – Soy Teresa Segura Vidal. Soy secretaria.

   Carmen: – ¿Dónde trabaja usted?

   Teresa: – Trabajo en un colegio. ¿Y usted?

   Carmen: – También trabajo en un colegio. Soy profesora.

6 Lección uno

Carmen:	–	Buenos días, Teresa. ¿Cómo está usted?
Teresa:	–	Muy bien, gracias. Y usted, ¿cómo está?
Carmen:	–	Muy bien.

3.
Pilar:	–	Hola, Antonio. ¿Cómo estás?
Antonio:	–	Hola, Pilar. Pues, regular.
Pilar:	–	¿Quién es la chica?
Antonio:	–	Es Dolores. También estudia aquí.
Dolores:	–	Sí, estudio aquí. Pero no soy de aquí.
Pilar:	–	¿De dónde eres? ¿De Salamanca?
Dolores:	–	No. No soy de Salamanca. Soy de Segovia. Y tú, ¿de dónde eres?
Pilar:	–	Soy de Burgos. Bueno, hasta mañana.
Dolores:	–	Adiós, Pilar.

B Contestar las preguntas

1.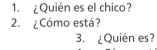
   1. ¿Quién es el chico?
   2. ¿Cómo está?
       3. ¿Quién es?
       4. ¿Cómo está?
       5. ¿Qué es?
       6. ¿Dónde estudia?

2.
   1. ¿Quién es?
   2. ¿Dónde trabaja?
   3. ¿Qué es?
       4. ¿Cómo está?
       5. ¿Quién es?
       6. ¿Qué es?
       7. ¿Dónde trabaja?
       8. ¿Cómo está?

3.
   1. ¿Quién es el chico?
   2. ¿Cómo está?
   3. ¿Quién es la chica?
   4. ¿Dónde estudian la chica y el chico?
   5. ¿De dónde es la chica?
   6. ¿Quién es la chica?
   7. ¿Dónde estudia?
   8. ¿De dónde es?

Lección uno 7

C Gramática

1. Pronombres interrogativos (Fragewörter)

		Ejemplo
¿Cómo?	Wie?	¿Cómo estás, Pablo?
¿Dónde?	Wo?	¿Dónde estudia Enrique?
¿De dónde?	Woher?	¿De dónde eres?
¿Quién?	Wer? (Singular)	¿Quién trabaja?
¿Quiénes?	Wer? (Plural)	¿Quiénes son?
¿Qué?	Was?	¿Qué es Carmen?

2. El verbo *ser* (Das Verb *sein*)

singular	plural
soy (ich bin)	somos (wir sind)
eres (du bist)	sois (ihr seid)
es (er/sie/es ist)	son (sie sind)

3. El artículo indefinido y el artículo definido
(Der unbestimmte und der bestimmte Artikel)

el artículo indefinido

	singular	plural
masculino	un chico	unos chicos
femenino	una señora	unas señoras

el artículo definido

	singular	plural
masculino	el curso	los cursos
femenino	la secretaria	las secretarias

Der Plural des unbestimmten Artikels unos, unas gibt die ungefähre Anzahl an (unos chicos = einige, ein paar Jungen).

Lección uno

4. El género del sustantivo (Das Geschlecht des Substantivs)

masculino:	el chico	Substantive auf -o sind in der Regel männlich.
femenino:	la chica	Substantive auf -a sind in der Regel weiblich.
	el señor	Einige Substantive enden auf Konsonant –
	la universidad	hier ist das Geschlecht nicht am Wort erkennbar.

5. El singular y el plural del sustantivo (Der Singular und der Plural des Substantivs)

	singular	plural	
masculino	*el chico*	*los chicos*	Substantive, die auf Vokal enden, bilden den Plural durch Anhängen von -s.
femenino	*la chica*	*las chicas*	
masculino	*el señor*	*los señores*	Substantive auf Konsonant bilden den Plural durch Anhängen von -es.
femenino	*la universidad*	*las universidades*	

6. Verbos regulares *en -ar* (Regelmäßige Verben auf -ar)
trabajar (arbeiten)

singular	plural
trabaj*o* (ich arbeite)	trabaj*amos* (wir arbeiten)
trabaj*as* (du arbeitest)	trabaj*áis* (ihr arbeitet)
trabaj*a* (er/sie/es arbeitet)	trabaj*an* (sie arbeiten)

D Ejercicios

1. Formular preguntas

Ejemplo: Es Antonio. ¿Quién es?

1. Antonio está bien.
2. Enrique es estudiante.
3. Estudia en Madrid.
4. Teresa es secretaria.
5. Trabaja en un colegio.
6. Dolores es de Segovia.
7. Son estudiantes.
8. La chica es Carmen.
9. Son Pilar y Antonio.
10. Estudian en Madrid.

Lección uno 9

2. Formular preguntas

1. Es la Universidad Autónoma de Madrid. *(una pregunta)*
2. En la universidad estudian chicos, chicas y adultos. *(dos preguntas)*
3. Pablo está bien. *(dos preguntas)*
4. Enrique es estudiante en la Universidad Autónoma de Madrid. *(dos preguntas)*
5. Teresa Segura Vidal es secretaria y trabaja en un colegio. *(tres preguntas)*
6. Carmen Latorre Moreno es profesora y trabaja también en un colegio. *(tres preguntas)*
7. Carmen y Teresa trabajan en un colegio. *(dos preguntas)*
8. Antonio y Pilar son estudiantes en la Universidad Autónoma de Madrid. *(tres preguntas)*

3. Emplear las formas de ser

1. Pilar ... estudiante.
2. La chica ... de Segovia.
3. Los chicos ... de Burgos.
4. ¿De dónde ... ?(2ª pers. sing.)[1)]
5. ... (1ª pers. sing.)[1)] de Madrid.
6. Carmen ... profesora.
7. Teresa ... secretaria.
8. ... (1ª pers. plur.)[1)] estudiantes.
9. ¿De dónde ... ? (2ª pers. plur.)[1)]
10. ¿Quiénes ... las chicas?

4. La negación

Ejemplo: Carmen Latorre Moreno **trabaja en** un colegio.
(no – universidad)
No trabaja en la universidad.

1. Soy de Segovia. *(no – Burgos)*
2. Pilar es estudiante. *(no – secretaria)*
3. Estudiamos en Madrid. *(no – Salamanca)*
4. Son estudiantes. *(no – profesores)*
5. Soy Enrique. *(no – Pablo)*
6. Eres de Madrid. *(no – Segovia)*

5. Formar el plural

1. el estudiante
2. la universidad
3. el curso
4. la chica
5. el señor
6. el colegio
7. la profesora
8. una secretaria
9. una señora
10. un colegio
11. una universidad
12. un estudiante
13. un chico
14. un señor

[1)] primera persona de singular
segunda persona de singular
primera persona de plural

6. Emplear el artículo indefinido

1. ... chico
2. ... estudiante
3. ... secretarias
4. ... señoras
5. ... curso
6. ... chica
7. ... profesora
8. ... colegios
9. ... señorita
10. ... universidades

7. Emplear el artículo definido

1. ... chicas
2. ... chicos
3. ... señorita
4. ... profesoras
5. ... secretaria
6. ... colegio
7. ... señora
8. ... estudiantes
9. ... cursos
10. ... universidad

8. Emplear las formas de *trabajar* y *estudiar*

1. Carmen ... en un colegio. — estudiar
2. Pedro y Antonio ... en la universidad. — trabajar
3. – Señora, ¿dónde ... usted? — trabajar
   – ... en un colegio. — trabajar
4. – Antonio, ¿ ... en el colegio? — estudiar
   – Sí, ... aquí. — estudiar
5. – Antonio y Pilar, ¿ ... aquí? — estudiar
   – Sí, ... aquí. — estudiar
   Yo ... en Segovia. — trabajar

9. Traducir

1. Pablo und Pilar studieren an der Universität.
2. Pablo ist aus Alicante, Pilar ist aus Burgos.
3. Pablo: – Guten Tag, Pilar. Wie geht es dir?
4. Pilar: – Hallo, Pablo. Danke, gut. Studierst du hier Deutsch?
5. Pablo: – Ja, ich arbeite in einer Schule und studiere Deutsch.

Lección uno

Prácticas de comunicación

1. Diálogos

Arbeiten Sie zu zweit. Begrüßen Sie sich, und fragen Sie nach Ihrem Befinden. Benutzen Sie zur Antwort:

bien	gut
muy bien	sehr gut
mal	schlecht
muy mal	sehr schlecht
regular, más o menos	es geht so

1. ■ Hola, soy ... .
   Y tú, ¿quién eres?
   ■ Soy ... .
   Soy estudiante. Estudio ... .

2. ■ Hola, ... ¿Qué tal?
   ■ Bien, ¿Y tú?
   ■ Pues, ...

2. Diálogos

Üben Sie nun die offiziellere Form der Begrüßung. Nennen Sie Ihren vollständigen Namen. Gehen Sie in der gleichen Weise vor wie in der vorangehenden Übung.

1. ■ Buenos días. Soy ... .
   ¿Y usted?
   ■ Soy ... . Soy secretaria.
   ■ ¿Dónde trabaja usted?
   ■ ... .

2. ■ Buenos días, señora (señor, señorita) ... .
   ¿Cómo está usted?
   ■ ... Y usted, ¿cómo está?
   ■ ... .

3. Diálogos

Sehen Sie sich die Spanienkarte an. Üben Sie zunächst die Aussprache der spanischen Städtenamen.

Sprechen Sie den folgenden Dialog dann mit verschiedenen Städtenamen.

■ Hola, ... ¿Estudias aquí?
■ Sí, pero no soy de aquí. Soy de ... .
■ Y tú, ¿de dónde eres?
■ Soy de ... .

Lección dos

A En el bar de la universidad

El curso de alemán termina. Los estudiantes toman los libros y bolsos. Unos van a casa, otros van al bar de la universidad. Es una sala con mesas y sillas. También hay una barra.

En el bar siempre hay estudiantes. Descansan y toman algo. Los camareros del bar trabajan mucho. Antonio y Pilar entran en el bar. La secretaria y la profesora también están allí. Los chicos Pablo y Enrique están todavía en la clase de la señora Ewald. Es una de las profesoras de alemán. Antonio y Pilar van a la barra.

Antonio: – ¿Qué tomas?
Pilar: – Un café. ¿Y tú?
Antonio: – Un agua mineral.
 ¿Vas ahora a casa?
Pilar: – Sí. Voy en bicicleta. ¿Y tú?
Antonio: – Voy en metro, pero normalmente voy en coche.
Pilar: – ¿En coche?
Antonio: – Sí. El coche es de Ignacio, un compañero de curso.
 Hoy no está aquí.

B Contestar las preguntas

1. El curso termina. ¿Qué toman los estudiantes?
2. ¿Adónde van los estudiantes?
3. ¿Qué hay en el bar?
4. ¿Los estudiantes estudian en el bar?
5. ¿Cómo descansan?
6. ¿Los camareros descansan también?
7. ¿Quiénes entran?
8. ¿Quiénes están también en el bar?
9. ¿Dónde están Pablo y Enrique?
10. ¿Qué toman Antonio y Pilar?
11. ¿Cómo va Pilar a casa?
12. ¿Cómo va Antonio hoy a casa?
13. ¿Cómo va normalmente?
14. ¿Quién es Ignacio?

C Gramática

1. *ir* (gehen, fahren)

singular	plural
voy	vamos
vas	vais
va	van

Ejemplos: ir a ...

Vamos a España.	Wir fahren nach Spanien.	Die Präposition a gibt die Richtung und das Ziel an.
Antonio va al colegio.	Antonio fährt zur Schule.	
Carmen va a la universidad.	Carmen geht zur Universität.	Aus a und el wird al.
Ojo: ir a casa	nach Hause gehen	

Lección dos

Ejemplos: ir en ...

ir en bicicleta	(mit dem) Fahrrad fahren	*Mit einem Verkehrsmittel fahren* wird im Spanischen durch *ir en* mit dem Substantiv ohne Artikel ausgedrückt.
ir en metro	(mit der) Metro fahren	
ir en coche	(mit dem) Auto fahren	
ir en autobús	(mit dem) Bus fahren	
ir en tren	(mit dem) Zug fahren	
ir en avión	(mit dem) Flugzeug) fliegen	
ir en barco	(mit dem) Schiff fahren	

2. *estar* (sein, sich befinden, liegen)

singular	plural
est*oy*	est*amos*
est*ás*	est*áis*
est*á*	est*án*

3. El empleo de *estar, hay, ser*
(Der Gebrauch von *estar, hay, ser*)

estar

Los chicos están en el bar.	Die Jungen sind in der Cafeteria.	*estar* (sein, liegen, sich befinden) wird benutzt, wenn beim Subjekt des Satzes ein bestimmter Artikel steht.
Los libros están en la mesa.	Die Bücher liegen auf dem Tisch.	
¿Cómo está usted?	Wie geht es Ihnen?	*estar* dient auch zum Ausdruck des körperlichen Befindens.

Ojo: Málaga está en España.	Málaga liegt in Spanien.	Bei Städte- und Ländernamen steht kein Artikel.

hay

En el bar hay un chico.	In der Cafeteria ist ein Junge.	*hay* (es gibt, es sind, befindet sich, befinden sich) ist unveränderlich und steht in Verbindung mit dem **unbestimmten Artikel, Zahlen** und **unbestimmten** Mengenangaben.
En la mesa hay unos libros.	Auf dem Tisch liegen einige Bücher.	
En el bar hay tres mesas libres.	In der Cafeteria sind drei freie Tische.	
En el colegio hay estudiantes.	In der Schule sind Schüler.	

Lección dos

ser

Somos estudiantes.	Wir sind Schüler/Studenten.	*ser* (sein, Formen s. Lección 1) dient zur Angabe von
Soy de Segovia.	Ich bin aus Segovia.	– Berufen,
Es Enrique.	Es ist Enrique.	– Herkunft,
		– Namen,
La barra es larga.	Die Theke ist lang.	– Eigenschaften.

4. El genitivo (Der Genitiv)

el libro del chico
el libro de los chicos
Der Genitiv wird mit der Präposition *de* angegeben. Aus *de* und *el* wird immer *del*.

el bolso de la chica
el bolso de las chicas
el coche de Ignacio
Bei Eigennamen steht nur *de*. Señor, señora, señorita vor dem Nachnamen werden als Substantive von *de* mit Artikel begleitet.

la casa de la señorita
El coche es de Ignacio.   *Ser de* bedeutet *gehören*.

D Ejercicios

1. Emplear las formas de ir

1. Juan y Pablo ... a la universidad.
2. El profesor ... en metro al colegio.
3. – Pablo, ¿cómo ... a Segovia?
4. Pablo: – ... en coche.
5. – Antonio y Pilar, ¿cómo ... a casa?
6. Antonio y Pilar: – ... en bicicleta.

2. Emplear las formas de *ir a / ir en*

1. Vamos ... bar.
2. Los chicos van ... Málaga.
3. Las señoras van ... tren.
4. Ahora voy con Pedro ... universidad.
5. – ¿Va usted ... barco ... Almería?
   – No señor, voy ... avión.
6. ¿Vais ... colegio ahora?
7. María y Pilar van ... España.
8. ¿Vais ahora ... curso?
9. Las chicas van ... metro ... casa.
10. – ¿Vas ... coche ... Universidad?
    – No, voy ... bicicleta.

Lección dos

3. **Emplear las formas de** *ir en ... / ir a ...*

1. Juan y Pablo ...   ... Ibiza.

2. ¿Cuándo ...   ... España? (2ª pers. sing.)

3. Los estudiantes ...   ... universidad.

4. Soy estudiante y ...   ... colegio.

5. ¿ ...   ... casa? (2ª pers. sing.)

6. El chico ...   ... Barcelona.

7. Pablo y Enrique ...   ... San Sebastián.

4. Emplear *del, de la, de los, de las, de*

1. Los camareros ... bar trabajan mucho.
2. Los estudiantes ... Universidad no estudian.
3. Los alumnos ... colegio van a casa.
4. Los libros ... estudiantes están en la silla.
5. El café ... Daniel está en la mesa.
6. Aquí está el coche ... señora Segura.
7. ¿El libro es ... Carmen?
   No, es ... señorita Latorre.
8. Las clases ... chicas terminan.

5. Emplear las formas de *ir*

1.	Pedro		bar.
2.	Pedro y Carlos	a	España.
3.	Tú	al	colegio.
4.	Yo	a la	universidad.
5.	Los estudiantes		París.

6. Emplear los verbos en *-ar*

1. – ¿Dónde ... Pablo y Manuel?   estudiar
   – Pablo ... en Madrid.   estudiar
     Manuel no ... , ... en Salamanca.   estudiar/trabajar

2. El curso ... y los   terminar
   estudiantes ... en el bar.   entrar

3. Enrique ... en el bar de la universidad   descansar
   y ... un agua mineral.   tomar

4. – Hola, Marta. Hola, Ana. ¿ ... un café?   tomar
   – No, gracias. No ... café.   tomar

5. ¿Qué tal, Carmen? ¿ ... aquí en el bar?   descansar
   – No. No ... .   descansar
   ... alemán.   estudiar

Lección dos **19**

7. Emplear las formas de *ser* o *estar*

1. ¿De dónde ... Antonio?
2. ¿Quién ... la señora?
3. ¿Dónde ... Pablo y Antonio?
4. – Antonio, ¿de dónde ...?
   – ... de Salamanca.
5. Los estudiantes ... en el bar.
6. Teresa Segura: – ... secretaria. Y usted, ¿qué ... ?
   Carmen Moreno: – ... profesora.
7. Antonio y Pilar: – ... estudiantes.
8. José y Luisa: – ... en el bar.

8. Emplear las formas de *estar/hay*

1. Los bolsos ... en la mesa.
2. ¿Qué ... en el bolso?
3. En el bolso ... libros.
4. En el bar de la universidad ... muchos estudiantes.
5. Las chicas ... en la clase.
6. En la clase ... diez mesas y muchas sillas.

9. Traducir

1. Juan und Pablo nehmen die Bücher.
2. Juan fährt mit der Metro nach Hause.
3. Dolores und María gehen in die Cafeteria der Universität.
4. Dort sind Studenten und Lehrer.
5. Dolores: „Hallo, Paco. Ruhst du dich aus?"
6. Paco: „Tag, Dolores. Ja, ich ruhe mich aus. Ich trinke einen Kaffee. Trinkst du auch etwas?"
7. Dolores: „Ja. Ich trinke ein Mineralwasser."
8. Paco: „Wem gehört die Tasche?"
9. Dolores: „Das ist die Tasche von María."
10. María: „Nein, es ist die Tasche von Frau Segura."

Prácticas de comunicación

Unterhalten Sie sich mit einem Gesprächspartner in der Cafeteria. Führen Sie das Gespräch möglichst nur mündlich, ohne Notizen.

Sehen Sie beim ersten Durchgang noch ins Buch, führen Sie das Gespräch dann frei, ohne Orientierung an den Vorgaben.

Der Ablauf soll folgendermaßen aussehen:

- Frage nach dem Befinden
- Antwort, Rückfrage
- Antwort, Frage, was der andere trinkt
- Antwort, Rückfrage
- Antwort, Frage, wie der andere nach Hause fährt
- Antwort, Rückfrage
- Verabschiedung

Lección tres 3

A La familia Soler

Es la familia Soler. Son de Segovia.
El padre se llama Arturo. Es director
de una agencia de viajes que vende viajes
a muchos países de Europa y América.
Su trabajo es interesante porque tiene
contacto con muchas personas.

La madre se llama Ana y trabaja.
Es empleada de banco. No trabaja ocho
horas como sus colegas. ¿Qué hace?
Trabaja sólo cuatro horas porque tiene
todavía mucho trabajo en casa.

Ana y Arturo tienen dos hijos, un hijo y
una hija. Son Elena, de dieciocho años, y
Roberto, que tiene quince años. Elena es
estudiante en una academia de lenguas
donde aprende inglés y alemán. En la
Europa de hoy es importante hablar muchas
lenguas. En clase leen textos de libros
y periódicos y hacen ejercicios.

Roberto es alumno del colegio Miguel de Unamuno. Hoy llama por teléfono a casa:

– Mamá, hoy no como en casa. Voy a casa de mi amigo Luis para estudiar. Hacemos nuestros deberes de inglés.
– ¿Hacéis vuestra tarea de inglés? Pero Roberto, tus libros de inglés están aquí, en casa ...

B Contestar las preguntas

1. ¿De dónde es la familia Soler?
2. ¿Cómo se llama el padre de la familia Soler?
3. ¿Dónde trabaja el padre?
4. ¿Qué vende?
5. ¿Por qué es interesante su trabajo?
6. ¿Quién es Ana?
7. ¿Dónde trabaja?
8. ¿Por qué trabaja 4 horas?
9. ¿Cuántas horas trabajan sus colegas?
10. ¿Cómo se llaman los hijos de la familia Soler?
11. ¿Cuántos años tienen?
12. ¿Dónde estudia Elena?
13. ¿Por qué aprende Elena inglés y alemán?
14. ¿Dónde estudia Roberto?
15. ¿Adónde va Roberto?
16. ¿Qué hacen Roberto y Luis?
17. ¿Dónde están los libros de Roberto?

Lección tres

C Gramática

1. **Verbos regulares en -*er*** (Regelmäßige Verben auf -er)
   Ejemplo: vender (verkaufen)

singular	plural
vendo	vendemos
vendes	vendéis
vende	venden

   Ebenso werden gebildet: *aprender* (lernen), *leer* (lesen), *comer* (essen) und andere Verben.

2. ***hacer*** (tun, machen)

singular	plural
hago	hacemos
haces	hacéis
hace	hacen

3. ***tener*** (haben)

singular	plural
tengo	tenemos
tienes	tenéis
tiene	tienen

   Ojo: tener 18 años   18 Jahre alt sein
   Tengo 15 años.   Ich bin 15 Jahre alt.

4. **Los pronombres posesivos** (Die besitzanzeigenden Fürwörter)

mi / mis	nuestro, nuestra / nuestros, nuestras
tu / tus	vuestro, vuestra / vuestros, vuestras
su / sus	su / sus

   Besitzanzeigende Fürwörter richten sich im Spanischen in Geschlecht und Zahl nach dem nachfolgenden Substantiv und verändern dementsprechend die Endung.

   Besondere weibliche Formen gibt es nur für die Fürwörter 1. und 2. Person Plural:

   Ejemplos: nuestra profesora   unsere Lehrerin
               mi coche   mein Auto
               sus alumnos   seine/ihre/Ihre Schüler
               vuestros libros   eure Bücher

Lección tres

5. Los números cardinales I (Grundzahlen I)

1	uno	11	once
2	dos	12	doce
3	tres	13	trece
4	cuatro	14	catorce
5	cinco	15	quince
6	seis	16	dieciséis / diez y seis
7	siete	17	diecisiete / diez y siete
8	ocho	18	dieciocho / diez y ocho
9	nueve	19	diecinueve / diez y nueve
10	diez		

Ojo: *un, uno, una*

– ¿Cuántos libros tienes?
– Uno.
Tengo un libro.

– ¿Cuántas bicicletas tienes?
– Una.
Aquí hay una mesa.

Im Maskulinum heißt das Zahlwort „eins", wenn es alleinsteht, immer *uno*. Vor dem Substantiv wird der unbestimmte Artikel *un* verwendet.
Im Femininum wird *una* verwendet.
Aber: *un* agua mineral
Vor weiblichen Substantiven, die mit einem betonten a beginnen, steht der männliche Artikel *un*.

6. Los pronombres interrogativos (Die Fragewörter)

¿por qué	¿Por qué no comen en el bar?	Warum essen sie nicht in der Cafeteria?
¿adónde?	¿Adónde va?	Wohin geht er?
¿cuántos?	¿Cuántos libros tienes?	Wieviel Bücher hast du?
¿cuántas?	¿Cuántas casas hay aquí?	Wieviel Häuser gibt es hier?

Ojo: ¿Cuántos años tienes? Wie alt bist du?
Siehe auch Grammatikteil von Lektion 1!

7. *Sintaxis* (Satzbau)

Die Satzstellung ist im Spanischen normalerweise wie im Deutschen:

Subjekt	Prädikat	Objekt
Los estudiantes	toman	los libros.
Die Studenten	nehmen	die Bücher.

Das Subjekt muß nicht immer ein Substantiv sein. Es kann auch durch die Endung des Verbs angezeigt werden:

Subjekt	Prädikat	Objekt
	Toman	los libros.
Sie	nehmen	die Bücher.

Nebensätze werden zum Beispiel eingeleitet:

a) durch **Konjunktionen** wie *porque* oder **Präpositionen** wie *para*.

    Ejemplos: Los estudiantes van a casa porque el curso termina.
                Die Studenten gehen nach Hause, weil der Kurs zu Ende ist.
                Van a la academia de lenguas para estudiar.
                Sie gehen in die Sprachenschule, um zu studieren.

Ojo: Nach *para* folgt der Infinitiv.

b) durch **Relativpronomen**:

    Ejemplo: El padre que vende viajes ...   Der Vater, der Reisen verkauft ...

Das Relativpronomen que ist unveränderlich und steht für männliche und weibliche Bezugswörter im Singular und Plural.

    Ejemplos: El chico que ...   Der Junge, der ...
                La chica que ...   Das Mädchen, das ...
                Los chicos que ...   Die Jungen, die ...
                Las chicas que ...   Die Mädchen, die ...

Als Relativpronomina können auch Fragewörter (dann aber ohne Akzent) eingesetzt werden.

    Ejemplos: La academia de lenguas donde estudio está en Madrid.
                Die Sprachenschule, an der ich studiere, ist in Madrid.

                La ciudad de donde soy se llama Segovia.
                Die Stadt, aus der ich komme, heißt Segovia.

                La casa adonde voy es la casa de Pablo.
                Das Haus, zu dem ich gehe, ist Pablos Haus.

D Ejercicios

1. Emplear los verbos en -er
   1. Pablo *(vender)* su coche.
   2. Conchita *(leer)* un periódico.
   3. – Hola, Inés y Dolores, ¿*(comer)* también en el bar de la universidad?
   4. Los Soler *(vender)* la casa que tienen en Marbella.
   5. – Roberto, ¿qué *(aprender)* en el colegio?
   6. *(leer, 1ª pers. sing.)* libros en inglés.

2. Emplear aprender / comer / leer / vender.
   1. Los chicos ... siempre en casa.
   2. ¿... tu bicicleta?
   3. El chico que ... alemán trabaja en una agencia de viajes.
   4. – Chicos, ¿... nuestros libros?
   5. – No. No ... vuestros libros. ... el periódico.
   6. ¿Qué ... los estudiantes en la universidad?
   7. ... viajes en una agencia.   (1ª pers. sing.)
   8. ... en el bar con nuestros amigos.   (1ª pers. pl.)

3. Emplear las formas de tener.
   1. Paco y Dolores ... una casa en Madrid.
   2. ¿... el periódico de hoy?   (2ª pers. sing.)
   3. Los camareros del bar ... mucho trabajo.
   4. Pablo ... una amiga. Se llama Dolores.
   5. – ¿Cómo vais al colegio? ¿... coche?
      – No, no ... coche. Vamos en metro.
   6. – ... 17 años. ¿Y tú?   (1ª pers. sing.)
   7. – ... 18 años.
   8. Pero María sólo ... 16 años.

4. El verbo hacer
   1. ¿Qué ... los estudiantes en el bar?
   2. Pedro ... sus deberes y Antonio toma un café.
   3. – Tú, ¿qué ... aquí?
      – ... mis ejercicios de alemán.
   4. – Ahora termina la clase. ¿Qué ..., Carmen y Dolores?
      – Vamos a casa y ... los deberes.
   5. ¿Qué ... Elena en la academia? Aprende inglés.

Lección tres

5. Pronombres posesivos

(mein) ... casa (ihr) ... libro
(sein) ... bicicleta (euer) ... cigarrillos
(unser) ... bolsos (sein) ... vino
(sein) ... mesas (dein) ... trabajo
(dein) ... colegio (mein) ... secretaria

6. Emplear la forma del pronombre posesivo.

1. Hola, Dolores, ¿tienes ... libros?
   No, no tengo ... libros. Los libros que tengo son de Enrique.
   Son ... libros.
2. No vamos en el coche de los amigos al banco.
   Vamos en ... coche.
3. Los estudiantes toman ... libros y bolsos y van al bar.
   ... profesora de alemán, la señora Becker, está también en el bar. Allí están también ... colegas.
4. – Chicos, ¿ ... clase termina ahora?
   – Sí, ... clase termina.
5. – Pilar, ¿de quién es el café? ¿Es ... café?
   – No, no es ... café. Es el café de Pedro.
6. ¿Son los periódicos de las señoras?
   – Sí, son ... periódicos.

7. Leer y escribir.

4 5 18 12 15 19 17 16 10 8
3 6 9 13 14 7 11

8. Hacer una frase con *para* o *porque*.

1. El trabajo de Elena es muy interesante.
   Tiene contacto con muchas personas.
2. La madre va al banco.
   Trabaja allí.
3. Trabaja cuatro horas.
   Tiene mucho trabajo en casa.
4. Roberto llama a casa.
   Hoy no come en casa.
5. Pablo y Enrique van al bar esta noche.
   Toman algo allí.

9. Traducir.

1. Die Solers sind aus Segovia, wo sie ein Haus haben.
2. Was machst du hier? Machst du deine Aufgaben?
3. Wir lernen Sprachen, weil das in Europa wichtig ist.
4. Roberto ist nicht zu Hause, weil er zu seinem Freund geht, um zu lernen.

5. Das Haus, wohin er jetzt geht, ist das Haus seines Freundes.
6. Die Jungen, die in der Bank arbeiten, sind aus Segovia.
7. Meine Mutter heißt Albertina. Wie heißt deine Mutter?
8. Wir verkaufen unsere Autos und fahren Metro.
9. Was machen Sie in der Cafeteria?
10. Wir nehmen unsere Taschen und gehen nach Hause.
11. Ich mache eine Reise nach Spanien.
12. Ich bin 18 Jahre alt.

Prácticas de comunicación

1. ¿Cuántos años tienes?

Bilden Sie eine Fragenkette durch die ganze Gruppe nach folgendem Muster:
¿Cuántos años tienes? Tengo ... años.

2. Soy Arturo ...

Versetzen Sie sich in die Lage der einzelnen Familienmitglieder der Familie Soler und erzählen Sie jeweils aus deren Sicht (in der 1. Person Singular), was Sie über die Familie aus der Lektion wissen.

3. Somos Elena y Roberto.

Erzählen Sie einiges aus der Sicht von Elena und Roberto (in der 1. Person Plural) über die Familie Soler.

4. Preguntas a la familia Soler. (Dialogübung)

Eine Person übernimmt die Rolle eines Familienmitgliedes, eine andere Person stellt die Fragen. Sprechen Sie möglichst frei.

Sie können Roberto und Elena zum Beispiel folgendes fragen:

- ¿Quién eres? - ...
- ¿Trabajas o estudias? - ...
- ¿Quiénes son tus padres? - ...
- ¿Qué hacen?

Finden Sie weitere Fragen. Befragen Sie auch die Eltern, allerdings in der höflichen Anrede mit *usted*.

Lección cuatro

A En la agencia de viajes

A las ocho y media de la mañana, Arturo sale de su casa para ir al trabajo. La agencia de viajes abre a las nueve. Su secretaria y uno de los cuatro empleados están ya en la oficina. La secretaria escribe una carta muy larga a máquina. Son las nueve y cinco. Entra un cliente.

El empleado: – Buenos días, señor.
El cliente: – Buenos días. ¿Tiene usted folletos sobre Segovia?
El empleado: – Claro que sí. Segovia es una ciudad bonita, muy interesante y tiene además muchos monumentos importantes. Aquí tiene usted informaciones detalladas sobre el Acueducto y el Alcázar.
El cliente: – Necesito también un plano de la ciudad.
El empleado: – Aquí no tenemos planos porque sólo organizamos viajes y excursiones. Tienen planos en la Oficina de Información y Turismo. Abre a las diez.
El cliente: – Gracias, señor. Adiós.

A las diez menos cuarto, Arturo recibe una llamada telefónica. Un grupo de turistas necesita habitaciones en Segovia.

Arturo: – ¿Cuántos son?
El cliente: – Somos 45.
Arturo: – ¿Cuántas habitaciones necesitan?
El cliente: – Necesitamos veinte habitaciones dobles y cinco individuales.
Arturo: – ¿Para cuántas noches?
El cliente: – Para una noche, del trece al catorce.

Para reservar las habitaciones que necesita el grupo, Arturo habla por teléfono con diferentes hoteles.

B Contestar las preguntas

1. ¿A qué hora sale Arturo de su casa?
2. ¿Adónde va?
3. ¿A qué hora abre la agencia de viajes?
4. ¿Quiénes están allí?
5. ¿Qué hace la secretaria?
6. ¿Quién entra en la agencia?
7. ¿Qué pregunta el señor?
8. ¿Qué contesta el empleado?
9. ¿Cómo es Segovia?
10. ¿Qué monumentos tiene Segovia?
11. ¿Qué necesita el cliente además?
12. ¿Tienen planos de la ciudad en la agencia?
13. ¿Dónde tienen planos de la ciudad?
14. ¿A qué hora abre la Oficina de Información y Turismo?
15. ¿Quién llama a las diez menos cuarto?
16. ¿Por qué llama?
17. ¿Cuántos turistas son?
18. ¿Cuántas habitaciones necesitan?
19. ¿Para cuántas noches necesitan las habitaciones?
20. ¿Por qué habla Arturo con diferentes hoteles?

C Gramática

1. **Los verbos regulares en -ir** (Regelmäßige Verben auf -ir)
   Ejemplo: escribir (schreiben)

singular	plural
escribo	escribimos
escribes	escribís
escribe	escriben

   Ebenso werden gebildet: *recibir* (erhalten, empfangen), *abrir* (öffnen) und andere Verben.

2. **El verbo *salir*** (hinausgehen, weggehen, ausgehen)

singular	plural
salgo	salimos
sales	salís
sale	salen

    Ojo: salir **de** casa (aus dem Haus gehen, das Haus verlassen)

3. **Los números cardinales II** (Die Grundzahlen II)

20 veinte	28 veintiocho	42 cuarenta y dos
21 veintiuno	29 veintinueve	50 cincuenta
22 veintidós	30 treinta	60 sesenta
23 veintitrés	31 treinta y uno	70 setenta
24 veinticuatro	32 treinta y dos	80 ochenta
25 veinticinco	33 treinta y tres	90 noventa
26 veintiséis	40 cuarenta	
27 veintisiete	41 cuarenta y uno	

    Ojo: veinti**ún** coches
   veinti**una** mesas
   treinta y u**na** sillas

   Zum Gebrauch der Formen: *uno, una, un* siehe Lektion 3.

4. **¿Qué hora es?** Wie spät ist es?/Wieviel Uhr ist es?

Es la una.	Es ist ein Uhr.
Son las dos.	Es ist zwei Uhr.
Son las tres.	Es ist drei Uhr.
Son las cuatro.	Es ist vier Uhr.
Son las cuatro y veinte.	Es ist zwanzig nach vier.
Son las cuatro y veinticinco.	Es ist fünf vor halb fünf.
Son las cuatro y media.	Es ist halb fünf.
Son las cinco menos veinte.	Es ist zwanzig vor fünf.

Son las cinco menos cuarto.   Es ist Viertel vor fünf.
Son las cinco menos diez.   Es ist zehn vor fünf.
Son las seis.   Es ist sechs Uhr.
Son las seis y cuarto.   Es ist Viertel nach sechs.
Son las siete en punto.   Es ist genau sieben Uhr. Es ist Punkt sieben.
Son las ocho y pico.   Es ist kurz nach acht.

¿A qué hora ...?   Um wieviel Uhr...?
A las nueve   um neun Uhr
A las diez   um zehn Uhr

Ojo: a la una   um ein Uhr.
       a mediodía   um 12 Uhr mittags
       a medianoche   um Mitternacht

Im allgemeinen werden zur Angabe der Uhrzeit die Zahlen 1–12 benutzt, wobei die genaue Angabe der Tageszeit (nachmittags, abends, nachts) hinzugefügt wird:

         16.00: las cuatro de la tarde
         23.00: las once de la noche
         2.00: las dos de la mañana

Die Einteilung des Tages orientiert sich in etwa an den Mahlzeiten. Da in Spanien später gegessen wird als in Deutschland, ist die Tageseinteilung etwas anders. Auch das Grüßen richtet sich nach dieser Zeiteinteilung.

El dia

la mañana	*la tarde*	*la noche*
8:00	ca. 14:00	ca. 21:00 24:00
¡Buenos días!	¡Buenas tardes!	¡Buenas noches!

5. El adjetivo (Das Adjektiv)

un hotel nuevo una casa nueva	dos hoteles nuevos dos casas nuevas	Adjektive auf -o bilden die weibliche Form auf -a.
un libro interesante una carta interesante	dos libros interesantes dos cartas interesantes	Adjektive auf -e haben keine besondere weibliche Form.

Die Stellung des Adjektivs

Adjektive richten sich in Geschlecht und Zahl nach dem begleitenden Substantiv. Sie werden dem Substantiv in der Regel nachgestellt.

Ojo: **mucho** (viel)

mucho steht als Adjektiv **vor** dem Substantiv:
mucho trabajo (viel Arbeit)
muchas casas (viele Häuser)

Wenn **mucho** als Adverb gebraucht wird, steht es hinter dem Verb und ist unveränderlich:
La camarera trabaja mucho. (Die Kellnerin arbeitet viel).

5. **Sustantivos en -ión** (Substantive auf -ión)

la habitación	las habitaciones	Substantive auf -ión
la información	las informaciones	verlieren im Plural
la excursión	las excursiones	den Akzent.

D Ejercicios

1. Formular preguntas

1. Segovia tiene muchos monumentos.
2. Segovia tiene monumentos interesantes.
3. En Segovia hay un acueducto.
4. Entran unos clientes.
5. Arturo recibe una llamada telefónica.
6. Un turista llama por teléfono.
7. Necesitan veinte habitaciones.
8. Necesitan las habitaciones para una noche.
9. Segovia está en España.

2. Unos verbos en -ir

1. A las cinco Juan *(salir)* de la universidad.
2. Y tú, ¿a qué hora *(salir)* ?
3. ¿A qué hora *(abrir)* el bar?
4. ¿*(escribir, 2ª pers. sing.)* una carta?
5. ¿Cuándo *(salir, Vd.)* de la oficina?
6. ¿Qué *(escribir)* los empleados?
7. Pilar y José ya *(salir)* a las tres.
8. ¿*(abrir)* el bar a las ocho y media?
9. ¿Qué *(recibir)* el director?
10. *(salir, 1ª pers. pl.)* a las once y cuarto.
11. ¿A qué hora *(abrir)* la agencia?
12. La secretaria *(recibir)* una carta de un hotel.

3. Leer y escribir

22 37 45 11 18 21 66 15 33 98 43 76
51 39 25 14 12 48 56 92 75 44 85 67

Lección cuatro

4. ¿Qué hora es?

5. ¿A qué hora ...?
    1. El tren ... .   (salir/15.37)
    2. Los Soler ... de casa ... .   (salir/13.20)
    3. Arturo ... una llamada telefónica.   (recibir/11.45)
    4. La oficina ... .   (abrir/9.30)
    5. Carmen ... el autobús.   (tomar/8.05)
    6. Pilar ... el metro ... .   (tomar/19.25)
    7. El curso de alemán ... .   (terminar/13.30)
    8. Los señores ... de la oficina ...   (salir/17.10)

6. Completar los adjetivos
    1. El hotel es nuev... .
    2. Los libros son interesant... .
    3. La carta de la secretaria es detallad... .
    4. El hotel tiene habitaciones bonit... .
    5. La barra del bar es larg... .
    6. En el bar hay much... mesas.
    7. Estudiar español es important... .
    8. La casa de la señora Segura es nuev... .
    9. Los estudiantes tienen much... libros.
    10. El coche de la familia Soler es bonit... .

7. nuevo / largo / bonito / interesante / detallado / mucho
    1. La casa no es ... pero es ... .
    2. En el bar hay ... mesas.
    3. Segovia es una ciudad ... que tiene ... monumentos.
    4. En el bar hay siempre ... chicos y chicas que toman café.
    5. Tengo ... libros ... .
    6. En el bar trabajan ... camareros ... .
    7. También hay una barra ... .
    8. Los folletos de Segovia son ... y ... .
    9. Los monumentos de Segovia son ... .
    10. Las informaciones del libro son ... .

8. Sopa de letras

G	S	W	A	T	E	I	L	K	M	I
H	O	T	E	L	A	V	I	O	N	L
A	L	E	K	T	D	X	M	F	K	N
B	S	X	P	L	A	N	O	C	W	O
I	K	C	A	B	L	R	N	V	B	P
T	P	U	D	T	M	F	U	I	A	R
A	Q	R	U	A	E	V	M	A	R	T
C	M	S	C	D	T	G	E	J	C	A
I	P	I	S	G	R	X	N	E	O	B
O	O	O	V	E	O	E	T	O	W	D
N	S	N	I	W	P	V	O	U	U	F

Suchen Sie 10 Wörter zum Thema „Reisen".

9. Traducir

1. Das Reisebüro öffnet um halb zehn.
2. Aber Arturo verläßt sein Haus schon um Viertel vor neun.
3. Der Angestellte schreibt auf der Maschine einen ausführlichen Brief.
4. Ein Kunde, der hereinkommt, braucht einen Stadtplan.
5. Aber es gibt Stadtpläne nur im Verkehrsamt, das um halb elf öffnet.
6. Eine Touristengruppe benötigt viele Zimmer in Segovia.
7. Sie reservieren 34 Doppelzimmer und 7 Einzelzimmer für 5 Nächte.
8. Toledo ist eine hübsche Stadt in Spanien.
9. Ich gehe um neun aus dem Haus.
10. Wir haben einen Prospekt des Hotels, in dem wir die Zimmer reservieren.

E Prácticas de comunicación

1. Diálogo: En la agencia de viajes

Sie betreten ein Reisebüro, grüßen und bitten um Material zu einer spanischen Stadt Ihrer Wahl.

Geben Sie an, zu wieviel Personen und wie lange Sie die Stadt besuchen wollen. Sie benötigen ... Zimmer (Einzel-/Doppelzimmer).

Schreiben Sie den Dialog zwischen dem Kunden und dem Angestellten zunächst auf. Lesen Sie ihn mehrmals laut vor, und lösen Sie sich langsam von der schriftlichen Vorlage. Sprechen Sie am Ende frei.

2. El horario de trenes

S = Salida Ll = Llegada					
Barcelona	S	7.45	Sagunto	Ll	12.16
Sitges	Ll	8.23		S	12.23
	S	8.26	Valencia	Ll	12.57
Tarragona	Ll	9.08		S	13.12
	S	9.12	Alicante	Ll	15.21
Castellón	Ll	11.15		S	15.23
	S	11.25	Murcia	Ll	16.08

Versetzen Sie sich in die Rolle von Reisenden, und befragen Sie sich gegenseitig nach der Abfahrt der Züge (¿A qué hora sale el tren de ...?) und nach ihrer Ankunft (¿A qué hora llega el tren a ...?).

3. Descripción del dibujo

a) Stellen Sie sich zunächst gegenseitig Fragen zu dem Bild.
b) Beschreiben Sie das Bild im Zusammenhang.

Lección cuatro

Lección cinco

A Algunas informaciones sobre España

Hola, soy Ana. Tengo veinticuatro años. Soy profesora de inglés en un colegio de Mota del Cuervo. Es un pueblo en La Mancha, en el centro de España. Así es España, mi país.

España está situada en el sur de Europa, entre el Océano Atlántico y el Mar Mediterráneo. Está muy cerca de Africa.

España es un país muy grande. Por eso, las regiones y el clima son muy diferentes. Hay regiones donde en verano hace mucho calor: en Andalucía en el sur, y aquí en La Mancha, en el centro.

Pero no hay solamente regiones con calor, hay también regiones con lluvias abundantes, como Galicia y Asturias, que están en el norte de la Península Ibérica. Por eso hablamos de una „España seca" y de una „España húmeda".

La agricultura tiene mucha importancia en Andalucía, en Murcia y Valencia en el este. Las regiones con mucha industria son Cataluña, con su capital Barcelona en el noreste del país, y el País Vasco y Asturias en el norte.

Ciudades importantes de España son Madrid, la capital del país, Barcelona, Valencia y Sevilla.

Un factor económico importante es el turismo. Muchos turistas pasan cada año sus vacaciones en las costas de España. Como veis, mi país tiene muchas regiones diferentes y por eso es un país muy interesante.

Unas preguntas

1. ¿Dónde está situada España?
2. ¿Es España un país grande?
3. ¿Cómo son las regiones?
4. ¿Dónde hace mucho calor en verano?
5. ¿Hay solamente regiones donde hace mucho calor?
6. ¿Por qué hablamos de una „España seca"?
7. ¿Qué es la „España húmeda"?
8. ¿Tiene España solamente agricultura?
9. ¿En qué regiones hay agricultura?
10. ¿Dónde hay industria?
11. ¿Dónde están las grandes ciudades?
12. ¿Por qué pasan muchos turistas sus vacaciones en España?
13. ¿Dónde pasan muchos turistas las vacaciones en España?

Gramática

1. **muy in der Bedeutung von sehr**

España es muy grande.	Spanien ist sehr groß.
Segovia tiene monumentos muy interesantes.	Segovia hat sehr interessante Bauwerke.
¿Cómo estás, Carlos?	Wie geht es dir, Carlos?
Gracias, estoy muy bien.	Danke, es geht mir sehr gut.

muy bedeutet **sehr** und steht vor Adjektiven und Adverbien. Es ist unveränderlich.

2. **El verbo *ver*** (sehen)

singular	plural
veo	vemos
ves	veis
ve	ven

Ejercicios

1. **¿Qué forma es?**

    1. Alfonso *(ser)* camarero en el Bar Manolo.
    2. *(entrar)* un estudiante.
    3. Camarero: – Buenos días, ¿qué *(tomar)* Vd.?
    4. Estudiante: – Hola, *(tomar)* un café.
    5. Camarero: ¿*(ser)* Vd. de aquí?
    6. Estudiante: No, *(ser)* de Colonia.
       (pasar) mis vacaciones aquí. *(aprender)* español en la universidad. Y Vd., ¿*(hablar)* alemán?
    7. Camarero: No, no *(hablar)* alemán, pero Vd. *(hablar)* muy bien el español.

Lección cinco

2. Emplear las formas correctas de *mucho*

1. En Segovia hay ... monumentos.
2. El señor Soler organiza viajes a ... países.
3. La empleada tiene ... trabajo.
4. Los estudiantes leen ... libros y ... periódicos.
5. Carlos recibe ... cartas de su amigo.
6. En el colegio trabajan ... profesores y ... profesoras.
7. ¿Habla Vd. ... lenguas?

3. ¿Mucho/-a/-s o muy?

1. Arturo tiene ... clientes.
2. Su trabajo es ... interesante.
3. Tiene ... contactos con ... personas en Europa y Africa.
4. Ana no trabaja ... horas en la agencia de viajes porque en casa tiene ... trabajo.
5. Elena estudia en una academia de idiomas. Estudia ... para aprender inglés y alemán.
6. Allí hay ... chicos y ... chicas que aprenden ... lenguas.
7. Roberto lee ... libros ... interesantes.
8. En las regiones del sur hace ... calor.

4. ¿Cómo es el plural?

1. El cliente entra.
2. La chica estudia en el colegio.
3. El estudiante descansa en el bar.
4. El director organiza un viaje interesante.
5. La estudiante lee un libro.
6. La secretaria escribe una carta muy larga.
7. El señor trabaja mucho.

5. ¿Cómo es el adjetivo?

1. En el bar hay ... mesas ... .   mucho/nuevo
2. Leemos unos libros muy ... .   interesante
3. Granada tiene monumentos ...   importante
4. Carlos escribe una carta ... .   detallado
5. El turista recibe ... informa-   mucho
   ciones ... .   detallado

6. Emplear las formas de los verbos *ver, hacer, tener*.

1. ¿Cuántos años ... Ana?
2. ¿Qué ... el padre de la familia Soler?
3. ¿Qué ... Vd. en esta foto?
4. Esta tarde ... un viaje a Toledo. (1ª pers. pl.)
5. Hoy ... el trabajo. (1ª pers. sing.)
6. ¿... los libros en las mesas? (2ª pers. pl.)
7. ¿... los bolsos nuevos? (2ª pers. sing.)
8. Allí ... la casa de los García. (1ª pers.sing.)
9. Pedro ... 20 años.

7. **¿Qué palabra sobra?**
    1. estudiante - secretaria - profesor - turista
    2. avión - bicicleta - agencia - coche
    3. padre - empleada - hija - hermana
    4. Cataluña - Francia - Murcia - Galicia

8. **Traducir**
    1. Alfonso hat viele Bücher. Er liest viel. Er hat Kontakt mit vielen Studenten.
    2. Er schreibt einen sehr langen Brief.
    3. Es ist heiß, es ist sehr heiß.
    4. Elena lernt viele Sprachen.
    5. Die Touristen machen viele Ausflüge.
    6. Die Ausflüge sind sehr interessant.

Prácticas de comunicación

1. Sie treffen mit Ana aus Mota del Cuervo zusammen. Stellen Sie ihr Fragen nach Herkunft, Region, Wetter, Landwirtschaft, Industrie.
2. Versuchen Sie, entsprechende Angaben über Ihr Land bzw. Ihre Region zu machen.
3. Las 17 comunidades autónomas

Schauen Sie sich die Karte an, und stellen Sie sich gegenseitig Fragen:
- ¿Dónde está ...?
- ¿Con qué comunidades autónomas limita ...?
- ¿En qué comunidad autónoma está ...? (por ejemplo, Zaragoza)

Lección seis 6

A El Corte Inglés

Elena y Roberto van con su madre al centro de la ciudad. Quieren comprar ropa. Elena va a ir de excursión con su curso y por eso necesita varias cosas.

Entran en el Corte Inglés. Toman el ascensor y suben al departamento de señoras. Buscan los jerseys. Primero ven blusas y vestidos de muchos colores. Al lado de los vestidos y las blusas están las faldas. Detrás de las faldas hay abrigos. Al fondo ven pantalones y a la derecha de los pantalones están los jerseys.

La madre: – ¿Qué color quieres?
Elena: – Negro.
La madre: – Pero hija, el negro es muy triste. ¿No te gustan estos jerseys rojos y verdes?
Elena: – No. Me gusta más el color negro. Está de moda y mis amigas llevan ahora ropa negra. Aquel modelo me gusta. Vamos a preguntar si tienen mi talla.

La vendedora pone varios modelos sobre el mostrador. Al final, Elena compra el jersey negro y también unos pantalones rojos. Compran además unos calcetines blancos y dos camisetas, una verde y una amarilla. La madre paga con tarjeta de crédito.

La madre: – Ahora vamos a comprar algo para Roberto. Si no, va a estar triste. A ver qué necesita. Pero, ¿dónde está?
Elena: – Está allí, a la izquierda de la ventana. No mira la ropa, sino aquella moto roja en la calle.

B Contestar las preguntas

1. ¿Adónde van Elena y Roberto?
2. ¿Con quién van a la ciudad?
3. ¿Por qué necesita Elena ropa nueva?
4. ¿Adónde van los tres?
5. ¿A qué departamento suben?
6. ¿Qué buscan?
7. ¿Qué ven primero?
8. ¿Dónde están las blusas y las faldas?
9. ¿Dónde están los abrigos?
10. ¿Qué hay a la derecha de los pantalones?
11. ¿Qué color quiere Elena?
12. ¿Por qué quiere Elena este jersey?
13. ¿Qué compra Elena?
14. ¿Dónde está Roberto?
15. ¿Qué hace?

C Gramática

1. La negación: no (Die Verneinung: kein, nicht)

No pregunta.	Er fragt nicht.
No compra un coche.	Er kauft kein Auto.
No tengo amigos.	Ich habe keine Freunde.

Im Sinne von *nicht, kein* steht *no* im Spanischen immer vor dem konjugierten Verb.

2. El verbo *querer* (wollen, mögen, lieben)

singular	plural
quiero	queremos
quieres	queréis
quiere	quieren

Nach querer kann ein Substantiv folgen (Quiero un jersey negro. Ich will einen schwarzen Pullover) oder ein weiteres Verb im Infinitiv (Queremos ir a casa. Wir wollen nach Hause gehen).

Lección seis

3. El verbo *poner* (setzen, stellen, legen)

singular	plural
pon*go*	pon*emos*
pon*es*	pon*éis*
pon*e*	pon*en*

4. *ir a* + infinitivo (nahe Zukunft)

Voy a llamar por teléfono.	Ich werde gleich telefonieren.
Esta tarde Juan va a hablar con su colega.	Heute nachmittag wird Juan mit seinem Kollegen sprechen.
Va a terminar un trabajo importante.	Er beendet gleich eine wichtige Arbeit.

Eine Handlung, die in der nahen Zukunft stattfindet, wird durch die Präsensform von *ir* + *a* + Infinitiv ausgedrückt.

5. El verbo *gustar* (gefallen, schmecken)

Me gusta el jersey.	Mir gefällt der Pullover.
¿Te gustan los pantalones?	Gefallen dir die Hosen?

6. Los pronombres demostrativos (Die Demonstrativpronomina)

	singular	plural
masculino	este coche	estos coches
femenino	esta casa	estas casas

este (diese, dieser, dieses) bezieht sich auf alles, was in der Nähe des Sprechenden liegt (aquí).

	singular	plural
masculino	ese coche	esos coches
femenino	esa casa	esas casas

ese (diese ... da, dieser ... da, dieses ... da) bezieht sich auf alles, was nicht in unmittelbarer Nähe des Sprechenden liegt (ahí).

	singular	plural
masculino	aquel coche	aquellos coches
femenino	aquella casa	aquellas casas

aquel (jene, jener, jenes) bezieht sich auf alles, was weiter entfernt ist (allí).

Das Demonstrativpronomen kann entweder direkt vor einem Substantiv oder allein stehen. Steht ein Demonstrativpronomen allein, so muß es einen Akzent tragen.

éste ... ése ... aquél
ésta ... ésa ... aquélla

Die Neutrumformen „esto, eso, aquello" beziehen sich auf kein bestimmtes Substantiv. Sie stehen allein und beziehen sich auf einen nicht definierten Gegenstand oder eine Sache. Diese Formen tragen keinen Akzent.

¿Qué es esto	Was ist das (hier)?
¿Qué es eso?	Was ist das (dort)?
¿Qué es aquello?	Was ist das (dahinten)?

D Ejercicios

1. Emplear la negación y traducir al alemán

1. Elena va de excursión.
2. Elena y Roberto van a la ciudad.
3. La vendedora tiene jerseys negros.
4. Su hermano Roberto está en casa.
5. Roberto está triste.
6. Alberto tiene mucho trabajo en la oficina.
7. La madre quiere comprar ropa nueva.
8. Elena compra una bicicleta.

2. Contestar las preguntas y emplear la negación

Ejemplo: ¿Compra Elena unos pantalones blancos?
No, Elena no compra pantalones blancos, compra pantalones rojos.

1. ¿Entran Elena, Roberto y la madre en el bar?
2. ¿Buscan una blusa para Elena?
3. ¿Ven primero los abrigos?
4. ¿Está de moda el color amarillo?
5. ¿Compra Elena un jersey blanco?
6. ¿Paga Roberto?
7. ¿Mira Roberto los vestidos?

Lección seis

3. Emplear las formas de *querer*

1. Elena ... ir de excursión.
2. Por eso ... comprar ropa nueva.
3. ... ir a América.
4. ¿No ... un pantalón nuevo?
5. No ... trabajar mucho.
6. ¿... ir al bar ahora?
7. Los estudiantes ... ir en bicicleta al centro de la ciudad.
8. Ahora ... terminar el trabajo.
9. ¿... tomar un café?
10. Roberto no ... un jersey, ... una moto.

3ª pers. sing.
1ª pers. sing.
2ª pers. sing.
1ª pers. sing.
2ª pers. sing.

1ª pers. sing.
2ª pers. pl.

4. *ir + a* + infinitivo

Ejemplo: Escribo una carta. Voy a escribir una carta.

1. Un grupo de turistas visita Córdoba.
2. Por eso necesitan unas habitaciones en un hotel.
3. Antonia estudia inglés.
4. Vamos en tren a León.
5. Hoy viajo en avión a Portugal.
6. ¿Cuándo termináis el curso de español?
7. ¿Qué compras en el Corte Inglés?
8. ¿Qué hacemos ahora?

5. Unas formas de *poner*

1. ¿Dónde ... la vendedora la ropa?
2. ... la ropa sobre la mesa
3. Van a llegar mis amigos. ... dos sillas más en la habitación.
4. ¿Dónde ... los periódicos?
5. ... los periódicos al lado de los libros.
6. Los empleados ... los nuevos modelos sobre el mostrador.
7. ¿... el abrigo también en la maleta?

1ª pers. pl.

2ª pers. sing.
1ª pers. sing.

2ª pers. sing.

6. Poner las preposiciones *a/de/en/entre* y los artículos

1. ... calle Marina hay una agencia de viajes.
2. Arturo sale ... agencia.
3. Entra ... bar porque quiere tomar algo.
4. ... la izquierda ... bar hay un banco.
5. Detrás ... banco hay muchos coches.
6. ... lado ... coche verde hay una bicicleta.
7. Me gusta el jersey blanco que está ... negro y el rojo.
8. La agencia ... viajes está ... derecha ... casa amarilla.
9. El camarero está ... bar.
10. La Oficina de Turismo está ... banco y el colegio.

7. **Completar la forma de *gustar***
    1. Me gust... los jerseys blancos.
    2. ¿Qué te gust... más, el color rojo o el color verde?
    3. Me gust... las motos españolas.
    4. Me gust... aquellas camisetas, pero ésa me gust... más.
    5. No me gust... mucho este libro.
    6. ¿No te gust... estos folletos de Sevilla? Bueno, aquí tienes otros.

8. **¿*Este, ese* o *aquel*?**
    1. Elena compra ... jersey aquí, y no ... allí.
    2. A Elena le gusta más ... falda allí.
    3. La agencia de viajes de Arturo está aquí en ... casa.
    4. ... informaciones son interesantes.
    5. La oficina de Información y Turismo está ahí en ... casa.
    6. ... ciudad es muy bonita.
    7. De momento no tenemos planos, sólo ... folletos allí.

9. **Traducir**
    1. Antonia kauft diesen gelben Pullover.
    2. Sie kauft nicht jenen roten.
    3. Diese Häuser sind sehr groß.
    4. Er sieht sich das Motorrad da drüben an.
    5. Gefallen dir die Blusen da?
    6. Welche Blusen? Die dahinten?
    7. Nein, die dort.
    8. Dieses Buch ist interessant, aber das da gefällt mir nicht.

10. **Sopa de letras**

W	E	I	W	K	A	E	A	U	P
O	V	A	B	Q	S	F	D	S	A
R	T	E	M	C	U	A	L	C	N
A	J	Q	S	S	L	G	A	F	T
B	K	E	L	T	B	M	F	U	A
R	B	K	R	R	I	D	P	N	L
I	N	U	H	S	K	D	I	H	O
G	O	P	E	L	E	D	O	G	N
O	M	T	L	U	C	Y	E	P	E
C	A	L	C	E	T	I	N	E	S
M	A	T	E	S	I	M	A	C	H

Suchen Sie 7 Kleidungsstücke.

11. **Traducir**
    1. Um viertel nach zehn gehen Dolores und Patricia aus dem Haus.
    2. Sie wollen mit dem Bus in die Stadt fahren, um Kleidung einzukaufen.
    3. Der Bus fährt um halb elf ab und kommt um fünf vor elf an.
    4. Die beiden Mädchen gehen in den Corte Inglés.
    5. Sie wollen einen gelben Pullover und eine grüne Hose für Patricia kaufen.
    6. Dolores möchte weiße Socken und einen roten Rock kaufen.
    7. Sie sehen verschiedene Mäntel, Blusen und T-Shirts.

E Prácticas de comunicación

1. **Hacer la maleta**

   a) Stellen Sie sich vor, Sie wollen eine Reise machen und müssen nun Ihren Koffer packen. Zählen Sie auf, was Sie alles mitnehmen.

   Ejemplo: Pongo en mi maleta mi falda verde y una blusa blanca.

   b) Stellen Sie sich auch gegenseitig Fragen nach den Dingen, die mitgenommen werden.

   Ejemplo: ¿Pones también tu abrigo negro?

   c) Ein Kursteilnehmer beginnt, den Koffer zu packen, und die anderen machen der Reihe nach weiter. Dabei muß jeder alles vorher Aufgezählte wiederholen und ein neues Kleidungsstück hinzufügen. Benutzen Sie auch die Farbadjektive.

   Ejemplo: A ■ Pongo en mi maleta mis calcetines verdes.
   B ■ Pongo en mi maleta mis calcetines verdes y mi blusa roja.

2. **En el Corte Inglés**

   a) Sie kaufen Kleidungsstücke ein. Führen Sie den Dialog mit der Verkäuferin.

   Cliente: ■ ...
   Vendedora: ■ Buenos días, señor/señora. ¿Qué necesita?
   Cliente: ■ ...
   Vendedora: ■ No tenemos jerseys blancos. Pero aquí tengo unos en negro, rojo y otros colores.
   Cliente: ■ ...
   Vendedora: ■ Muy bien. A ver, ¿qué talla tiene usted?
   Cliente: ■ ...
   Vendedora: ■ Aquí tengo un modelo muy bonito.
   Cliente: ■ ...
   Vendedora: ■ Muy bien.
   Cliente: ■ ...
   Vendedora: ■ Los pantalones están allí, detrás de las blusas.
   Cliente: ■ ...
   Vendedora: ■ De nada. Adiós, señor/señora.

   b) Kaufen Sie weitere Kleidungsstücke (z.B. T-Shirts, Blusen, Hosen, etc.). Schreiben Sie die jeweiligen Dialoge mit der Verkäuferin auf.

3. Roberto compra algo

Führen Sie das Gespräch von Elena und ihrer Mutter mit Roberto, das sich an den Lektionstext anschließen könnte.

4. En el centro

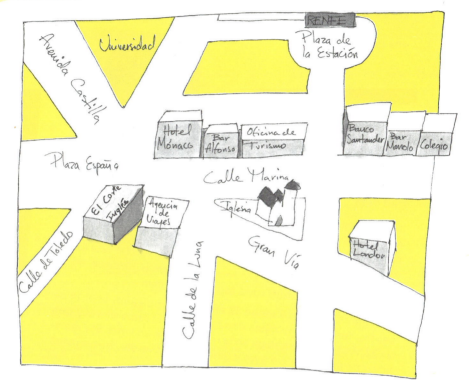

Stellen Sie Fragen an einen Passanten, der sich auskennt.

1. ¿Dónde está el colegio?
2. ¿Dónde está el Banco de Santander?
3. ¿No está la agencia de viajes en la calle Marina?
4. ¿Dónde está el Corte Inglés?
5. ¿Qué hay al lado de la iglesia?
6. ¿Qué hay a la izquierda del Bar Alfonso?

Stellen Sie weitere Fragen!

Lección siete

A Dos cartas

1. Una carta a Alemania

Burgos, 18 de octubre de 1.99.

Hola Anja:

Tengo tu dirección por una profesora alemana que trabaja ahora en nuestro Instituto de Formación Profesional. Ella dice que buscas amigos en España. Yo también quiero mantener correspondencia con chicos y chicas de Alemania, por eso escribo esta carta. Aprendo alemán en una academia de idiomas. Todavía no sé mucho, pero en el futuro voy a escribir en alemán.

Mi nombre es Diego y tengo 17 años. Mi cumpleaños es el 14 de agosto. Tengo una hermana de 12 años que se llama Nieves y otra de 22, Angeles, que trabaja en la recepción de un hotel. Soy moreno como mi hermana mayor y tengo los ojos verdes. Mi hermana pequeña es rubia.

Voy a terminar mis estudios el año que viene. Después quiero estudiar Ciencias Económicas en la Universidad de Salamanca. Me gusta el deporte, sobre todo el atletismo y el fútbol. Los fines de semana voy con mis amigos a la discoteca para bailar y escuchar música moderna.

Quiero aprender mucho sobre Alemania y espero tu carta.

Muchos recuerdos,

Diego

2. Una carta a España

Düsseldorf, 13 de noviembre de 1.99.

Querido Diego:

Muchas gracias por tu carta. Ya sabes mi nombre. Tengo 16 años. Mi cumpleaños es en otoño, el 4 de octubre. Tengo dos hermanos, Dirk y Thorsten. Dirk tiene 21 años y Thorsten 14. Soy rubia y tengo los ojos azules. Vivo con mi familia en Düsseldorf, una ciudad en el centro de Alemania, a orillas del Rin. En mi región hay mucha industria y varias empresas importantes; en una de ellas trabaja mi padre. Alemania es un país muy industrializado, pero también hay regiones con mucha agricultura, bosques y zonas verdes. Los fines de semana vamos mucho al campo para pasear o ir en bicicleta.

Me gusta mi país, pero no en invierno. Todo está muy gris y llueve mucho. Por eso quiero viajar a España en primavera (tengo vacaciones en abril). ¿Cuándo vienes tú a Düsseldorf? ¿Tal vez en verano?

Adiós y hasta la próxima,

Anja

B Contestar las preguntas

A.
1. ¿Por quién tiene Diego la dirección de Anja?
2. ¿Por qué escribe Diego la carta?
3. ¿Por qué no escribe Diego en alemán?
4. En el futuro, Diego va a escribir en alemán. ¿Por qué?
5. ¿Qué sabemos de los hermanos de Diego?
6. ¿Qué estudia Diego ahora?
7. ¿Cuándo va a terminar sus estudios?
8. ¿Por qué espera la carta de Anja?

B.
1. ¿Qué edad tiene Anja?
2. ¿Cuándo es su cumpleaños?
3. ¿Qué dice la chica sobre su familia?
4. ¿Qué escribe Anja de su ciudad?
5. ¿Qué dice de su región?
6. ¿Dónde trabaja su padre?
7. ¿Qué hace Anja los fines de semana?
8. ¿Qué escribe Anja sobre el invierno en Alemania?
9. También habla de las vacaciones. ¿Qué escribe?

Lección siete

C Gramática

1. Los números cardinales III (Grundzahlen III)

100	cien pesetas	Steht 100 unmittelbar vor einem Substantiv, wird die Form „cien" verwendet.
101	ciento una pesetas	Bei fortgeführter Zahl wird „ciento" verwendet.
110	ciento diez	
180	ciento ochenta	
199	ciento noventa y nueve	Zwischen den Hundertern und Zehnern bzw. den Hundertern und Einern steht kein „y".
200	doscientos/-as	
201	doscientos/-as uno	
250	doscientos/-as cincuenta	
299	doscientos/-as noventa y nueve	
300	trescientos/-as	Zwischen 200 und 900 wird die Endung im Genus dem zugehörigen Substantiv angepaßt: trescient**os** marcos, quinient**as** pesetas.
400	cuatrocientos/-as	
500	quinientos/-as	
600	seiscientos/-as	
700	setecientos/-as	
800	ochocientos/-as	
900	novecientos/-as	
1000	mil	

1250	mil doscientos cincuenta
1989	mil novecientos ochenta y nueve
253.701	doscientos cincuenta y tres mil setecientos uno
500.000	quinientos mil
999.999	novecientos noventa y nueve mil novecientos noventa y nueve

2. La fecha (Das Datum)

¿Qué fecha es hoy? Es el 18 de octubre. (Es ist der 18.10.)	Im Spanischen verwendet man für das Datum die Grundzahlen.
Es el 31 de marzo. (Es ist der 31.03.)	
Es el primero de agosto. Oder: Es el (día) uno de agosto. (Es ist der 01.08.)	Nur beim ersten Tag des Monats wird im allgemeinen die Ordnungszahl „primero" verwendet.
Ojo: ¿A cuántos estamos? (Den wievielten haben wir?) Burgos, (el) 18 de octubre de 1.99.	Im Brief schreibt man nach der Ortsangabe die Grundzahl mit oder ohne Artikel für den Tag und schließt den ausgeschriebenen Monatsnamen und die Jahreszahl jeweils mit „de" an.

3. El pronombre personal en nominativo
(Das alleinstehende Personalpronomen als Subjekt)

yo tú él/ella/usted nosotros/-as vosotros/-as ellos/ellas/ustedes	Die Personalpronomina als Subjekt werden beim Verb nur dann gebraucht, wenn die Person hervorgehoben werden soll; ansonsten wird die handelnde Person durch die Endung des Verbs gekennzeichnet.

Ojo: Im Spanischen wird auch bei den Formen *wir* und *ihr* des Personalpronomens das Geschlecht der handelnden Personen unterschieden. Die Höflichkeitsform *usted, ustedes* wird oft in der Schreibweise: *Ud., Uds.* oder *Vd., Vds.* abgekürzt. In Hispanoamerika ersetzt *ustedes* immer das dort ungebräuchliche *vosotros/-as.*

Ejemplo: Tú vas a la discoteca, como siempre. Yo no. Yo estudio.
Du gehst in die Disco, wie immer. Ich nicht. Ich lerne.

4. El adjetivo en consonante: gris y azul (Adjektive auf Konsonant: grau und blau)

un jersey azul	ein blauer Pullover	Die Adjektive *gris* und *azul* haben für die maskuline und feminine Form die gleiche Endung. Die Mehrzahl wird durch Anhängen von *-es* gebildet.
una falda azul	ein blauer Rock	
Tengo los ojos azules.	Ich habe blaue Augen.	
Tiene faldas azules.	Sie hat blaue Röcke.	
una blusa gris	eine graue Bluse	
dos blusas grises	zwei graue Blusen	
un coche gris	ein graues Auto	
coches grises	graue Autos	

5. El verbo saber (wissen, können)

singular	plural
sé	sab*emos*
sab*es*	sab*éis*
sab*e*	sab*en*

6. El verbo decir (sagen)

singular	plural
di*go*	dec*imos*
di*ces*	dec*ís*
di*ce*	di*cen*

Lección siete

7. El verbo venir (kommen)

singular	plural
ven*go*	ven*imos*
v*ie*n*es*	ven*ís*
v*ie*n*e*	v*ie*n*en*

8. Los meses y las estaciones del año

primavera:	marzo	otoño:	se(p)tiembre
	abril		octubre
	mayo		noviembre
verano:	junio	invierno:	diciembre
	julio		enero
	agosto		febrero

D Ejercicios

1. Leer y escribir

1. 125	6. 932	11. 1538	16. 275.321
2. 513	7. 349	12. 1806	17. 50.578
3. 876	8. 690	13. 1921	18. 780.647
4. 498	9. 774	14. 1492	19. 15.812
5. 271	10. 107	15. 1119	20. 328.956

2. Leer y escribir la fecha

Ejemplo: 17.07.1953   ¿Qué día es hoy?
Hoy es el diecisiete de julio de mil novecientos cincuenta y tres.

1. 03.08.1951
2. 24.06.1959
3. 25.11.1921
4. 20.09.1967
5. 12.03.1970
6. 15.12.1908
7. 31.10.1992
8. 01.01.1990
9. 10.05.1871
10. 16.07.1648

3. Emplear los pronombres personales, si es necesario

1. Juan y Carmen entran con su madre en el Corte Inglés.
2. Carmen: ... tomo el ascensor porque ... voy al departamento de señoras.
3. Juan: A la derecha ... ya veo los pantalones para chicos.
   Por eso ... no subo al departamento de señoras.
4. Carmen y su madre suben al departamento de señoras.
5. Vendedora: ¿Qué desean ...?
6. Carmen: ... necesito un jersey azul.

7. Vendedora: Muy bien, señorita. ... tenemos jerseys de muchos colores. Aquí tiene ... un jersey muy bonito.
8. Carmen: Sí, éste me gusta.
9. Madre: Carmen, ¿... no necesitas también una falda?
10. Carmen: No, no necesito una falda. ¿... no quieres comprar una?
11. Vendedora: Y ... , señora, ¿qué desea?
12. Madre: ... deseo pagar.
13. Carmen: ¿Pagas ... , mamá? ... no tengo mucho dinero.
14. Madre: Sí, Carmen, hoy pago ... porque mañana es tu cumpleaños.

4. ¿Qué palabra sobra?

1. rojo – amarillo – verde – malo
2. turista – camarero – secretaria – vendedora
3. falda – blusa – ropa – jersey
4. Sevilla – Segovia – Málaga – Córdoba
5. detrás de – a la izquierda de – a la derecha de – ahora
6. noche – enero – diciembre – agosto

5. Combinar los adjetivos con los sustantivos.

	bar			azul	interesante
faldas		ciudades		gris	moderno
casa	jersey	chica		importante	industrializado
región		industria		mucho	rojo

6. Poner los verbos irregulares.

decir – venir – saber – tener – ir – querer – hacer

1. Antonio ... (saber) hablar el inglés y el francés.
2. Yo sólo ... (saber) hablar el español.
3. ¿Qué ... (hacer, vosotros) el domingo?
4. ... (hacer, nosotros) una excursión.
5. Hoy no ... (tener, yo) tiempo.
6. ¿Ya ... (tener, tú) planes para las vacaciones?
7. ¿ ... (querer, tú) ir al parque esta tarde?
8. ¿Cuándo ... (venir) los otros?
9. Pablo siempre ... (venir) aquí en agosto.
10. ¿Qué ... (decir, vosotros)?
11. ¿Adónde ... (ir, vosotros) mañana?
12. ... (querer, nosotros) ir al Corte Inglés.

7. Completar cada sustantivo con el artículo determinado, buscar un adjetivo y formar una frase

	ciudad			moderno		húmedo
profesor		ropa		diferente		
	lengua			grande		interesante
pueblo		clima		nuevo		pequeño
tema		lluvias			abundante	

8. Traducción

1. Ich bin Carmen und suche einen Freund in Deutschland, deshalb schreibe ich einen Brief.
2. Ich bin dunkelhaarig und meine beiden Schwestern, die siebzehnjährige María und Angeles, die 20 ist, sind auch dunkelhaarig.
3. Wir haben blaue Augen: mein Bruder, meine Eltern und ich.
4. Ich arbeite in einem Hotel, aber meine beiden Schwestern arbeiten nicht. María und Angeles gehen zu einer Sprachschule.
5. Mein Land gefällt mir, die Städte, die Wälder und die Küsten.

E Prácticas de comunicación

1. Mi cumpleaños.

Ejemplo: ■ Mi cumpleaños es el tres de febrero.
   ■ ¿Cuándo es tu cumpleaños?
   ■ Mi cumpleaños es ... .

Fragen Sie nach den Geburtstagen Ihrer Klassenkameraden. Bilden Sie eine Fragenkette.

2. Me presento

Stellen Sie sich schriftlich vor. Sagen Sie etwas über sich (Name, Geburtstag, Aussehen). Benutzen Sie dazu folgende Strukturen:

Me llamo ... .
Mi cumpleaños es ... .

Soy rubio/-a	Tengo el pelo corto.	Tengo los ojos azules.
moreno/-a.	largo.	verdes.
		grises.
		negros.

(No) tengo hermanos. Se llama(n) ... .

3. ¿Quién es?

Suchen Sie jemanden aus der Klasse aus, und stellen Sie ihn vor. Schreiben Sie dazu, was er heute trägt. Vielleicht finden die anderen heraus, wer gemeint ist ...?!

4. Números

Ein Schüler sagt eine Zahl zwischen 1 und 10. Ein anderer nennt das Doppelte dieser Zahl, usw. Beginnen Sie mit einer kleinen Zahl.

5. Números de teléfono

Sie fragen sich gegenseitig nach Ihren Telefonnummern (¿Qué número de teléfono tienes?). Sie nennen die Ziffern nicht einzeln, sondern paarweise.

6. Preguntas

Erfragen Sie sich gegenseitig Ihren Geburtstag und Ihr Alter.

Lección ocho

A Por la tarde

Joaquín vive en Orense, una ciudad en el sur de Galicia, a orillas del río Miño. La región es muy montañosa, llueve mucho. Por eso el paisaje es muy verde y hay muchos bosques allí.

En verano la temperatura no es muy alta, hay una temperatura media de 18 grados. En invierno no hace mucho frío porque Orense sólo está a unos 70 kilómetros del Océano Atlántico.

Hoy es miércoles. Como por la tarde no hay clase, Joaquín quiere salir con sus amigos. Por eso llama por teléfono a su amigo Ricardo. En casa de Ricardo contesta la madre.

La madre:	– Dígame.
Joaquín:	– Hola, soy Joaquín ¿Está Ricardo?
La madre:	– Sí, está en su habitación. Un momento, por favor.
Ricardo:	– Hola Joaquín. ¿Qué cuentas?
Joaquín:	– ¿Qué vas a hacer esta tarde? ¿Podemos salir?
Ricardo:	– Hoy no puedo porque pienso salir con mi novia. Pero si quieres podemos organizar algo el sábado.
Joaquín:	– Vale. Tengo una idea. ¿No te gustaría pasar un día en la playa?
Ricardo:	– Sí, claro, pero solamente si hace calor. Y si no, ¿qué hacemos?
Joaquín:	– Podemos ir de excursión a la montaña.
Ricardo:	– ¿Y si llueve?
Joaquín:	– Entonces vienes a comer a mi casa y después vamos al cine.
Ricardo:	– De acuerdo. Hasta mañana en el colegio.

Como Ricardo no tiene tiempo, Joaquín sale solo. Va al Bar Manolo, donde encuentra a algunos amigos. Toman algo y después van a la piscina.

B Unas preguntas

1. ¿Dónde vive Joaquín?
2. ¿Dónde está Orense?
3. ¿Cómo es el paisaje?
4. ¿Qué clima tiene Galicia?
5. ¿Qué día es?
6. ¿Qué hace Joaquín?
7. ¿Por qué?
8. ¿Por qué no puede salir Ricardo?
9. ¿Qué quieren hacer el sábado?
10. ¿Qué van a hacer si hace mal tiempo?
11. ¿Adónde va Joaquín?
12. ¿Qué hacen él y sus amigos?

C Gramática

1. **El objeto directo de persona** (Der persönliche Akkusativ)

Llama a su amigo.	Er ruft seinen Freund an.
Encuentra al padre de su amigo.	Er trifft den Vater seines Freundes.

Die Präposition a steht vor dem Akkusativobjekt, wenn es sich um eine bestimmte Person handelt.

2. El empleo del artículo definido (Der Gebrauch des bestimmten Artikels)

el libro de Pablo	Pablos Buch
el sur de Europa	der Süden Europas
la madre de Ricardo	die Mutter von Ricardo

Ojo: El señor Ortega	Herr Ortega
el director Torres	Direktor Torres
el coche del señor Castro	Das Auto von Herrn Castro
Veo a la señora Sena.	Ich sehe Frau Sena.

Eigennamen stehen ohne bestimmten Artikel. Bei Titeln, sowie bei *señor, señora, señorita* plus Nachname steht der bestimmte Artikel.

3. como/porque (da/weil)

Vamos al centro de la ciudad porque queremos comprar ropa.	Wir fahren in die Stadt, weil wir Kleidung kaufen wollen.
Como queremos comprar ropa, vamos al centro de la ciudad.	Da wir Kleidung kaufen wollen, fahren wir in die Stadt.

Geht der Hauptsatz voraus, wird der kausale Nebensatz mit *porque* eingeleitet. Geht der kausale Nebensatz dem Hauptsatz voraus, so beginnt der Nebensatz mit *como*.

4. Verbos con diptongo (Verben mit Diphtong)
contar: o → ue (erzählen, zählen)

singular	plural
cuento	contamos
cuentas	contáis
cuenta	cuentan

Ebenso werden gebildet: *poder* (können), *llover* (regnen) und *encontrar* (treffen, finden).

Die Diphtongierung (o → ue) erfolgt nur bei den stammbetonten Formen.

5. Verbos con diptongo (Verben mit Diphtong)
pensar: e → ie (denken)

singular	plural
pienso	pensamos
piensas	pensáis
piensa	piensan

Ebenso werden gebildet: *nevar* (schneien), *querer* (wollen)

Die Diphtongierung (e → ie) erfolgt nur bei den stammbetonten Formen.

6. **Los días de la semana** (Die Wochentage)

lunes	Montag
martes	Dienstag
miércoles	Mittwoch
jueves	Donnerstag
viernes	Freitag
sábado	Samstag
domingo	Sonntag

Ojo: el sábado: Samstag, am Samstag
   los sábados: samstags

7. **El tiempo** (Das Wetter)

Hace (mucho) sol.	Die Sonne scheint (stark).
Hace (mucho) calor.	Es ist (sehr) heiß.
Hace (mucho) frío.	Es ist (sehr) kalt.
Hace (muy) buen tiempo.	Es ist (sehr) schönes Wetter.
Hace (muy) mal tiempo.	Es ist (sehr) schlechtes Wetter.
Hace (mucho) viento.	Es ist (sehr) windig.
Hay (mucha) niebla.	Es ist (sehr) neblig.
Llueve (mucho).	Es regnet (sehr)
Nieva (mucho).	Es schneit (sehr)
Está nuboso.	Es ist bewölkt.
Hace 10 grados bajo cero.	Es sind 10 Grad unter Null.
Hace 25 grados sobre cero.	Es sind 25 Grad über Null.
Hace 30 grados a la sombra/ al sol.	Es sind 30 Grad im Schatten/ in der Sonne.

D Ejercicios

1. ¿**El acusativo con *a* o sin *a* ?**
    1. Allí veo ... las chicas.
    2. Hoy por la tarde vamos a ver ... nuestros amigos en el bar.
    3. ¿Cuándo llamas ... Carmen?
    4. ¿Te gusta ... el nuevo coche de Pedro?
    5. Mañana voy a ver ... la casa de los Soler.
    6. ¿Cuándo llamáis ... los chicos españoles?
    7. ¿Ves ... Pablo y Pilar allí a la izquierda de la ventana?
    8. Puedo ver la ventana, pero no puedo ver ... los niños.

2. **¿Cómo son las formas de los verbos?**
    1. ¿Dónde ... los libros?   tener (2ª pers. sing.)
    2. Hoy no ... ir a la piscina.   pensar (1ª pers. pl.)
    3. ¿Qué ... sobre este tema?   pensar (2ª pers. pl.)
    4. ¿Cuándo ... la clase mañana?   empezar

Lección ocho

5. ¿Qué ... hacer las chicas hoy?   querer
6. ... ir a la montaña este sábado.   pensar (1ª pers. pl.)
7. Ahora ... ir a la ciudad.   querer (1ª pers. pl.)
8. Aquí ... tu revista.   tener (1ª pers. sing.)
9. ¿Cuándo ... a trabajar mañana?   empezar (2ª pers. pl.)
10. Yo ... ya a las ocho, pero los otros ... a las nueve.   empezar

3. ¿Cómo son las formas de los verbos?

1. ¿Cuándo ... llamar a Elena?   poder (1ª pers. pl.)
2. ¿Dónde te ... con tus amigos?   encontrar (2ª pers. sing.)
3. Pablo va al Bar Madrid, pero allí no ... a Joaquín.   encontrar
4. ¿... venir esta tarde a mi casa?   poder (2ª pers. pl.)
5. Esta tarde no ... , mañana sí.   poder (1ª pers. pl.)
6. ¿Qué vas a ... al profesor?   decir
7. ¿Qué ... a tu madre?   contar (2ª pers. sing.)
8. Antonio no ... trabajar hoy.   poder
9. Joaquín y Ricardo ... a sus amigos de su excursión.   contar
10. Ahora no ... ir al centro.   poder (1ª pers. sing.)

4. ¿Qué tiempo hace?

Ejemplo: **En Galicia hace calor.**

5. ¿Qué fecha es y en qué estación del año estamos?

15.8.   8.11.   10.1.   8.9.

6. Formar frases.

empezar, nevar, tener, pensar, querer

1. Hoy ... (yo) ir a casa de Loli.
2. Dicen que ... en el norte de España.
3. ¿Por qué no ... ir tú a la fiesta?
4. El lunes la clase ... a las ocho y media.
5. Esta semana ... (nosotros) más tarde.
6. Joaquín dice: ... una idea fantástica.
7. ¿... (vosotros) pasar un día en la playa?
8. ¿Qué ... (vosotros) sobre esta idea?
9. Ahora ... (yo) mucho trabajo.

7. Poner las formas de los verbos *poder – llover – contar*

1. Hoy no ... (nosotros) salir porque ya es tarde.
2. ¿Me ... (tú) llamar mañana a las tres?
3. ... mucho hoy. Por eso los niños no ... salir.
4. En el norte de Alemania ... mucho.
5. Las chicas ... que van a la piscina.
6. Hola, Teresa: ¿Qué ... ?

8. Traducir

1. Heute nachmittag will ich meinen Freund Pablo anrufen.
2. Die Sekretärin schreibt einen Brief an den Direktor eines Hotels in Vigo.
3. Wann trefft Ihr Eure Freunde?
4. Kannst Du morgen in mein Büro kommen?
5. Ich denke, daß wir einen Ausflug machen können.
6. Um wieviel Uhr beginnt das Kino?
7. Heute ist Donnerstag, der 25. November, und es ist kalt und regnet.
8. Da ich heute nicht arbeite, mache ich mit meiner Freundin Carmen einen Ausflug an die Küste.
9. Wir gehen zu Fuß zur Schule, weil es warm ist und die Sonne scheint.

Prácticas de comunicación

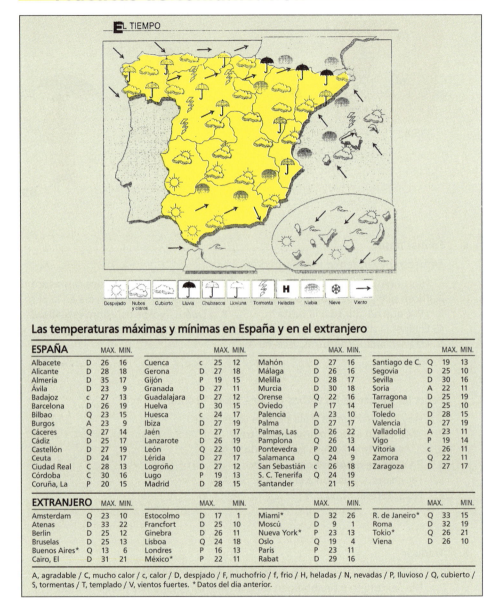

Las temperaturas máximas y mínimas en España y en el extranjero

ESPAÑA		MAX.	MIN.			MAX.	MIN.			MAX.	MIN.			MAX.	MIN.
Albacete	D	26	16	Cuenca	c	25	12	Mahón	D	27	16	Santiago de C.	Q	19	13
Alicante	D	28	18	Gerona	D	27	18	Málaga	D	26	16	Segovia	D	25	10
Almería	D	35	17	Gijón	P	19	15	Melilla	D	28	17	Sevilla	D	30	16
Ávila	D	23	9	Granada	D	27	11	Murcia	D	30	18	Soria	A	22	11
Badajoz	c	27	13	Guadalajara	D	27	12	Orense	Q	22	16	Tarragona	D	25	19
Barcelona	D	26	19	Huelva	D	30	15	Oviedo	P	17	14	Teruel	D	25	10
Bilbao	Q	23	15	Huesca	c	24	17	Palencia	A	23	10	Toledo	D	28	15
Burgos	A	23	9	Ibiza	D	27	19	Palma	D	27	17	Valencia	D	27	19
Cáceres	Q	27	14	Jaén	D	27	17	Palmas, Las	D	26	22	Valladolid	A	23	11
Cádiz	D	25	17	Lanzarote	D	26	19	Pamplona	Q	26	13	Vigo	P	19	14
Castellón	D	27	19	León	Q	22	10	Pontevedra	P	20	14	Vitoria	c	26	11
Ceuta	D	24	17	Lérida	D	27	17	Salamanca	Q	24	9	Zamora	Q	22	11
Ciudad Real	C	28	13	Logroño	D	27	12	San Sebastián	c	26	18	Zaragoza	D	27	17
Córdoba	C	30	16	Lugo	P	19	13	S. C. Tenerifa	Q	24	19				
Coruña, La	P	20	15	Madrid	D	28	15	Santander		21	15				

EXTRANJERO		MAX.	MIN.			MAX.	MIN.			MAX.	MIN.			MAX.	MIN.
Amsterdam	Q	23	10	Estocolmo	D	17	1	Miami*	D	32	26	R. de Janeiro*	Q	33	15
Atenas	D	33	22	Francfort	D	25	10	Moscú	D	9	1	Roma	D	32	19
Berlin	D	25	12	Ginebra	D	26	11	Nueva York*	P	23	13	Tokio*	Q	26	21
Bruselas	D	25	13	Lisboa	Q	24	18	Oslo	Q	19	4	Viena	D	26	10
Buenos Aires*	Q	13	6	Londres	P	16	13	Paris	P	23	11				
Cairo, El	D	31	21	México*	P	22	11	Rabat	D	29	16				

A, agradable / C, mucho calor / c, calor / D, despjado / F, muchofrio / f, frio / H, heladas / N, nevadas / P, lluvioso / Q, cubierto / S, tormentas / T, templado / V, vientos fuertes. *Datos del día anterior.

1. Stellen Sie sich gegenseitig Fragen zu der Wetterkarte.
2. Stellen Sie sich gegenseitig Fragen zu den höchsten und niedrigsten Temperaturen in Spanien und im Ausland.
3. Schreiben Sie einem spanischen Freund etwas über das typische Wetter in den vier Jahreszeiten in Deutschland.
4. Jeder Kursteilnehmer nennt das Datum seines Geburtstages und den Wochentag, auf den sein Geburtstag in diesem Jahr fällt.

Lección ocho

Lección nueve

A Una excursión memorable

Joaquín, Ricardo y Gabriel vuelven el sábado por la noche de su excursión. Entran en el Bar Vicente antes de ir a casa. Encuentran a Carlos que trabaja allí los fines de semana.

Carlos: – Hola, chicos. ¿Cómo estáis?
Joaquín: – Regular, hombre.
Carlos: – No suenas muy contento. ¿Qué contáis? ¿Cómo habéis pasado el día?
Joaquín: – Ha sido un día memorable. Sabes que hemos ido de excursión a la montaña. Por esto hemos salido muy temprano.
Carlos: – ¿A qué hora habéis salido de casa?
Gabriel: – Hemos salido a las siete de Orense y hemos tardado casi dos horas en coche en llegar al punto de salida de nuestra excursión.
Joaquín: – Hemos desayunado en un pequeño bar cerca de Castro Caldelas. Además allí en una tienda, hemos comprado algunas latas de conservas y pan para preparar la comida.
Gabriel: – Hemos continuado unos pocos kilómetros más y media hora después hemos aparcado el coche cerca de un bosque. Hemos cogido las mochilas con las latas y el hornillo de gas.
Carlos: – ¡Qué suerte! Yo no he podido ir de excursión porque he trabajado en el bar.
Joaquín: – Un momento. Vas a ver cómo termina la historia. Hemos tomado un camino muy estrecho y difícil. Hemos caminado durante dos horas y media. A la una hemos llegado a nuestro destino. Como ha sido un día tan bueno, hemos tenido una vista maravillosa sobre las montañas.
Gabriel: – A las dos hemos tenido hambre y hemos querido comer algo.
Joaquín: – Ricardo ha empezado a buscar en su mochila y en sus bolsillos y cuando he preguntado: – Ricardo, ¿qué buscas?, él ha contestado:
– Creo que he olvidado el abrelatas.
Carlos: – ¿De verdad has olvidado el abrelatas? ¡Qué listo eres! Yo ya sé por qué. Has pensado todo el tiempo en tu amiga. Pues ya entiendo por qué no estáis contentos.

B Unas preguntas

1. ¿Cómo han pasado los tres chicos el sábado?
2. ¿Por qué está Carlos en el bar?
3. ¿Adónde han ido Joaquín, Ricardo y Gabriel?
4. ¿A qué hora han salido de casa?
5. ¿Dónde han desayunado?
6. ¿Qué han comprado en Castro Caldelas?

7. ¿Dónde han aparcado el coche?
8. ¿Qué cosas han cogido del coche?
9. ¿Durante cuánto tiempo han caminado?
10. ¿Qué han querido preparar?
11. ¿Por qué no han podido preparar la comida?
12. ¿Por qué no están contentos los tres amigos?

C Gramática

1. **El pretérito perfecto** (Das Perfekt)

singular	plural
he trabajado	hemos trabajado
has trabajado	habéis trabajado
ha trabajado	han trabajado

Das *pretérito perfecto* wird gebildet durch die Präsens-Form des Hilfsverbs *haber* und das Partizip Perfekt.

El participio perfecto

Verben auf		Endung des Partizips	Beispiel
-ar	→	-ado	trabajado (trabajar)
-er	→	-ido	vendido (vender)
-ir	→	-ido	subido (subir)

Das Partizip Perfekt wird vom Infinitiv-Stamm der Verben abgeleitet.

| estar | → | estado | Hemos estado en el bar (Wir waren im Café). |
| ser | → | sido | Ha sido muy tarde (Es ist sehr spät gewesen). |

 Ojo: Die Endungen *–ado/–ido* des Partizips Perfekt als Teil des *pretérito perfecto* sind unveränderlich.

El pretérito perfecto y la negación

| ¿No habéis llegado a Orense? | Die Verneinung *no* steht vor |
| Seid Ihr nicht in Orense angekommen? | dem Hilfsverb. |

2. **por** (por + Tageszeit)

por la mañana	morgens, am Morgen
por la tarde	nachmittags, am Nachmittag
por la noche	abends, am Abend, nachts, in der Nacht

 Ojo: Felipe trabaja sólo por la mañana. (Felipe arbeitet nur morgens.)
Empieza su trabajo a las ocho de la mañana. (Er beginnt seine Arbeit um acht Uhr morgens.)

D Ejercicios

1. ¿Cómo es la forma del pretérito perfecto?

1. tomamos
2. escucho
3. habláis
4. leen
5. llegas
6. subimos
7. soy
8. estudia
9. piensa
10. pensamos
11. puedo
12. subís
13. cogen
14. cuentas
15. empieza
16. encuentran

2. Contestar con la forma negativa

Ejemplo: – ¿Ha recibido Vd. la carta?
– No, no he recibido la carta.

1. ¿Habéis terminado el trabajo?
2. ¿Has llamado a los chicos?
3. ¿Ha comprado Carmen el libro?
4. ¿Han hablado por teléfono?
5. ¿Has entrado en el bar?
6. ¿Han reservado Vds. una habitación?

3. Poner la frase en presente

1. Carlos ha leído la carta.
2. No hemos podido ver las montañas.
3. Ana ha leído un libro interesante.
4. Víctor no ha pensado en el abrelatas.
5. ¿Has ido en tren a Madrid?
6. El estudiante no ha estudiado mucho.
7. La Oficina de Información y Turismo ha cerrado a las seis.
8. La vista ha sido muy buena.

4. Emplear las formas del pretérito perfecto

1. Esta mañana, Cristina ... al centro de la ciudad.
2. ... en el Corte Inglés.
3. Para subir al departamento de señoras, ... el ascensor.
4. Una vendedora ... : ¿Qué desea usted?
5. Cristina ... : Deseo un jersey blanco o azul.
6. La vendedora ... varios modelos.
7. Cristina ... algunos y, al final, ... un jersey blanco.
8. ... a la caja y ... .
9. Roberto ... un jersey verde.

ir
entrar
tomar

preguntar
contestar
buscar
probar/comprar
ir/pagar
encontrar

5. Traducción

1. Da Joaquín nachmittags keinen Unterricht hat, geht er ins Schwimmbad.
2. In der Bar Vicente hat er einige Freunde getroffen.
3. Die Jungen sind um 10 Uhr abends nach Hause gekommen.
4. Alberto hat heute sehr viel gearbeitet.
5. In der Bar haben wir Elena getroffen, die viel über ihre Ferien erzählt hat.
6. Cristina ist in die Stadt gefahren, um Kleidung einzukaufen.
7. Dolores und Patricia sind um Viertel nach acht aus dem Haus gegangen.
8. Um wieviel Uhr hast du heute angefangen zu arbeiten?

E Prácticas de comunicación

1. Cuenta Ricardo

Erzählen Sie aus der Sicht von Ricardo, wie er den Tag verbracht hat.

2. Carlos cuenta la historia de sus amigos

Carlos erzählt später seiner Freundin vom Mißgeschick der Ausflügler. Erzählen Sie die Geschichte in der 3. Person.

3. Preparar una excursión

Bereiten Sie einen Wochenendausflug vor: Freunde anrufen – Prospekte besorgen – fragen, wer ein Auto hat – einen Ort suchen – Dinge einpacken – Verpflegung einkaufen usw. Berichten Sie davon, wie die Vorbereitungen ablaufen.

4. Escribir una carta

Gabriel schreibt einen Brief an einen Freund und erzählt von dem Ausflug. Schreiben Sie diesen Brief.

Lección diez

A Cartas

1. Carta a un hotel

Robert Schneider
D-52076 Aachen,
Grenzstraße 11

18 de marzo de 1.99..

GRAN HOTEL
Paseo Marítimo, 69
E-08870 SITGES

Reserva de habitaciones

Estimados señores:

Deseo pasar dos semanas de vacaciones en junio de este año en su hotel. Como viajo con mi familia, necesitamos dos habitaciones dobles, una de ellas con tres camas para mis hijos de 14, 12 y 7 años.

¿Tienen habitaciones libres a finales de junio?
¿Qué precio tienen las habitaciones con baño o ducha?

Espero su pronta confirmación.

Cordialmente,

Schneider

2. Confirmación de reserva

Gran Hotel
Paseo Marítimo, 69
Teléfonos 93/894/16/00
Telefax 93/894/06/64
08870 Sitges

Sr. D. Robert SCHNEIDER
Grenzstraße 11
D-52076 AACHEN

Sitges, 10 de abril de 1.99..

Confirmación de reserva

Muy señor nuestro:

Acabamos de recibir su carta del 18 de marzo y le confirmamos la reserva siguiente del 15 al 30 de junio:
– una habitación doble de dos camas en el primer piso;
– otra con tres camas en el tercer piso.
Las habitaciones de nuestro hotel tienen baño y ducha.
Su precio es de 14.000 Ptas.
El Gran Hotel también ofrece a sus clientes un buen servicio de restaurante con cocina regional.
Además organizamos diferentes actividades deportivas y también excursiones muy interesantes por los alrededores de Sitges.

Esperamos su visita.

Muy atentamente,

José María Manzano

Gerente

B Contestar las preguntas

Primera carta:

1. ¿Dónde vive el señor Schneider?
2. ¿A quién escribe la carta?
3. ¿Por qué escribe esta carta?
4. ¿Cuántas personas son los Schneider?
5. ¿Quiénes son?
6. ¿Cuántas habitaciones necesitan?
7. ¿Para cuándo el señor Schneider quiere reservar las habitaciones?

Lección diez

Segunda carta:
1. ¿De cuándo es esta carta?
2. ¿Para cuándo confirma el hotel la reserva?
3. ¿En qué piso están las habitaciones de la familia Schneider?
4. ¿Cómo son las habitaciones del Gran Hotel?
5. ¿Qué organiza el Gran Hotel?
6. ¿Quién es el señor Manzano?

C Gramática

1. **Verbos con infinitivo** (Verben mit einer Infinitivform)

   Deseo un libro.   Ich möchte ein Buch.
   Deseo escribir una carta. Ich möchte einen Brief schreiben.

   Einige Verben, wie z.B. *querer*, *poder*, *necesitar*, *desear* können mit einem Substantiv oder mit einem weiteren Verb kombiniert werden, das dann im Infinitiv stehen muß.

2. **El estilo indirecto** (die indirekte Rede)

   El profesor dice: „Cáceres es una ciudad bonita."
   Un profesor de nuestro colegio dice que Cáceres es una ciudad bonita.
   Ein Lehrer unserer Schule sagt, daß Cáceres eine schöne Stadt sei.
                               daß Cáceres eine schöne Stadt ist.
                               Cáceres sei eine schöne Stadt.
   Carlos pregunta a Pablo: „¿Tienes tiempo hoy?"
   Carlos fragt Pablo: Hast Du heute Zeit?
   Carlos pregunta a Pablo si tiene tiempo hoy.
   Carlos fragt Pablo, ob er heute Zeit hat.

   > Nach einer Zeit der Gegenwart (Präsens) im einleitenden Hauptsatz steht in der indirekten Rede bzw. im indirekten Fragesatz die gleiche Zeit wie in der direkten Rede bzw. in der indirekten Frage.

3. **Apócope del adjetivo y de los números ordinales**
   (Verkürzung von Adjektiven und Ordnungszahlen)

Hoy hace mal tiempo.	Heute ist schlechtes Wetter.
Paco tiene un buen amigo en León.	Paco hat einen guten Freund in León.
Elena sube al primer piso.	Elena geht ins erste Stockwerk.
Queremos pasar las vacaciones en Gran Canaria.	Wir möchten den Urlaub in Gran Canaria verbringen.
La habitación está en el tercer piso.	Das Zimmer befindet sich im dritten Stockwerk.

Lección diez

Die Adjektive *bueno, malo, grande* und die Ordnungszahlen *primero* und *tercero* stehen meistens vor dem Substantiv. In diesem Fall werden die männlichen Formen in der Einzahl verkürzt, *grande* auch in der weiblichen Form.

Ojo: Gabriela tiene una idea muy buena.   Gabriela hat eine sehr gute Idee.
La familia de Arturo vive en una   Arturos Familie wohnt in einem
casa muy grande.   sehr großen Haus.

D Ejercicios

1. Verbos con infinitivo

1. Las señoras ... la ciudad de Córdoba en el mes de mayo.   querer visitar
2. ... si hay algo libre en las vacaciones de otoño.   necesitar saber
3. ¿... Vds. 4 habitaciones dobles para 8 personas?   poder reservar
4. ... una habitación del 1 al 15 de junio.   querer reservar (1ª pers. sing.)
5. ... las principales atracciones de la ciudad.   desear ver (1ª pers. sing.)
6. ¿Dónde ... , en España o en Alemania?   preferir vivir (2ª pers. sing.)

2. El pronombre personal en nominativo o el pronombre posesivo

1. Necesito dos habitaciones para ... hijos.
2. ... y ... familia van a pasar 15 días en Almería. (3ª pers. sing.)
3. Para ... visita en Madrid queremos reservar dos habitaciones. (1ª pers. pl.)
4. ¿Deseas ... habitación con o sin desayuno?
5. Vamos a pasar ... vacaciones en la Costa de la Luz. Y ... , ¿adónde vais?
6. Soy profesora y quiero ir de excursión con ... alumnos.
7. ¿Pueden ... reservar una habitación en ... hotel para dos semanas en agosto?

3. Unos verbos en presente

encontrar / comer / poder / pensar / contar / querer

1. ¿Y tú qué ...? ¿Pasamos las vacaciones en Málaga o en Nerja?
2. No ... en el hotel, hoy ... en casa de unos amigos.
3. Mi amigo ... viajar a Portugal pero yo no ... .
4. He ido a Madrid y ¿a quién ... en la Plaza Mayor? ¡A Roberto!
5. No ... reservar tres habitaciones. Sólo tenemos dos libres.
6. Cuando Luis ... de sus viajes, yo también ... viajar.

4. Verbos: presente, futuro (ir +a), pretérito perfecto

infinitivo	presente	futuro	pret.perfecto
ser, 1ª pers. sing.			
	estamos		
		van a tener	
			he salido
		vamos a vivir	
	escribis		
querer, 2ª pers. pl.			
	tienen		
			ha recibido
		voy a aprender	
	salimos		
pensar, 3ª pers. pl.			

5. Emplear el estilo indirecto o la oración interrogativa indirecta

1. Joaquín dice: – Por la tarde no hay clase.
2. Jorge pregunta a su amigo: – ¿Quieres salir esta tarde?
3. Los chicos cuentan: – Ha sido un día memorable.
4. Carlos pregunta a sus amigos: – ¿Habéis pasado un día agradable?
5. Ellos contestan: – Víctor ha olvidado el abrelatas.
6. Carlos quiere saber: ¿Tenéis hambre?
7. Carlos pregunta: ¿Estáis contentos?
8. Gabriel quiere saber: ¿Cuándo vamos a casa?

6. ¿Cómo es el adjetivo?

1. Sevilla es una ... ciudad.   (grande)
2. Elena sube al ... piso del hotel.   (tercero)
3. El hotel se llama ... Hotel.   (grande)
4. En verano hace ... tiempo en Andalucía. (bueno)
5. Hoy hace ... tiempo en Alemania.   (malo)
6. Carlos tiene una idea muy ... .   (bueno)

7. ¿Qué palabra sobra?

1. frío – verano – invierno – otoño
2. nieve – lluvia – niebla – sol
3. jueves – viernes – lunes – primavera
4. de – es – por – entre
5. ascensor – excursión – Oficina de Turismo – región
6. reserva – ducha – baño – cama

8. **Traducir**

1. Da Ramón nach Spanien fahren möchte, schreibt er einen Brief an seinen Freund Paco.
2. In Castro Caldelas haben die drei Freunde einige Konservendosen gekauft.
3. Ricardo hat den Dosenöffner vergessen. Warum? Die Freunde sagen, daß er an seine Freundin gedacht hat.
4. Er sagt, daß er nicht zufrieden sei.
5. Pablo will wissen: „Habt ihr gegessen?"
6. Die Freunde antworten, daß sie Hunger haben.

E Prácticas de comunicación

1. **Satzbautafel: Carta a una Oficina de Turismo**

Stellen Sie mit Hilfe dieser Satzbautafel zwei Briefe zusammen
1. für eine Einzelperson
2. für eine Gruppe

Estimados señores / Muy señores nuestros / Muy señores míos:

| Soy | un joven estudiante | | |
| Somos | una familia | | |

Quiero	visitar		en mayo
Vamos a	ir a	Córdoba	del ... al
Deseamos	pasar las vacaciones en		en las vacaciones
	hacer una excursión a		

Queremos	ver	la ciudad	
Quiero		los alrededores de la ciudad	
		la ciudad y la región	
		los monumentos de la ciudad	

Necesito			
Necesitamos		un programa	
Pueden ustedes	mandar	folletos	
		un plano de la ciudad	
		informaciones sobre la ciudad	

Pueden ustedes	organizar	nuestro viaje	
		estos días	
		nuestra excursión	
		nuestra estancia	
		mi excursión	
		mi estancia	

Esperamos su pronta respuesta / Espero su pronta respuesta
Muy atentamente, / Cordialmente,

2. Übertragen Sie den folgenden Brief ins Spanische.

Ort, Datum

Sehr geehrte Damen und Herren,

wir sind eine Familie mit 5 Personen und möchten im Mai drei Tage in Avila verbringen.

Wir möchten die Stadt mit ihren Sehenswürdigkeiten besichtigen und einen Ausflug in die Umgebung machen.

Wir benötigen Prospekte und Stadtpläne. Können Sie zwei Hotelzimmer reservieren und diesen Ausflug organisieren?

Mit freundlichen Grüßen

3. Frau Sabine Lenz, die in 48159 Münster in der Ohmstraße 42 wohnt, schreibt am 17. April 199. an das Hotel Belmonte in 16003 Cuenca (calle de la Catedral, 52).

Sie hat folgende Fragen:

– sie möchte fünf Tage mit ihrem Mann in Cuenca verbringen
– sie möchte die Stadt und die Umgebung kennenlernen
– sie bittet um die Reservierung eines Doppelzimmers mit Dusche vom 14.–19. Juni 19., erkundigt sich nach dem Preis und bittet um eine Bestätigung der Reservierung.

Lección diez

Lección once 11

A En el banco

Ana, la madre de Elena y Roberto, está empleada en el Banco Central de Segovia. Empieza su trabajo a las nueve y termina a la una.

El banco cierra a las dos y los empleados terminan su trabajo cuando los clientes ya han salido.

Ana trabaja en la taquilla, donde tiene varias tareas. Hay muchos clientes que quieren ingresar dinero o retirar una cantidad de dinero de su cuenta o de su libreta de ahorros. Otros necesitan consejos sobre cómo invertir su dinero.

El banco abre sus puertas a las nueve y un poco más tarde ya hay muchos clientes. Como es verano, hay también turistas de otros países en Segovia que necesitan dinero español. Quieren cambiar eurocheques o moneda extranjera en pesetas, o cobrar cheques de viaje. Se pueden cambiar marcos alemanes, francos franceses, dólares americanos y también monedas de otros países. Otros retiran dinero con su tarjeta de crédito o pasan por el cajero automático.

En este momento entran unos jóvenes alemanes, un grupo de ingleses y un matrimonio español. Son los señores García, que quieren viajar a Alemania para visitar al hermano del señor García.

Como hay mucha gente, tienen que esperar un rato en la taquilla.

Señor García:	– ¿Cuánto dinero tenemos que cambiar?
Señora García:	– Pues, mira, el vuelo ya está pagado. Vamos a pasar dos semanas en Hannover. Comemos en casa de tu hermano y no vamos a salir mucho. No quiero comprar muchas cosas en Alemania. Dicen que es un país muy caro. Yo pienso que con 30.000 pesetas es suficiente.
Señor García:	– Yo quiero llevar más. Mi hermano no puede pagar todos los gastos de la familia. Y, además, vamos a hacer excursiones. Mi hermano escribe siempre que hay mucho que ver en Alemania. Y también dice que no es tan caro. La ropa, por ejemplo, es de buena calidad y no cuesta mucho. Vamos a cambiar 60.000 pesetas.
Señora García:	– ¡Estás loco! Bueno, si quieres, 45.000.
Señor García:	– Señora, queremos cambiar 50.000 pesetas en marcos alemanes.

Ana cambia las pesetas en marcos, dice „buen viaje" y atiende a los chicos alemanes.

Markus:	– Quiero cambiar este eurocheque, pero no sé hasta qué cantidad se puede poner.
Ana:	– Puede poner hasta 25.000 pesetas.
Markus:	– Bien, entonces pongo 25.000. Aquí tiene mi tarjeta.
Ana:	– Necesito también su pasaporte o el carnet de identidad.
Markus:	– Sí, claro, aquí tiene mi pasaporte.

Ana apunta el número.

Ana:	– Tiene que firmar aquí. ¿En qué hotel está usted?
Markus:	– Estamos en el Hostal Goya.

Ana apunta también el nombre y la dirección de este hostal.

Ana:	– Bien, ya puede ir a la caja y recoger su dinero.
Markus:	– Muchas gracias.
A los otros:	– Ahora tenemos mucho dinero español. Hay que tener cuidado y no gastar todo de una vez.

Lección once

B Unas preguntas

1. ¿Qué profesión tiene Ana?
2. ¿A qué hora empieza y termina su trabajo?
3. ¿Dónde trabaja Ana en el banco?
4. ¿Qué quieren los clientes en el banco?
5. ¿Por qué algunos clientes necesitan consejos?
6. ¿Qué estación del año es?
7. ¿Por qué van los extranjeros al banco?
8. ¿Qué monedas se cambian mucho en este banco?
9. ¿Cómo se llama el matrimonio español?
10. ¿Adónde quieren ir? ¿Por qué?
11. ¿Por qué piensa la señora García que no necesitan mucho dinero en Alemania?
12. ¿Por qué quiere cambiar más dinero el señor García?
13. ¿Qué quieren los chicos alemanes?
14. ¿Hasta qué cantidad de pesetas se puede retirar con el eurocheque?
15. ¿Qué más se necesita para cambiar dinero con un eurocheque?
16. ¿Qué hay que hacer?
17. ¿Qué apunta Ana?

C Gramática

1. **Tener que** + infinitivo / **hay que** + infinitivo (müssen / man muß)

Tenemos que estudiar.	Wir müssen lernen.
Tengo que ir a casa.	Ich muß nach Hause gehen.
Ahora tienen que almorzar.	Sie müssen jetzt zu Mittag essen.
Hay que tener cuidado.	Man muß vorsichtig sein.
Hay que leer el periódico para informarse.	Man muß die Zeitung lesen, um sich zu informieren.

Die verneinte Form von *tener que* und *hay que* wird im Deutschen oft mit *nicht ... brauchen, nicht ... sollen, nicht ... dürfen* wiedergegeben.

No tengo que estudiar.	Ich brauche nicht zu lernen.
No hay que gastar todo.	Man sollte nicht alles ausgeben.

2. **se** + **verbo** (man ...)

Se habla español.	Man spricht Spanisch. / Hier wird Spanisch gesprochen.
Aquí no se habla alemán.	Hier spricht man kein Deutsch. / Hier wird kein Deutsch gesprochen.
En el banco se cambian marcos alemanes y dólares.	In der Bank wechselt man D-Mark und Dollar. / In der Bank werden D-Mark und Dollar gewechselt.

Lección once

> Das Wort *man* wird im Spanischen durch die Konstruktion se + Verbform in der 3. Person Singular bzw. Plural wiedergegeben.
> Die Verbform steht in der 3. Person Singular, wenn das Subjekt in der Einzahl steht. Die Verbform steht in der 3. Person Plural, wenn das Subjekt in der Mehrzahl steht.
> Darüber hinaus dient diese Konstruktion zum Ausdruck des Passivs.

3. todo/-a, todos/-as (alles/alle)

Verwendung als Adjektiv: vor nachfolgendem Substantiv und bestimmtem Artikel.

Carlos trabaja todo el día en el banco.	Carlos arbeitet den ganzen Tag in der Bank.
Hemos pasado toda la semana en Bilbao.	Wir haben die ganze Woche in Bilbao verbracht.

> Im Singular heißt *todo/-a* bei nachfolgendem Substantiv *ganz*.

todos los amigos	alle Freunde
todas las amigas	alle Freundinnen

> Im Plural heißt *todo/-a* bei nachfolgendem Substantiv *alle*.

Bei einigen feststehenden Ausdrücken fällt der Artikel zwischen *todo/-a*, *todos/-as* weg:

en todas partes	überall
a todas horas	ständig, immer
de todos modos	auf jeden Fall, jedenfalls

Ojo: toda la gente	alle Leute

Verwendung als Substantiv: alleinstehend

Todo está gris.	Alles ist grau.
Todos están contentos.	Alle sind zufrieden.

4. estar + participio de pasado (*estar* + Partizip der Vergangenheit)

Hemos pagado el vuelo.	Wir haben den Flug bezahlt.
El vuelo está pagado.	Der Flug ist bezahlt.
El Banco Central emplea a 75 personas.	Die Banco Central beschäftigt 75 Personen.
Elena está empleada en el Banco Central de Teruel.	Elena ist in der Banco Central in Teruel beschäftigt.

> *estar* + Partizip der Vergangenheit transitiver Verben bilden das Zustandspassiv. Das Partizip wird in diesem Fall wie ein Adjektiv verändert.

Lección once

5. Nationalitätenadjektive

países	habitantes	lenguas
Alemania	alemán, alemana	alemán
Austria	austríaco, austríaca	alemán
Bélgica	belga (masculino + femenino)	francés y flamenco
Dinamarca	danés, danesa	danés
España	español, española	español, catalán, vasco, gallego
Francia	francés, francesa	francés
Gran Bretaña (Inglaterra)	inglés, inglesa	inglés
Grecia	griego, griega	griego
Irlanda	irlandés, irlandesa	inglés
Italia	italiano, italiana	italiano
Luxemburgo	luxemburgués, -a	francés
Noruega	noruego, noruega	noruego
Países Bajos (Holanda)	holandés, holandesa	holandés
Portugal	portugués, portuguesa	portugués
Suecia	sueco, sueca	sueco

Die weibliche Form der Nationalitätenadjektive endet fast immer auf -a. Der Akzent entfällt dann.
Der Plural wird durch Anhängen von -s oder -es gebildet.
Die Nationalitätenadjektive werden im Gegensatz zu den Ländern **klein** geschrieben.

Lección once

D Ejercicios

1. ¿Cómo se dice *man* en español?

1. En España se ... cuatro lenguas: español, catalán, gallego y vasco. — hablar
2. En Francia se ... francés. — hablar
3. En el bar de la universidad se ... mucho café. — tomar
4. En la agencia de viajes se ... muchos viajes. — vender
5. En la oficina se ... muchas cartas. — escribir
6. En las clases se ... libros españoles. — leer
7. Se ... que este chico es español. — ver
8. En las costas españolas se ... ver muchas personas en verano. — poder

2. ¿*tener que, hay que*?

1. ¿Vas esta noche al cine? No puedo, ... estudiar.
2. ¿Va Juan a la piscina? No, ... leer un libro español.
3. ... hablar mucho para aprender una lengua.
4. ¿Venís al bar? No podemos, ... hacer los deberes para el curso de francés de mañana.
5. No se puede ir a pie al cine. ...ir en coche.
6. ¿Van los chicos a la montaña el fin de semana? No tienen tiempo, ... estudiar.
7. ¿Hacemos una cena esta noche? No, ... trabajar.
8. Este restaurante tiene muchos clientes, por eso ... reservar siempre.

3. ¿De dónde es/son?

1. Pablo siempre bebe vino de Francia. Es vino ... .
2. Juan sólo compra coches de Alemania. Son coches ... .
3. Pilar lleva mucho faldas de Italia. Son faldas ... .
4. Ana come mantequilla de Dinamarca. Es mantequilla ... .
5. Roberto prefiere la cerveza de Bélgica. Es cerveza ... .
6. Antonio come mucho queso de Holanda. Es queso ... .
7. Pedro ha comprado un traje en Portugal. Es un traje ... .
8. También ha comprado un jersey en Inglaterra. Es un jersey ... .

4. leer y escribir

250, 356, 515, 765, 867, 777, 666, 555, 943, 413, 1.318, 2.450, 5.312, 12.330, 25.450, 55.467, 780.670, 940.315.

5. Escribir 6 frases con *tener* que o *querer*.

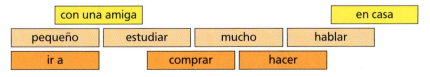

Lección once

6. Unas preguntas para contestar.

Ejemplo: – ¿Has comprado la bicicleta?
– Sí, he comprado la bicicleta y ha costado 40.500 pesetas.

1. ¿Habéis comprado la maleta? Sí, ... (18.500 Pts.).
2. ¿Has comprado la mesa? Sí, ... (36.200 Pts.).
3. ¿Ha comprado Juan el coche? Sí, ... (550.000 Pts.).
4. ¿Ha comprado Carmen el libro? Sí, ... (3.110 Pts.).
5. ¿Han comprado los Soler la casa? Sí, ... (390.000 marcos).
6. ¿Has comprado el café? Sí, ... (585 Pts.).

7. Sopa de letras

B	J	D	L	O	C	A	M	B	I	O	R	O	D
T	A	H	I	C	L	U	K	A	N	M	I	E	R
A	H	N	B	N	I	X	U	A	T	E	H	B	F
H	T	H	C	H	E	I	C	H	T	N	V	K	R
O	A	E	A	O	N	R	F	R	Q	N	E	W	A
R	Q	A	J	A	T	M	O	N	E	D	A	U	N
R	U	E	A	R	E	P	D	L	U	D	A	U	C
O	I	I	D	H	A	H	O	T	T	S	I	M	O
S	L	A	T	S	N	T	L	P	E	S	E	T	A
J	L	K	A	B	X	W	A	K	S	M	O	P	O
L	A	P	U	U	D	O	R	R	A	M	R	I	F

Suchen Sie 16 Begriffe zum Thema „banco".

8. Traducir

1. Um eine Reise zu machen, benötigt man die Währung des Landes, wohin man reist.
2. Hier werden Zeitungen verkauft, außerdem Zeitschriften und Postkarten.
3. Wir müssen zur Bank gehen und Geld vom Konto abheben.
4. Joaquín aus Orense und seine Freunde wollen einen Ausflug machen.
5. Deshalb brauchen sie Geld.
6. Herr und Frau Flores möchten nach Frankreich reisen, weil der Bruder von Herrn Flores dort lebt.
7. Pedro hat den ganzen Tag gelesen.
8. Frau Mateos will nicht ihr ganzes Geld vom Sparbuch abheben.
9. Alle Kinder sind auf der Straße.

10. Carmen hat alle Bücher, die sie gekauft hat, schon gelesen.
11. Ein Flug nach Amerika ist sehr teuer.
12. Dort kann man viel besichtigen.
13. Deshalb muß man die Reise gut vorbereiten.
14. Der amerikanische Dollar, die deutsche Mark und der französische Franc sind Währungen, die in den spanischen Banken viel getauscht werden.

E Prácticas de comunicación

1. En la taquilla
a) Sie wollen DM 600 in Peseten wechseln.
b) Sie wollen einen Reisescheck über $ 300 einlösen.
c) Sie wollen einen Euroscheck einlösen.
– Schreiben Sie die entsprechenden Dialoge.
– Führen Sie diese Dialoge zwischen einem Kunden und einer/einem Bankangestellten.

2. La Unión Europea

Sehen Sie sich die Karte der Mitgliedstaaten der Europäischen Union an. Stellen Sie sich gegenseitig Fragen dazu:

- ¿Con qué país limita...?
- ¿Qué se habla en Francia?
- ¿Cómo se llaman las personas que viven en Alemania?
- Vd. quiere viajar de Alemania a Portugal. ¿Por qué países tiene que pasar?

3. Las divisas

MADRID (efe). – Cambios de divisas que el Banco de España aplicará hoy a las operaciones ordinarias.

	Comprador	Vendedor		Comprador	Vendedor
1 Dólar EEUU	129,246	129,504	100 Escudos portugueses	83,401	83,567
1 Euro	161,427	161,751	100 Dracmas griegos	53,772	53,880
1 Marco alemán	84,035	84,203	1 Dólar canadiense	95,752	95,944
1 Franco francés	24,874	24,924	1 Franco suizo	101,945	102,149
1 Libra esterlina	206,044	206,456	100 Yenes japoneses	114,549	114,779
100 Liras italianas	8,421	8,437	1 Corona sueca	19,515	19,555
100 Francos belgas y luxemburgo	407,973	408,789	1 Corona noruega	19,833	19,873
			1 Marco finlandés	28,073	28,129
1 Florín holandés	74,912	75,062	1 Chelín austríaco	11,945	11,969
1 Corona danesa	21,951	21,995	1 Dólar australiano	103,138	103,344
1 Libra irlandesa	207,194	207,608	1 Dólar neozelandés	92,152	92,336

Stellen Sie sich gegenseitig Fragen zum Wert der Pesete.

- ¿Qué valor tiene la moneda norteamericana, el dólar, en pesetas?
- Para comprar un dólar norteamericano, hay que pagar 129, 246 pesetas.

4.

Los prefijos de las provincias españolas

945 Álava	947 Córdoba	982 Lugo	911 Segovia
967 Albacete	966 Cuenca	91 Madrid	954 Sevilla
955 Alicante	972 Gerona	952 Málaga	975 Soria
951 Almería	958 Granada	952 Melilla	977 Tarragona
918 Ávila	911 Guadalajara	968 Murcia	974 Teruel
924 Badajoz	943 Guipúzcoa	948 Navarra	925 Toledo
971 Baleares	955 Huelva	988 Orense	96 Valencia
93 Barcelona	974 Huesca	985 Oviedo	983 Valladolid
947 Burgos	953 Jaén	988 Palencia	94 Vizcaya
927 Cáceres	981 La Coruña	986 Pontevedra	988 Zamora
956 Cádiz	928 Las Palmas	923 Salamanca	976 Zaragoza
964 Castellón	987 León	922 Santa Cruz de Tenerife	
956 Ceuta	973 Lérida		
926 Ciudad Real	941 Logroño	942 Santander	

Sehen Sie sich die Spanienkarte mit den Vorwahlnummern der verschiedenen Provinzen an. Stellen Sie sich gegenseitig Fragen:

- ¿Qué prefijo tiene Cádiz?
- ¿Dónde está Cádiz?, etc.

Lección once

Lección doce

A La mudanza

Pedro Moreno es ingeniero. Hasta ahora los Moreno han vivido en Sagunto, que está a 23 kilómetros de Valencia. Como Pedro trabaja en la empresa Ford en Almussafes, han comprado una casa nueva en El Saler. Este pueblo, a sólo 8 kilómetros de su empresa, también está en la costa mediterránea.

Hoy es el día de la mudanza. Todos han desayunado muy temprano porque a las ocho tiene que venir el camión de la mudanza. Por todas partes se ven cajas llenas de libros, ropa, juguetes, vajilla y todo lo que necesita una familia para vivir.

Luisa: — Mamá, ¿has visto mi muñeca rubia?

la madre: — ¿Para qué la quieres ahora? Está en una de estas cajas, junto con tus otros juguetes. Pero tenemos que salir ahora mismo porque va a venir el camión de la mudanza. Ya lo veo.

Vienen los hombres de la mudanza. En tres horas y media han metido todas las cajas y muebles en el camión.
Después de una pequeña pausa van todos a El Saler. La familia va en su coche. Sólo Federico va en el camión.

Cuando los Moreno llegan a la nueva casa, ayudan a los hombres a llevar las cajas y muebles a las distintas habitaciones de la casa.

Federico:	– ¿Quién ha visto el transistor? Quiero poner un poco de música.
la madre:	– Yo lo he puesto en la cocina. ¿Pero sabes tú en qué caja está la vajilla? Necesito algunos platos y cuchillos para preparar unos bocadillos.
el padre:	– La caja está aquí. Ya la he abierto.
Luisa:	– ¿Ya has abierto también la caja con mis juguetes?
el padre:	– Enseguida lo hago. Tú puedes sacar los discos y los libros de la caja y los pones en la estantería, ¿de acuerdo?
Luisa:	– Vale, papá.
el padre:	– ¿Dónde está Federico? ¿No le habéis visto?
Luisa:	– Ha ido al camión para sacar su bicicleta y todavía no ha vuelto.
la madre:	– ¿Qué has hecho con las plantas?
el padre:	– ¿Las plantas? No las veo. Las hemos olvidado en Sagunto. Tenemos que volver al piso esta tarde.
la madre:	– En esta caja no he escrito nada. ¿Sabéis lo que hay dentro?
el padre:	– No lo sé. La abrimos enseguida.

Ha sido un día muy largo y duro para toda la familia. Cuando se van a la cama a medianoche, todavía faltan muchas cosas por hacer.

B Contestar las preguntas

1. ¿Qué profesión tiene el señor Moreno?
2. ¿Dónde trabaja?
3. ¿Qué ha comprado la familia Moreno?
4. ¿Dónde van a vivir los Moreno?
5. ¿Dónde está este pueblo?
6. ¿Por qué es un día importante para los Moreno?
7. ¿Por qué han desayunado temprano los padres y los niños?
8. ¿Qué hay en las cajas?
9. ¿Qué busca Luisa?
10. ¿Cuánto tiempo necesitan los hombres de la mudanza para meter las cosas y los muebles en el camión?
11. ¿Cómo van los padres y Luisa a la casa nueva?
12. Y Federico, ¿cómo va él allí?
13. ¿Qué hacen todos cuando llegan a la casa nueva?
14. ¿Por qué busca Federico el transistor?
15. ¿Qué quiere preparar la madre?
16. ¿Qué hace Federico?
17. ¿Dónde están las plantas?
18. ¿Cómo ha sido el día para la familia Moreno?

C Gramática

1. El participio perfecto irregular (das unregelmäßige Partizip Perfekt)

Einige Verben bilden ein unregelmäßiges Partizip der Vergangenheit:

hacer	→ Ha **hecho** frío.	Es ist kalt gewesen.
ver	→ ¿Habéis **visto** a Juan?	Habt ihr Juan gesehen?
poner	→ ¿Dónde has **puesto** el libro?	Wo hast du das Buch hingelegt?
abrir	→ He **abierto** la puerta.	Ich habe die Tür geöffnet.
escribir	→ Has **escrito** la carta.	Du hast den Brief geschrieben.
describir	→ Ha **descrito** la ciudad.	Er/Sie hat die Stadt beschrieben.
ir	→ Hemos **ido** a Sevilla.	Wir sind nach Sevilla gefahren.
volver	→ Ha **vuelto** de Valencia.	Er/Sie ist aus Valencia zurückgekommen.

2. El pronombre personal como complemento directo (I)
(das Objektpronomen der 3. Person I)

- ¿Dónde está mi muñeca? – La quiero ahora.
- Wo ist meine Puppe? – Ich möchte sie jetzt haben.

- ¿Ves las plantas? – No las veo.
- Siehst Du die Blumen? – Ich sehe sie nicht.

- ¿Lees el libro? – Sí, lo leo.
- Liest Du das Buch? – Ja, ich lese es.

- ¿Tienes los discos? – No, los he olvidado.
- Hast Du die Schallplatten? – Nein, ich habe sie vergessen.

Substantive, die **Sachen** darstellen, werden im Akkusativ als direktes Objekt ersetzt:

im Maskulinum:	im Singular durch **lo**	im Plural durch **los**
im Femininum:	im Singular durch **la**	im Plural durch **las**

- Pedro, ¿dónde está Federico? – Le he visto en el bar.
- Pedro, wo ist Federico? – Ich habe ihn in der Cafeteria gesehen.
  (In Hispanoamerika: *Lo* he visto ...)

- Pedro, ¿dónde están tus amigos? – Les he visto en el banco.
- Pedro, wo sind deine Freunde? – Ich habe sie in der Bank gesehen.
  (In Hispanoamerika: *Los* he visto ...)

- Pepe, ¿dónde está mi amiga? – La he visto en la ciudad.
- Pepe, wo ist meine Freundin? – Ich habe sie in der Stadt gesehen.

- Pepe, ¿dónde están tus hermanas? – Las he visto en el colegio.
- Pepe, wo sind deine Schwestern? – Ich habe sie in der Schule gesehen.

Substantive, die **Personen** darstellen, werden im Akkusativ als direktes Objekt ersetzt:

| im Maskulinum: | im Singular durch **le** | im Plural durch **les** |
| im Femininum: | im Singular durch **la** | im Plural durch **las** |

In Hispanoamerika wird das Maskulinum durch lo und los ersetzt.

– Carmen, ¿dónde están Paco y Ana?   – Les he visto en la plaza.
– Carmen, wo sind Paco und Ana?   – Ich habe sie auf dem Markt gesehen.

> Bezieht sich ein Pronomen auf mehrere Substantive (Sachen oder Personen), von denen **ein** Substantiv männlich ist, wird die maskuline Form verwendet.

3. **Lo = es**

   – Papá, ¿sabes cuántas cajas hay en el camión?   – No, no lo sé.
   – Papa, weißt Du, wieviele Kartons in dem LKW sind?   – Nein, ich weiß es nicht.

   Das Pronomen **lo** kann sich auf ein Neutrum beziehen oder einen ganzen Satz ersetzen.

4. **Colocación del pronombre** (Stellung des Objektpronomens)

   ¿Dónde están mis juguetes?   Wo sind meine Spielsachen?
   Aquí los veo.   Hier sehe ich sie.
   Aquí no los veo.   Hier sehe ich sie nicht.
   No los he visto.   Ich habe sie nicht gesehen.

   > Das Objektpronomen steht:
   > – vor dem konjugierten Verb
   > – im verneinten Satz zwischen der Verneinung und dem Verb
   > – in den zusammengesetzten Zeiten vor dem konjugierten Hilfsverb.

5. **El pronombre relativo neutro** (das Relativpronomen im Neutrum)

   | lo que | das, was |
   | todo lo que | alles das, was |

   – Sabéis lo que hay en esta caja?
   – Wißt Ihr, was in diesem Karton ist?

   – El profesor explica lo que los estudiantes quieren saber.
   – Der Lehrer erklärt das, was die Studenten wissen wollen.

   – Digo a mi amigo todo lo que tiene que comprar.
   – Ich sage meinem Freund alles, was er einkaufen soll.

D Ejercicios

1. Poner en pretérito perfecto

1. abrimos
2. hago
3. escribís
4. pones
5. ven
6. describe
7. volvemos
8. ¿No abres?
9. ¿Escribes?
10. ¿Por qué escribe Vd.?
11. ¿Adónde vas?
12. No vuelven.
13. Hace calor.
14. Voy.

2. Poner la frase en presente

1. Carlos ha abierto la carta.
2. ¿Has ido en tren a Madrid?
3. El estudiante no ha escrito mucho.
4. Ha hecho frío.
5. ¿Habéis visto a Juan?
6. La madre ha puesto la muñeca sobre la mesa.
7. ¿No han venido tus amigos?
8. Mi amigo ha vuelto a las nueve.

3. Sustituir los sustantivos por los pronombres personales

1. Ahora leo **el periódico**.
2. ¿Ya has leído **esta revista**?
3. He puesto **el transistor** en la cocina.
4. ¿Ves a **los niños**?
5. No, no veo a **los niños**?
6. Necesitamos ahora algunos **platos** y **cuchillos**.
7. ¿Habéis puesto **las muñecas** en la estantería?
8. ¿No habéis olvidado **las bicicletas**?

Lección doce

4. Poner *ser/estar/hay*

1. La casa de la familia Moreno ... nueva.
2. Por todas partes ... cajas.
3. El camión de la mudanza ... muy grande.
4. ¿Dónde ... Federico?
5. La madre de Elena y Roberto ... empleada en un banco.
6. Elena y Roberto ... alumnos.
7. En verano mucha gente ... de vacaciones.
8. En el banco ... un grupo de franceses.
9. Elena ... morena y Roberto ... rubio.
10. España ... en el sur de Europa.
11. En España ... regiones donde llueve mucho.
12. El turismo ... un factor económico importante.
13. Sevilla y Granada ... ciudades que ... en el sur de España.
14. Ana ... muy triste.
15. ¿Cómo ... Pablo? – Gracias, ... muy bien.

5. Contestar con una frase afirmativa

Ejemplo: – ¿No lee usted el periódico?
– Sí, lo leo.

1. ¿No escribes la carta?
2. ¿No necesitáis informaciones?
3. ¿No visitan la ciudad?
4. ¿No pasáis los dos días aquí?
5. ¿No pones la muñeca sobre la mesa?
6. ¿No preparáis los bocadillos?

6. Traducir

1. Herr und Frau Segura möchten eine Woche in Deutschland verbringen.
2. Sie besuchen den Bruder von Herrn Segura.
3. Er ist Ingenieur und arbeitet in Köln.
4. In einer Bank wechseln sie fünfzigtausend Peseten in DM.
5. In Köln wollen sie Ausflüge machen.
6. Frau Segura sucht ihren Paß, aber sie findet ihn nicht.
7. Deshalb fragt sie: „Eduardo, hast Du meinen Paß gesehen?"
8. Herr Segura antwortet: „Nein, ich habe ihn nicht gesehen. Ich glaube, er ist zu Hause."
9. Herr Segura hat alles, was er braucht.

Lección doce

Prácticas de comunicación

1. **Stellen Sie Fragen an Federico.**

   Ejemplo: ¿Dónde habéis comprado una casa?
   　　　　　¿Cuándo habéis desayunado?

   Ein Mitschüler/Eine Mitschülerin gibt die entsprechende Antwort.

2. Federico schreibt einen Brief an einen deutschen Freund. Er berichtet, daß sie umgezogen sind, und erzählt, was am Tag des Umzuges geschehen ist.

Lección trece

A Cena entre amigos

Marta quiere llamar a casa de Dolores. Busca el número de teléfono en la agenda y lo marca.
Suena el teléfono.

Dolores: – ¿Dígame?
Marta: – Hola, Loli, soy yo, Marta. Hace mucho tiempo que no te he visto. ¿Qué te parece si nos vemos esta noche?
Como Renate, mi amiga alemana, está aquí, podemos hacer algo juntos.
Dolores: – Me parece una buena idea. Podemos ir un poco antes y preparar la cena entre todos.
Marta: – Vale, hasta las siete y media entonces.

A las siete y media, Dolores y Francisco llegan al piso de Marta y Miguel, que viven en un barrio satélite de Barcelona. Saludan a Renate y a Marta. Dolores ha traído unas galletas para tomar con el café. Miguel no está en casa, está comprando vino para la cena. Entretanto los otros ya empiezan a preparar la cena en la cocina.

Dolores: – ¿Qué vamos a cenar?
Marta: – Podemos preparar una ensalada, unas tortillas francesas y ... .
Renate: – ¿Por qué no hacemos una tortilla española que me gusta más?
Marta: – Bien, y ya tenemos la cena. Dolores, ¿qué quieres preparar tú?
Dolores: – Estoy lavando la lechuga, los tomates y el pepino para la ensalada. ¿Dónde están las cebollas? También necesito aceite y vinagre.
Marta: – ¡Qué rápida es esta chica! Bueno, el aceite y el vinagre están en este armario. Yo voy a preparar un postre entonces. ¿Qué os parece un flan?
Renate: – Esto es muy español.
Marta: – A propósito, Renate y Francisco, ¿qué estáis haciendo?
Renate: – Estamos pelando las patatas. ¿No lo ves?

Cuando las patatas están peladas, hay que batir los huevos para la tortilla. Dolores ya ha preparado la ensalada. Todos están trabajando cuando Miguel vuelve con el vino. Trae también cinco botellas de agua mineral.

Miguel: – ¿Ya está lista la cena? Tengo mucha hambre. ¿Dónde está mi mujer?
Renate: – Está en el comedor.
Marta: – Ya estoy lista. Podemos comer dentro de diez minutos. ¿Tenéis sed? ¿Queréis tomar algo?

Las chicas toman un vaso de vino y Francisco y Miguel toman agua.

Tortilla española

Ingredientes:
8 huevos
1 kilo de patatas
aceite
sal

1. Pelar y cortar las patatas en trozos finos, lavarlas y secarlas.
2. Freírlas en aceite caliente hasta ponerse blandas.
3. Cascar 8 huevos en un recipiente y batirlos.
4. Mezclar con las patatas fritas (que se han escurrido muy bien antes para quitarles todo el aceite) y freír la mezcla en una sartén.
5. Cuando se empieza a tostar por abajo, darle la vuelta con ayuda de un plato grande.
6. Dejarla unos diez minutos en la sartén y servirla.

B Contestar las preguntas

1. ¿Qué hace Marta?
2. ¿Por qué llama Marta a casa de Dolores?
3. ¿A qué hora empiezan a preparar la cena?
4. ¿Dónde viven Marta y Miguel?
5. ¿Quiénes están en su casa cuando llegan Dolores y Francisco?
6. ¿Por qué no está Miguel en casa?
7. ¿Por qué van a hacer una tortilla española y no una tortilla francesa?
8. ¿Qué van a cenar?
9. ¿Qué se necesita para la ensalada?
10. ¿Qué postre preparan?
11. ¿Por qué dice Marta „¡Qué rápida es esta chica!"?
12. ¿Qué ve Miguel cuando llega a casa?
13. ¿Qué ha comprado?
14. ¿Qué pregunta Marta cuando la cena está casi lista?

C Gramática

1. **El gerundio** (das Gerundium)

   mir*ar* → mirando   escrib*ir* → escribiendo   pregunt*ar* → preguntando
   trabaj*ar* → trabajando   hac*er* → haciendo

   > Das Gerundium der Verben auf -ar wird durch Anhängen von *-ando* an den Stamm gebildet. Das Gerundium der Verben auf -er und -ir wird durch Anhängen von *-iendo* gebildet. Diese Form ist unveränderlich.

   Estamos cenando.   Wir essen gerade zu Abend.
   Estoy trabajando.   Ich arbeite gerade.
   Está escribiendo una carta.   Er schreibt gerade einen Brief.

   > Zusammen mit dem Präsens von estar bildet das Gerundium die Verlaufsform, die eine gerade ablaufende Handlung bezeichnet.

Lección trece

2. **traer** (bringen, mitbringen)

singular	plural
tra*igo*	trae*mos*
tra*es*	tra*éis*
tra*e*	tra*en*

participio perfecto: traído

3. **El complemento directo (II)** (das Akkusativpronomen II)

– ¿Me ves? – ¿Nos veis? – Sí, te veo. – No, no os vemos.
  Siehst Du mich? Seht Ihr uns? Ja, ich sehe Dich. Nein, wir sehen Euch nicht.

Die Akkusativpronomen sind in der ersten und zweiten Person Singular: – me
  – te

und in der ersten und zweiten Person Plural: – nos
  – os.

4. **El complemento indirecto** (Das Dativpronomen)

me	Ignacio me escribe una carta.	Ignacio schreibt mir einen Brief.
te	Te compro un libro interesante.	Ich kaufe dir ein interessantes Buch.
le	Le escribimos una carta desde Vigo.	Wir schreiben ihm/ihr/Ihnen einen Brief aus Vigo.
nos	Nos da el bolso.	Er/Sie gibt uns die Tasche.
os	Os compramos un disco.	Wir kaufen euch eine Schallplatte.
les	Les doy el abrelatas.	Ich gebe ihnen/Ihnen den Dosenöffner.

5. **La posición del pronombre personal** (Die Stellung des Personalpronomens)

– ¿Dónde está mi libro? – No lo veo.
– Wo ist mein Buch? – Ich sehe es nicht.
– ¿Has visto las plantas? – No, no las he visto.
– Hast du die Blumen gesehen? – Nein, ich habe sie nicht gesehen?
– Hace mucho tiempo que os quiero invitar.
– Ich möchte euch seit langem einladen.
– ¿Dónde está la carta para Fernando?
– Wo ist der Brief für Fernando?
– Ana la está escribiendo a máquina.
– Ana schreibt ihn gerade mit der Maschine.
– ¿Quién prepara el postre? – Marta lo quiere preparar.
– Wer macht den Nachtisch? – Marta quiere prepararlo.
  – Marta will ihn machen.

> Das Personalpronomen steht:
> – vor dem konjugierten Verb,
> – zwischen Verneinung und konjugiertem Verb,
> – in den zusammengesetzten Zeiten vor dem Hilfsverb bzw. zwischen Verneinung und Hilfsverb,
> – bei der Verwendung von Infinitiv und Gerundium vor dem konjugierten Verb oder an den Infinitiv bzw. das Gerundium angehängt.

Ejercicios

1. **Emplear las formas de estar + gerundio**
   1. ... la cena porque dentro de diez minutos llegan nuestros amigos. — preparar (1ª pers. pl.)
   2. Miguel no está en casa, ... el vino. — comprar
   3. ... el aceite y el vinagre. ¿Dónde están? — buscar (1ª pers. sing.)
   4. Cuando Miguel llega a casa, sus amigos y su mujer ... . — trabajar
   5. ¿Ya ... las patatas? — pelar (2ª pers. pl.)
   6. ¿En qué ... ? — pensar (2ª pers. sing.)

2. **Emplear las formas de *estar* + gerundio y contestar las preguntas**

   2.1 ¿Qué estás haciendo?

trabajar en casa	hablar por teléfono	descansar
beber agua	terminar un trabajo	hablar con Pedro
tomar café	pelar las patatas	preparar bocadillos
estudiar español	comer	escribir una carta

   2.2 ¿Qué hacéis?

3. **¿Cómo son las formas de los verbos *hacer, volver, traer, venir* y *poner***
   a) en presente,
   b) en pretérito perfecto?
   1. ¿Qué ... ? — hacer (2ª pers. sing.)
   2. ¿Cuándo ... ? — venir (2ª pers. sing.)
   3. ... a las ocho. — venir (1ª pers. sing.)
   4. ¿... a mi casa? — venir (2ª pers. pl.)
   5. Sí, ... esta tarde y ... tus libros. — ir/llevar (1ª pers. sing.)
   6. Miguel y Dolores ... vino. — traer
   7. Las chicas ... a las siete. — volver
   8. Ahora ... la mesa. — poner (3ª pers. pl.)

4. **Para contestar con un pronombre personal**
   1. ¿Veis a **las chicas** en el banco?
   2. ¿Puede Vd. cambiar **este cheque** en marcos?
   3. ¿Reservan ustedes **la habitación doble**?
   4. ¿Quién paga **mi café**?
   5. ¿Rodrigo escribe una carta a **su amiga Feli**?
   6. ¿Estás comiendo **un bocadillo de tortilla**?
   7. ¿El cliente saluda al **empleado nuevo**?
   8. ¿Quieren Vds. ver **las oficinas**?

Lección trece

5. ¿Qué palabra sobra?

1. café – agua – silla – vino
2. agosto – enero – miércoles – junio
3. ensalada – patatas – huevos – cena
4. libro – periódico – tiempo – carta

6. Traducir

1. Ich habe dich heute nicht gesehen.
2. Wann rufst du uns an?
3. Ich habe euch heute angerufen.
4. Wir haben euch gesucht.
5. Habt ihr uns nicht gefunden?
6. Das Abendessen ist fertig.
7. Der Salat ist auch schon vorbereitet.
8. Die Flaschen sind geöffnet.
9. Carmen kommt gerade nach Hause.
10. Pedro und Antonia trinken gerade Kaffee.
11. Pedro spricht gerade mit María.

Prácticas de comunicación

1. Preparando la cena

Versetzen Sie sich in die Lage der Personen, die das Essen zubereiten. Fragen Sie sich gegenseitig, was Sie gerade tun.

Ejemplo: ■ ¿Ya estás pelando las patatas?
■ Sí, ya **las** estoy pelando.

Fragen Sie erneut. Antworten Sie nun, daß die Sache schon erledigt ist.

Ejemplo: ■ ¿Estás pelando patatas?
■ No, ya **están peladas**.

2. La carta de Renate

Renate hat auch eine Freundin in Sevilla, die sie nächste Woche besuchen will. Sie schreibt ihr, wie der Abend bei Marta abgelaufen ist und wie alle gemeinsam gekocht haben.

Schreiben Sie Renates Brief (Anrede, Datum, Schlußgruß nicht vergessen).

Lección catorce

A Hispanoamérica

América es un continente inmenso que se extiende desde Alaska hasta Tierra del Fuego. Hablamos de tres grandes partes que son: América del Norte, América Central o Centroamérica y América del Sur o Sudamérica.

Llamamos Hispanoamérica el conjunto de los países donde el español es lengua oficial. En Brasil, que es el país más grande de Sudamérica, la lengua oficial es el portugués. Para denominar a estas naciones empleamos el nombre de Latinoamérica, porque sus lenguas derivan del latín.

Hispanoamérica está situada entre el Mar Caribe, el Océano Atlántico y el Océano Pacífico. Tiene unas montañas impresionantes, como la Cordillera de los Andes. Su altura media es de 4.500 metros y sus picos más altos son el Aconcagua (Argentina) con 6.958 mts. y el Huascarán (Perú) con 6.768 mts.

El Amazonas es el río más grande del mundo. Nace en Perú y atraviesa todo Brasil hasta el Océano Atlántico.

A causa de su enorme extensión, Hispanoamérica tiene climas y paisajes muy diferentes. Así encontramos tanto zonas desérticas como zonas de selva tropical de abundante vegetación.

Las materias primas de mayor importancia son el petróleo (México y Venezuela), el cobre (Chile) y la plata (México y Perú). Sin embargo, muchos de los países latinoamericanos dependen de la agricultura. Entre los cultivos más importantes están el café (Colombia, México y Guatemala), el banano, que en España se llama plátano (Ecuador, Colombia y Costa Rica) y el azúcar (Cuba).

A pesar de las buenas condiciones económicas, como son los numerosos recursos naturales y las tierras fértiles, casi todos los países son subdesarrollados. Como exportan sus productos a precios muy bajos, no obtienen las divisas necesarias para mejorar su situación. La enorme tasa de crecimiento de población, la elevada inflación y la deuda exterior son otros problemas muy graves. Todo esto hace muy difícil el desarrollo socioeconómico de Hispanoamérica.

país	superficie (en km²)	habitantes	capital	habitantes	moneda
Argentina	2.776.889	34.646.000	Buenos Aires	9.700.000	peso
Bolivia	1.098.581	7.356.000	La Paz	953.400	boliviano
Brasil	8.511.965	153.164.000	Brasilia	1.500.000	real
Colombia	1.138.914	32.873.000	Bogotá	6.000.000	peso
Costa Rica	50.700	2.875.000	San José	294.000	colón
Cuba	110.861	10.712.000	La Habana	2.100.000	peso
Chile	756.626	13.360.000	Santiago de Chile	4.200.000	peso
Ecuador	283.561	10.503.000	Quito	1.100.000	sucre
El Salvador	21.041	5.308.000	San Salvador	478.000	colón
Guatemala	108.899	9.466.000	Guatemala	1.100.000	quetzal
Honduras	112.088	5.259.000	Tegucigalpa	600.000	lempira
México	1.958.128	87.821.000	Ciudad de México	19.400.000	peso
Nicaragua	130.000	3.957.000	Managua	682.000	córdoba
Panamá	75.650	2.460.000	Panamá	412.000	balboa
Paraguay	406.752	4.441.000	Asunción	708.000	guaraní
Perú	1.286.216	22.135.000	Lima	5.300.000	nuevo sol
República Dominicana	48.734	7.197.000	Santo Domingo	1.600.000	peso
Uruguay	177.508	3.110.000	Montevideo	1.300.000	peso
Venezuela	912.050	20.191.000	Caracas	4.000.000	bolívar
España	504.782	39.054.646	Madrid	3.100.000	peseta
República Federal de Alemania	358.704	82.000.000	Berlín	3.400.000	marco

Fuente: Anuario El País

B Contestar las preguntas

1. ¿Qué partes forman el continente americano?
2. ¿Qué es Latinoamérica?
3. ¿Qué denomina el término „Hispanoamérica"?
4. ¿Cuál es el país más grande de Sudamérica?
5. ¿Entre qué mares está situada Hispanoamérica?
6. ¿Cuál es el pico más alto de Hispanoamérica?
7. ¿Qué altura media tiene la Cordillera de los Andes?
8. ¿Cuál es el río más grande?
9. ¿Dónde nace este río?
10. ¿Por qué tiene Hispanoamérica climas diferentes?
11. ¿Qué zonas de vegetación diferentes hay allí?
12. ¿Qué materias primas importantes hay en Hispanoamérica?
13. ¿Cuáles son los productos de mayor cultivo?
14. ¿Cómo son las condiciones económicas de Hispanoamérica?
15. ¿Cuál es la situación económica de los países latinoamericanos?
16. ¿Cuáles son sus problemas?
17. ¿Por qué es difícil el desarrollo económico de Hispanoamérica?

C Gramática

1. La gradación del adjetivo (Die Steigerung des Adjektivs)

masculino singular	alto	más alto	el más alto	hoch / höher / der höchste
femenino singular	alta	más alta	la más alta	hoch / höher / die höchste
masculino plural	altos	más altos	los más altos	hoch / höher / die höchsten
femenino plural	altas	más altas	las más altas	hoch / höher / die höchsten

Der *comparativo* (Komparativ) wird gebildet aus ***más* + adjetivo**.
Der *superlativo* (Superlativ) wird gebildet aus ***el/la/los/las* + *más* + adjetivo**.

Formas irregulares (Unregelmäßige Formen)

bueno	mejor	el/la mejor	gut / besser / der / die beste
malo	peor	el/la peor	schlecht / schlechter / der / die schlechteste
grande	más grande mayor	el/la más grande el/la mayor	groß / größer / der / die größte bedeutender
pequeño	más pequeño menor	el más pequeño la más pequeña el/la menor	klein / kleiner / der / die kleinste

Lección catorce

grande und *pequeño* haben sowohl regelmäßige als auch unregelmäßige Komparativ- und Superlativformen:

– *más grande* und *más pequeño* stehen in der Regel für konkret meßbare Größen.

Brasil es el país más grande de Sudamérica.	Brasilien ist das größte Land in Südamerika.

– *mayor* und *menor* bezeichnen vor allem das Alter und werden im übertragenen Sinn gebraucht (bedeutender)

Mi hermano tiene 27 años.	Es mayor que yo.
Mein Bruder ist 27 Jahre alt.	Er ist älter als ich.

Die vier unregelmäßig gesteigerten Superlativformen werden dem Substantiv vorangestellt. Die regelmäßig gesteigerten Superlativformen werden nachgestellt.

Este es el peor disco de este grupo.	Diese ist die schlechteste Platte dieser Gruppe.
Este es el disco más caro de este grupo.	Diese ist die teuerste Platte dieser Gruppe.

Ojo: Als Altersangabe werden *mayor* und *menor* dem Substantiv nachgestellt.
Luis es mi hermano mayor.   Luis ist mein älterer/größerer Bruder
Rosa es la hermana menor de Luis.   Rosa ist die jüngere Schwester von Luis.

La comparación (der Vergleich)

El Amazonas es más grande que el Rin.	Der Amazonas ist größer als der Rhein.
El tren es menos rápido que el avión.	Der Zug ist weniger schnell als das Flugzeug.
Perú tiene más habitantes que Chile.	Perú hat mehr Einwohner als Chile.
Ciudad de México tiene más de 20 millones de habitantes.	Mexiko Stadt hat mehr als 20 Mio. Einwohner.
La Paz no tiene más que 1 millón de habitantes.	La Paz hat nicht mehr als 1 Mio. Einwohner.
Juan es tan alto como Pedro.	Juan ist so groß wie Pedro.
Juan no habla tanto como Pedro.	Juan spricht nicht soviel wie Pedro.
Montevideo tiene tantos habitantes como Lima.	Montevideo hat soviele Einwohner wie Lima.
„más" ... „que"	mehr ... als
„menos" ... „que"	weniger ... als
„más de" (+ cifra)	mehr als (+ Zahl in einem bejahenden Vergleich)
„menos de" (+ cifra)	weniger als (+ Zahl in einem bejahendem Vergleich)
„no más que" (+ cifra)	nicht mehr als / nur (+ Zahl in einem verneinenden Vergleich)
„tan" (+ adjectivo)	so (+ Adjektiv) wie
(verbo +) „tanto como"	(Verb) + soviel wie
„tantos/-as" (+ sustantivo) „como"	soviele (+ Substantiv) wie
„tanto" ... „como" ...	sowohl ... als auch ...

2. Los numerales (IV) (die Grundzahlen IV)

1.000.000	un millón
2.000.000	dos millones
5.000.000	cinco millones
1.000.000.000	mil millones (1 Milliarde)

Zwischen dem Wort **millón / millones** und dem dazugehörigen Substantiv steht **immer** die Präposition *de*.

Ejemplo: doce millones **de** habitantes (12 Mio. Einwohner)

D Ejercicios

1. Poner las formas correctas de la gradación

1. Brasil es ... grande ... México.
2. Mi hermana tiene más ... veinte libros hispanoamericanos.
3. Juan es ... alto ... Gerardo.
4. Esta casa no es ... cara ... la otra.
5. El Huascarán es el pico ... alto de Perú.
6. Asunción es la ciudad ... grande de Paraguay.
7. Vigo no es ... grande ... Valencia.
8. Barcelona tiene ... habitantes ... Madrid.
9. La Habana no tiene ... ... 2 millones de habitantes.
10. Bogotá tiene ... habitantes ... Caracas.
11. El Ebro es el río ... largo de España.
12. Buenos Aires tiene menos ... 15 millones de habitantes.

2. Poner las formas del comparativo

1. Pedro es ... que Juan.	älter
2. Es el ... de los tres hermanos.	älteste
3. Este libro es ... que el otro.	besser
4. Este texto es ... largo que el otro.	länger
5. Es la ... bicicleta.	schlechteste
6. Marisol es ... que su hermana.	jünger
7. Es la	jüngste

3. ¿Qué forma es?

1. El Amazonas ... todo Brasil.	atravesar
2. En Centroamérica ... muchos volcanes.	encontrar (1ª pers. pl.)
3. Bolivia ... del estaño.	depender
4. ¿... el texto?	entender (2ª pers. sing.)
5. En Latinoamérica la agricultura ... gran importancia económica.	tener

4. ¿Ser, estar o hay?

1. Cuba ... una isla.
2. ... en Centroamérica.
3. Los países centroamericanos ... pequeños.
4. Allí ... muchos volcanes.
5. México ... en América del Norte.
6. El Titicaca ... un lago muy grande de Latinoamérica.
7. En la región del Amazonas ... mucha vegetación.
8. En Bolivia ... estaño.
9. Brasil ... el país más grande de Latinoamérica.
10. Algunos países latinoamericanos ... más grandes que Alemania.

5. Unos adjetivos

1. El continente americano es muy ... .   variado
2. Este continente tiene ... partes.   vario
3. Muchos países centroamericanos son muy ... .   pequeño
4. Tienen una vegetación ... y un paisaje ... .   bonito / variado
5. En Centroamérica hay ... volcanes.   mucho
6. Allí también encontramos ... montañas muy ... .   mucho / alto
7. La Cordillera de los Andes es ... .   inmenso
8. Cultivos ... son el algodón y café.   importante
9. Muchos países hispanoamericanos tienen ...   mucho
   problemas económicos ... .   grave

6. Cómo es el término contrario

1. pequeño   5. bueno
2. mucho   6. peor
3. mayor   7. la más importante
4. salir   8. blanco

7. Silabagrama

pe	a	fé	ma	sel	tura	cul	deu
das	plá	fér	tró	leo	zo	gri	
ta	ca	no	nas	a	til	va	

1. materia prima de México y Venezuela
2. muchos países latinoamericanos viven de eso
3. producto importante de Colombia
4. lo que en América se llama „banana"
5. Cuando la tierra es ... , se puede cultivar mucho
6. región con abundante vegetación
7. lo que tienen muchos países latinoamericanos
8. río más grande del mundo

8. **Traducir**
    1. Wir verwenden den Begriff „Hispanoamérica" für alle Länder, in denen das Spanische die offizielle Sprache ist.
    2. In Brasilien, dem größten Land Südamerikas, ist die offizielle Sprache Portugiesisch.
    3. Die Anden sind viel höher als die Alpen (los Alpes).
    4. Mit 6.958 Metern ist der Aconcagua der höchste Berg des Kontinents.
    5. Zwei große Probleme Lateinamerikas sind das enorme Bevölkerungswachstum und die Auslandsschulden.
    6. Viele dieser Länder sind von der Landwirtschaft abhängig.
    7. Es gibt umfangreiche Bodenschätze, z.B. Erdöl, Kupfer und Silber.
    8. Es gibt in Hispanoamérica sowohl Wüstengebiete als auch Tropenwälder.

Prácticas de comunicación

1. Sehen Sie sich das Schema „Países y datos" an, und stellen Sie sich gegenseitig Fragen:

    Ejemplo: ¿Qué superficie tiene ...?
    ¿Cómo se llama la capital de ...?
    ¿Cuántos habitantes tiene ...?
    ¿Con qué países limita ...?

2. Beschreiben Sie das Schema im Zusammenhang:
    größtes Land, kleinstes Land, die meisten Einwohner, die wenigsten Einwohner, Städte, Vergleich mit Spanien und Deutschland usw.

3. Informieren Sie sich über ein von Ihnen ausgesuchtes spanischsprachiges Land, und erzählen Sie darüber:
    Lage, Größe, Hauptstadt und andere Städte, Klima, Flüsse, Gebirge, Landschaften, Einwohner, Wirtschaft, Währung usw.

4. Schreiben Sie einen kurzen Brief von einem Aufenthalt in dem von Ihnen ausgewählten Land an einen Freund/eine Freundin.

5. Jeder Schüler schreibt eine Frage zum Thema „Hispanoamérica" auf einen Zettel. Diese werden alle eingesammelt. Anschließend zieht jeder Schüler irgendeinen Zettel und beantwortet die entsprechende Frage so ausführlich wie möglich.

Lección quince

A Un día laboral

Belén tiene veinte años, ha terminado la Formación Profesional y vive con sus padres y su hermano Raúl en Bilbao, en el País Vasco.

Belén es vendedora de discos en un comercio en el centro de la ciudad. Empieza a trabajar a las 8.30 de la mañana, pero como tiene que ir en autobús al trabajo, su jornada laboral comienza muy temprano. Se levanta a las 6.30. Primero va al cuarto de baño, donde se ducha y luego se arregla. A las 7.30 desayuna con su padre y con Raúl. A las 7.55 sale de casa para tomar el autobús de las 8.00. La parada está enfrente de su casa y el autobús va hasta la calle Guernica, donde termina la línea. La tienda está cerca de la parada, en la zona peatonal, junto al Mercado Central.

Delante del comercio se encuentra con Enrique, el otro vendedor. Cuando Belén entra en la tienda, se extraña porque está vacía. Don José, el dueño, abre la tienda todos los días a las 8.15 y suele ponerse a escuchar las llamadas del contestador automático. Belén oye un ruido y se acerca al mostrador. Detrás encuentra a don José en el suelo.

Belén:	– Ay, don José, ¿qué ha pasado?
D. José:	– Me he caído y creo que me he roto un pie. Me duele mucho.
Enrique:	– Tenemos que llamar al médico de urgencias.
Belén:	– Paciencia, jefe. Nosotros aquí en la tienda ya nos organizamos.

Pocos minutos después llega el médico y traslada a don José al hospital.

Como la tienda está abierta todo el día y hoy han venido muchos clientes, a la hora de cierre los dos jóvenes están agotados, pero contentos.

Belén: – ¡Qué bien, un día sin jefe! Por fin he podido escuchar el último disco compacto de „Mecano" a todo volumen.
Enrique: – Sí, y casi me dejas sordo. ¿Qué te parece si después de cerrar tomamos algo en el bar de al lado que es muy tranquilo?

Contestar las preguntas

1. ¿Quién es Belén?
2. ¿Por qué comienza su jornada laboral a las 6.30?
3. ¿Qué hace primero por la mañana?
4. ¿Cómo va Belén al trabajo?
5. ¿Dónde se tiene que bajar Belén?
6. ¿Dónde está la tienda de discos?
7. ¿Por qué se extraña Belén cuando entra en la tienda?
8. ¿Qué suele hacer el jefe todos los días a las 8.15?
9. ¿Por qué está don José en el suelo?
10. ¿A quién llaman los jóvenes?
11. ¿Qué hace el médico?
12. ¿Por qué están agotados los jóvenes a la hora de cierre?
13. ¿Por qué están contentos?
14. ¿Qué ha podido hacer Belén?
15. ¿Qué quiere hacer Enrique después de cerrar la tienda?

Gramática

1. **El verbo** *oír* (hören)

singular	plural
o**igo**	o**í**mos
o**yes**	o**í**s
o**ye**	o**yen**

2. **Los verbos reflexivos** (Die reflexiven Verben)

singular	plural
me levanto	**nos** levantamos
te levantas	**os** levantáis
se levanta	**se** levantan

Ebenso: lavarse (sich waschen), sentarse (sich setzen), acostarse (sich hinlegen, zu Bett gehen), afeitarse (sich rasieren)

Carlos se levanta a las seis.
Ana no se encuentra con su amigo.
Hoy me he levantado muy temprano.
José, te tienes que lavar ahora.

Carlos steht um sechs Uhr auf.
Ana trifft sich nicht mit ihrem Freund
Heute bin ich sehr früh aufgestanden.
José, du mußt dich jetzt waschen.

> Im Spanischen steht das Reflexivpronomen an der gleichen Stelle wie das Personalpronomen (vgl. Lektion 12, Seiten 87 u. 88).
> Bei der Verwendung eines Infinitivs wird das Reflexivpronomen an den Infinitiv angehängt oder der konjugierten Verbform vorangestellt. Das gleiche gilt auch für die Stellung des Personalpronomens im Satz.

caer (fallen)	caerse (hinfallen)
despertar (jdn. wecken)	despertarse (aufwachen)
dormir (schlafen)	dormirse (einschlafen)
ir (gehen)	irse (weggehen)
levantar (etwas hochheben)	levantarse (aufstehen)
llamar (jdn. rufen)	llamarse (heißen)
marchar (zu Fuß gehen)	marcharse (weggehen)
parar (jdn./etwas anhalten)	pararse (stehenbleiben)
quedar (übrigbleiben)	quedarse (dableiben)

Im Spanischen werden einige Verben reflexiv und nicht reflexiv verwendet. Dabei ändert sich die Bedeutung zwischen dem reflexiven und dem nicht reflexiven Gebrauch.

3. **Las preposiciones** (die Präpositionen)

La oficina está **detrás de** la iglesia.
La parada está **enfrente** de su casa.

Das Büro liegt hinter der Kirche.
Die Haltestelle liegt gegenüber von ihrem Haus.

delante de	vor (örtlich)
detrás de	hinter
enfrente de	gegenüber von
a la derecha de	rechts von
a la izquierda de	links von
al lado de	neben
junto a	neben, bei
debajo de	unter, unterhalb von
encima de	über, auf
cerca de	in der Nähe von
dentro de	in, innerhalb von
fuera de	außer, außerhalb
antes de	vor (zeitlich), bevor
después de	nach
a	um (zeitlich)
en	in, an, auf, bei
para	für, um, zu
por	wegen, durch, von, für
sin	ohne
hasta	bis

Belén empieza a trabajar a las ocho de la mañana.
Belén fängt um 8.00 Uhr an zu arbeiten.
D. José suele ponerse a escuchar las llamadas del contestador automático.
D. José beginnt gewöhnlich damit, die Anrufe vom Anrufbeantworter abzuhören.

> Nach einer Reihe von Verben steht der nachfolgende Infinitiv mit einer bestimmten Präposition.

Joaquín entra en la tienda de discos para comprar el último disco de „Mecano".
Joaquín geht ins Schallplattengeschäft, um die neueste Platte von „Mecano"
zu kaufen.
Antes de salir de casa, Ramón desayuna con sus padres.
Bevor Ramón das Haus verläßt, frühstückt er mit seinen Eltern.

> Zur Verkürzung der Nebensätze wird im Spanischen oft eine Präposition mit einem Infinitiv verwendet.

D Ejercicios

1. Poner las formas de los siguientes verbos:

tener, encontrarse, ir, querer, llamarse, desayunar, hacer, querer, levantarse, vivir, ducharse, pensar.

Hoy Gerardo ... a las 6.15 porque ... ir de excursión con un amigo. Primero ... al baño, donde ... y después en la cocina. A las 7.10 ... con su amigo delante de su casa. El amigo de Gerardo ... Lorenzo y ... en la casa de al lado. Los dos ... ir en bicicleta al campo. Como ... buen tiempo hoy y los chicos ... todo el día libre, no ... volver a casa hasta la noche.

2. Formar frases sobre diferentes actividades del día

Ejemplo: A las tres de la tarde vas a la piscina.

15.15	los señores Ruíz	levantarse
20.00		tomar un café en un bar
6.30	tú	ir a la piscina
6.40	yo	cobrar un cheque en el Banco de Santander
12.00		ducharse
9.00	Elena y yo	cenar
7.45		comer en casa
13.10	vosotros	ir en autobús al centro
17.05		arreglarse en el baño
8.00	mis amigos	desayunar en el comedor

3. Ejercicio de preposiciones

¿Dónde están sentados Isabel, Rodrigo, Margarita, Enrique, Beatriz y Ricardo?

Beatriz no se sienta enfrente de Rodrigo.
Ricardo está a la izquierda de Margarita.
Enrique está al lado de Isabel.
Rodrigo está entre dos mujeres.
Margarita no está a la derecha de Enrique.
Ricardo no está cerca de Isabel.

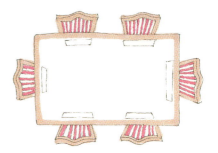

4. Emplear las siguientes preposiciones:

después de, junto al, de, fuera de, en, hasta, al, enfrente de, con, para, de, a, por, después de, en, detrás de, en, para, en, de, al lado de, en, junto al, en, antes de, para, del, al, con, después de.

Belén es vendedora ... un comercio ... el centro de la ciudad. La tienda abre a las 8.00 de la mañana. Como vive ... la ciudad, tiene que levantarse mucho ... esta hora. ... despertarse Belén va al cuarto de baño ... ducharse y arreglarse. Desayuna ... su padre y su hermano y luego sale ... casa ... tomar el autobús ... las 8.00.
Como la parada está ... su casa, no tiene que andar mucho ... allí. ... unos minutos, el autobús llega ... la zona peatonal que está ... Mercado Central.
... la tienda trabaja también Enrique, que vive ... el centro de Bilbao ... su familia. Belén entra ... la tienda y ve que don José se encuentra ... mostrador ... suelo. ... eso Enrique y Belén llaman ... médico de urgencias, que traslada a don José ... hospital.
... cerrar la tienda, los dos entran ... el bar que está ... su comercio ... tomar algo.

5. ¿Qué palabra sobra?

1. dinero – cheque – pasaporte – tarjeta de crédito
2. inglés – italiano – griego – deportivo
3. azúcar – plátano – café – cultivo
4. deuda – río – montaña – océano
5. petróleo – plata – cobre – producto
6. allí – junto a – fuera de – antes de
7. delante de – después de – enfrente de – al lado de

6. Traducir

1. Joaquín fährt mit dem Bus zum Markt.
2. Unser Büro liegt in der Fußgängerzone, in der Nähe des Corte Inglés.
3. Der Angestellte betritt die Firma um 8.30 Uhr und beginnt, den Anrufbeantworter abzuhören.
4. Die Platten liegen auf der Theke, hinter der Kasse.
5. Wir treffen uns mit den Kollegen, um etwas in dem Restaurant zu essen.
6. Warum fahren wir heute nicht mit dem Rad zur Schule?
7. Das ist nicht möglich, denn ich bin hingefallen, und mir tut ein Fuß weh.
8. Wenn Du willst, gehen wir zum Arzt, der neben unserem Haus wohnt.

E Prácticas de comunicación

1. Schreiben Sie einen Brief an einen spanischen Freund/eine spanische Freundin, und schildern Sie Ihren Tagesablauf.

2. Alle Kursteilnehmer suchen zusammen Wörter und Ausdrücke zum Thema „día laboral". Ein Schüler wählt daraus ca. 10 Wörter aus. Schreiben Sie nun einen kurzen Text, in dem diese Wörter vorkommen.

Lección dieciséis

A. Una comunidad autónoma española

España tiene una superficie de 504.000 km² y una población de unos 39 millones de habitantes. La forma política del Estado español es la Monarquía parlamentaria. El actual Jefe del Estado es el Rey D. Juan Carlos I.

El país consta de diecisiete comunidades autonómas, quince peninsulares y dos insulares (Islas Baleares y Canarias). La lengua oficial es el castellano o español, pero en las comunidades autónomas de Cataluña, País Vasco y Galicia se hablan además otras lenguas (el catalán, el vasco y el gallego), que también son oficiales.

La Comunidad Valenciana está formada por las provincias de Castellón, Valencia y Alicante y está situada en la costa del Mar Mediterráneo. Tiene un clima mediterráneo, con veranos calurosos y secos y una temperatura media de unos 24 grados. Los inviernos son suaves, la temperatura no baja normalmente de 10 grados sobre cero. Las lluvias son irregulares, llueve principalmente en primavera y en otoño.

Debido a estas condiciones climatológicas, ya en la época de los árabes se ha construido un sistema de canales para regar las tierras de cultivo. Así se ha formado el paisaje típico valenciano que llamamos „huerta". Gracias a este sistema de riego hay hasta tres cosechas al año. La producción agrícola de esta comunidad autónoma es una de las más importantes de la UE (Unión Europea).

Efectivamente, en la huerta valenciana se cultivan sobre todo frutos cítricos (naranjas, limones, mandarinas). Las naranjas de Valencia y el arroz son famosos por su excelente calidad. Otros productos agrícolas importantes son las hortalizas (tomates, pimientos y cebollas). Gran parte de esta producción agrícola se exporta a otros países de la UE.

La actividad industrial en la Comunidad Valenciana es notable:
- la empresa de turismos (Ford) en Almussafes cerca de Valencia,
- la industria de cerámica en Manises y Castellón de la Plana,
- la industria del calzado en Elda y Elche,
- la producción de muebles en Almoradí,
- las fábricas de juguetes en Ibi.

Otro factor económico de gran importancia para Valencia es el turismo. Las playas de la Costa Blanca y de la Costa del Azahar son de interés turístico tanto para españoles como para extranjeros. Los centros turísticos más conocidos son Benidorm, Villajoyosa, Alicante y Torrevieja. El turismo da trabajo a muchas personas, sobre todo en la construcción, en hoteles, restaurantes, bancos y transportes. Pero causa también grandes problemas ecológicos, como son la contaminación del medio ambiente y la destrucción del paisaje.

La Comunidad Valenciana tiene una gran tradición cultural. En toda España se conocen las „Fallas", fiesta que se celebra el 19 de marzo, día de San José.

Típicamente valenciano es el uso del arroz en su cocina. El plato más conocido es la paella, que además de arroz contiene otros productos de la región.

Hoy la Comunidad Valenciana es una de las comunidades con dos lenguas oficiales: el castellano y el valenciano, que es una variedad del catalán.

B Contestar las preguntas

1. ¿Quién es el actual Jefe del Estado español?
2. ¿Cuántas comunidades autónomas hay?
3. ¿Cuáles son las comunidades autónomas que no están en la Península?
4. ¿Qué lenguas oficiales hay en España?
5. ¿Qué lenguas se hablan en Galicia?
6. ¿Qué provincias forman la Comunidad Valenciana?
7. ¿Cómo es la primavera en Valencia?
8. ¿Por qué se han construido canales?
9. ¿Cómo se llama el paisaje típico de Valencia?
10. ¿Cuáles son los productos agrícolas valencianos más conocidos?
11. ¿Quién compra gran parte de esta producción?
12. ¿Qué industrias importantes hay en la Comunidad Valenciana?
13. ¿Cuál es otro sector económico importante?
14. ¿Qué turistas visitan la Comunidad Valenciana?
15. ¿Qué problemas causa el turismo?
16. ¿De qué está hecha la paella?
17. ¿Qué es el „valenciano"?

C Gramática

1. El verbo *dar*

singular	plural
doy	damos
das	dais
da	dan

2. El adverbio (das Adverb)

Ricardo suele hablar lentamente. (Ricardo spricht gewöhnlich langsam.)
Llueve normalmente en otoño. (Es regnet normalerweise im Herbst.)

> Das Adverb wird durch Anhängen der Endung **-mente** an die weibliche Form des Adjektives gebildet.

adjetivo	adverbio
necesario, -a	necesariamente
económico, -a	económicamente
típico, -a	típicamente

> Bei einigen Adjektiven sind die männlichen und die weiblichen Formen gleichlautend.

normal	normalmente
general	generalmente

Ojo: bueno, -a	bien
malo, -a	mal

3. Lo como artículo neutro (lo als neutraler Artikel)

Lo primero que quiero hacer es beber algo.
(Das erste, was ich tun möchte, ist etwas trinken).

Lo contrario de grande es pequeño.
(Das Gegenteil von groß ist klein).

> Adjektive können wie im Deutschen durch den neutralen Artikel *lo* substantiviert werden. Es gibt hierfür keine Pluralform.

D Ejercicios

1. ¿Cómo es el sustantivo?

1. caluroso
2. mediterráneo
3. estar situado
4. Llueve
5. construido
6. regar
7. trabajar
8. producir
9. llamar
10. cultivar

2. Buscar lo contrario

1. contestar
2. muchos
3. el invierno
4. caluroso
5. aquí
6. nacional
7. grande

3. Formar los adverbios de los adjetivos siguientes:

1. tranquilo
2. principal
3. inmenso
4. irregular
5. oficial
6. normal
7. efectivo

4. Contestar con la negación

Ejemplo: ¿Me entiendes? No, no te entiendo.

1. ¿Han encontrado ustedes a los Segura?
2. ¿Ves a los niños?
3. ¿Has visto a Carmen?
4. ¿Me estás buscando?
5. ¿Habéis encontrado los libros?
6. ¿Quieres ver a la señora Torre?
7. ¿Ya has leído este libro?
8. ¿Dónde has metido la libreta de ahorros?

5. Para completar

este – autónomas – norte – principal – con – causa – turista
naranjas – caluroso – hay – limones – de – huertas – suave
otoño – primavera – escasas – sistemas de riego – famosas
sur – muchas

La Comunidad Valenciana está en el .. .de España. Limita ... las comunidades ... de Cataluña al norte y Murcia al ... . Las ciudades ... son Valencia, Castellón y Alicante. El clima es mediterráneo con veranos ... e inviernos ... . Llueve sobre todo en ... y ... . Como las lluvias son ... , se han construido ... . En las ... se cultivan ... , ... y muchas otras cosas. Todos los años vienen muchos ...   ... personas viven del turismo en esta región. Las „Fallas" ... Valencia son muy ... .

Lección dieciséis **113**

6. ¿Adjetivo o adverbio?

1. La temperatura en Valencia ... no baja de 10° sobre cero.
2. Los campesinos cultivan los campos ... .
3. Las lluvias son ... .
4. Nieva ... en invierno.
5. Riegan la tierra ... .
6. La calidad de la fruta es ... .
7. La actividad industrial en el País Vasco es ... .
8. Quieren vivir ... .
9. ... se habla el castellano y el valenciano.
10. En Cataluña las lenguas ... son el catalán y el castellano.

normal
intenso
irregular
principal
irregular
excelente
notable
tranquilo
oficial
oficial

7. Crucigrama

Horizontales:
1. tercera persona del singular de „llover"
2. color
3. número
4. hortaliza
5. preposición
6. forma femenina de „hermano"
7. adjetivo de „calor"
8. agua que cae a la tierra
9. Alicante es una ... en la Comunidad Valenciana
10. lo que se cultiva en la huerta
11. agua que cae a la tierra en invierno
12. lo que se paga en un restaurante

Verticales:
1. línea entre el mar y la tierra
2. lugar en la Costa Blanca
3. paisaje típico de Valencia
4. medio de transporte
5. preposición
6. medio de transporte
7. hortaliza
8. otra palabra por „idioma"
9. ... del medio ambiente
10. participio de abrir

Lección dieciséis

8. Traducir

1. Valencia ist eine der 17 autonomen Regionen Spaniens und liegt im Osten des Landes.
2. Schon die Araber haben in dieser Region Bewässerungssysteme gebaut.
3. Die Einwohner Valencias leben hauptsächlich von der Landwirtschaft.
4. Dank des milden Klimas und der Bewässerungssysteme gibt es bis zu drei Ernten im Jahr.
5. Ein weiterer wichtiger Wirtschaftsfaktor ist der Tourismus.
6. Viele Einwohner leben vom Tourismus.
7. Der Tourismus verursacht aber auch große ökologische Probleme, wie z. B. die Umweltverschmutzung.

E Prácticas de comunicación

1. Las comunidades autónomas

comunidades autónomas	superficie en km²	población
Andalucía	87.260	6.832.195
Aragón	47.669	1.184.089
Baleares	5.014	680.955
Canarias	7.273	1.443.435
Cantabria	5.280	522.664
Castilla-La Mancha	76.221	1.676.076
Castilla y León	83.860	2.583.163
Cataluña	31.930	5.935.850
Comunidad Valenciana	23.305	3.731.813
Extremadura	41.602	1.086.420
Galicia	29.434	2.843.491
Madrid	7.995	4.731.224
Murcia	11.317	1.006.788
Navarra	10.421	515.246
País Vasco	7.261	2.135.280
Principado de Asturias	10.563	1.112.006
Rioja, La	5.034	260.017
Ceuta ⎫ Melilla ⎭	32	124.215
Total	**504.782**	**38.398.246**

Fuente: Anuario El País

Stellen Sie sich gegenseitig Fragen zu dem obigen Schema.

¿Qué superficie tiene ...?

¿Cuántos habitantes tiene ...?, etcétera

2. Beschreiben Sie das Schema im Zusammenhang:

größte Region, kleinste Region usw.

3. Sprechen Sie über die Comunidad Valenciana:
   - situación geográfica
   - clima
   - agricultura
   - industria
   - turismo

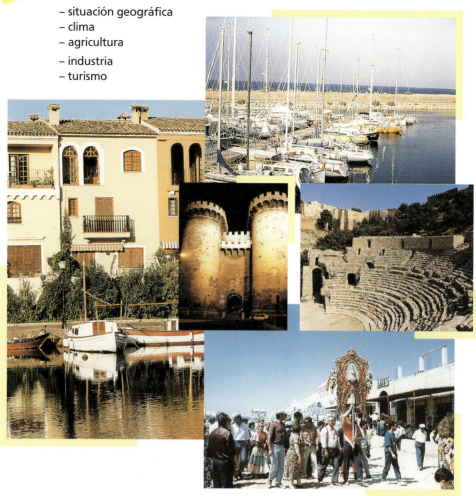

4. Stellen Sie sich gegenseitig Fragen zur Karte der 17 autonomen Regionen.
   ¿Dónde está situada ... ?
   ¿Con qué communidades autonómas limita ... ?

17 Lección diecisiete

A Una comida de negocios

El señor Siegel es un empresario alemán de Wiesbaden que desea importar muebles españoles. Ahora está en Valencia, en la „Feria Internacional del Mueble" (FIM), que se celebra allí cada año a mediados de septiembre.

Esta mañana ha dado una vuelta por los diferentes puestos, pero todavía no ha podido hablar con ninguno de los expositores. En este momento está delante del pabellón de „Muebles Castellanos, S.A." y está interesado en establecer contactos con esta empresa. Tiene suerte porque acaban de llegar el director de la empresa, el señor Moreiro, y su gerente, la señora Hoyos. Como es la una y media y el señor Siegel tampoco ha comido, los tres deciden ir a comer juntos para poder hablar con más tranquilidad.

A esta hora todavía no hay mucha gente en el restaurante, así que encuentran una mesa libre junto a la ventana. Cuando llega el camarero, los tres eligen el menú del día de dos platos, postre, vino y agua mineral.

Señor Siegel:	– Realmente me ha gustado mucho su colección de muebles de roble. Ya me gustaría introducir algún modelo en el mercado alemán.
Señor Moreiro:	– Pues qué bien, porque todavía no tenemos a ningún importador en Alemania.
Señor Siegel:	– Hasta ahora nadie ofrece este tipo de muebles en mi país, así que podemos tener mucho éxito. Por cierto, ¿cómo son sus plazos de entrega?
Señora Hoyos:	– Normalmente son de dos a tres meses.
Señor Siegel:	– ¿Y cuáles son sus condiciones de pago?
Señora Hoyos:	– El pago suele realizarse por transferencia bancaria. De esta manera no hemos tenido nunca problemas con nuestros clientes extranjeros.
Señor Siegel:	– De acuerdo. Me parece muy bien.
Señor Moreiro:	– Estupendo. Luego la señora Hoyos le puede entregar nuestro catálogo ilustrado y la lista de precios.

El empresario alemán llama al camarero.

Señor Siegel:	– Por favor, ¿nos trae la cuenta?
Camarero:	– Ya está todo pagado, señor.

El señor Siegel no ha notado que su futuro socio ya ha pagado la cuenta. Los tres se levantan de la mesa y vuelven a la feria.

Para contestar

1. ¿Por qué está el señor Siegel en España?
2. ¿Cuál es el pabellón que le interesa?
3. ¿Por qué van a comer juntos los señores?
4. ¿Qué elige el señor Moreiro de comer?
5. ¿Qué productos quiere importar el señor Siegel?
6. ¿Por qué puede ser un éxito la importación?
7. ¿Cuál suele ser el plazo de la entrega?
8. ¿Cómo se realiza el pago de los muebles?
9. ¿Qué le va a entregar la señora Hoyos?
10. ¿Quién ha pagado la comida?
11. ¿Por qué están todos contentos?

C Gramática

1. **La negación** (der Ausdruck der Verneinung)

   – ¿Quieres algo? No, **no** quiero **nada**.
   (Möchtest Du etwas? Nein, ich möchte nichts.)

   – ¿Ha llamado alguien? No, **no** ha llamado **nadie**.
   (Hat jemand angerufen? Nein, niemand hat angerufen.)

   – ¿Ha llamado alguno de mis amigos? No, **no** ha llamado **ninguno** de tus amigos.
   (Hat irgendeiner meiner Freunde angerufen? Nein, keiner deiner Freunde hat angerufen.)

   – Ella siempre llega puntualmente, pero él **no** viene **nunca** a tiempo.
   (Sie kommt immer pünktlich, aber er kommt nie rechtzeitig.)

   > Steht der negative Ausdruck (Pronomen oder Adverb) **hinter** dem Verb, so muß vor dem Verb die Negation *no* stehen.

   Weitere Beispiele:

   El señor Moreno ya no trabaja en la empresa García.
   (Herr Moreno arbeitet nicht mehr in der Firma García).

   Todavía no hemos visto a Pablo.
   (Wir haben Pablo noch nicht gesehen).

   Nunca he tenido problemas con Pablo.
   (Mit Pablo habe ich niemals Schwierigkeiten gehabt).

   > Steht der negative Ausdruck **vor** dem Verb, entfällt *no*.

    Ojo: Pedro se va sin decir nada.
   (Pedro geht weg, ohne etwas zu sagen).

2. **¿cuál?, ¿cuáles?** (welcher?, welche?)

   – ¿Cuál de los discos te gusta más?
   (Welche der Schallplatten gefällt dir besser?)

   – ¿Cuáles son sus condiciones de pago?
   (Welche sind Ihre Zahlungsbedingungen?)

   cuál/cuáles fragt nach Dingen bzw. Personen aus einer größeren Einheit und steht nie unmittelbar vor dem dazugehörenden Substantiv.

    Ojo: ¿Qué libro te gusta más? (Welches Buch gefällt dir besser?)

Lección diecisiete

D Ejercicios

1. ¿Cuál es lo contrario?

1. llegar
2. allí
3. comer
4. el día
5. encontrar
6. alguien
7. nadie
8. no ... nada
9. todo
10. importar

2. ¿Cómo es el verbo?

1. el importador
2. la llegada
3. el trabajo
4. la decisión
5. el viaje
6. la lluvia
7. la producción
8. la salida

3. Explicar las profesiones siguientes:

¿Qué hace una persona que es

vendedor/vendedora?
empresario?
empleado/empleada?
médico?
secretaria?
estudiante?
profesor/profesora?

4. Sustituir las palabras subrayadas por un pronombre personal

1. Esperamos <u>a Carmen</u>.
2. La secretaria da la carta <u>al director</u>.
3. Mañana vamos a visitar <u>a mi hermana</u>.
4. Esta tarde voy a ver <u>a Joaquín</u>.
5. El profesor explica el problema <u>a los estudiantes</u>.
6. Han comprado <u>una mesa nueva</u>.
7. He entregado 1.000 Pts. <u>a Ramón</u>.
8. No he visto <u>a los niños</u>.

5. Contestar como en el ejemplo

Ejemplo: – Elena, ¿te gusta la falda? – Sí, me gusta.

1. Arturo, ¿te gustan estos muebles? No, ...
2. Ramiro, ¿te gusta este disco? Sí, ...
3. Chicas, ¿os gustan estas flores? Sí, ...
4. Amigos, ¿os gusta esta ciudad? No, ...
5. Señor Blanco, ¿le gusta esta casa? Sí, ...
6. Señores Redondo, ¿les gusta el menú del día? No, ...

6. ¿Cómo puede ser la pregunta?

1. ¿ ... ?   El señor Siegel encuentra al señor Moreiro en la Feria del Mueble.
2. ¿ ... ?   Hablan sobre las condiciones de pago.
3. ¿ ... ?   No, todavía no tenemos a ningún importador en Alemania.
4. ¿ ... ?   El plazo de entrega es de 4 a 5 meses.
5. ¿ ... ?   El señor Moreiro quiere establecer contactos con una empresa alemana.
6. ¿ ... ?   No, la señora Hoyos es su gerente.
7. ¿ ... ?   El empresario español ha pagado la cuenta.

7. Completar el texto con las palabras que faltan.

pabellones – interesado – puestos – feria – éxito – ciudad – muebles de oficina

En la ... de Valladolid hay mucha gente. Todos quieren ver los diferentes ... . El señor Barrera pasa por los ... de una empresa alemana. Está ... en establecer contactos con una empresa alemana. Quiere importar ... de Alemania. Piensa que va tener ... porque en su ... todavía no se ofrecen estos muebles.

8. Silabagrama

ex	ción	im	fe	rio	pa	fe	po	no	gu	llo
sa	be	to	pre	po	me	res	si	ex	em	ren
si	nes	trans	ta	nú	ria	por	dor	nin	cia	

1. En una feria hay muchos ... . Allí se pueden ver muebles.
2. Los ... ofrecen sus productos en la feria
3. una persona que tiene una empresa
4. la „... del Mueble" de Valladolid
5. lo que se come en un restaurante
6. Allí se pueden ver los productos de una empresa.
7. lo contrario de alguno
8. modo de pago
9. Un ... es un empresario que compra productos en el extranjero

9. Completar las clases de palabras

Ejemplo: importar – el importador – la importación

1. ...   ...   la exportación
2. ...   el trabajador   ...
3. organizar   ...   ...
4. ...   el pescador   ...
5. ...   el vendedor   ...

10. ¿Qué palabra sobra?

1. bonito – enormemente – bien – necesariamente
2. Alemania – Inglaterra – Sagunto – Países Bajos
3. naranja – arroz – limones – mandarinas
4. italiano – castellano – gallego – catalán
5. turista – taxista – pescador – trabajador
6. feria – muebles – pabellón – puesto

11. Traducir

1. Der spanische Importeur hat noch mit keinem der deutschen Unternehmer sprechen können.
2. Wie sind Ihre Lieferungsbedingungen?
3. Bis jetzt bietet niemand diese Modelle auf dem spanischen Markt an.
4. Ich werde Ihnen unseren Katalog und auch die Preisliste geben.
5. Herr Sáez, der Geschäftsführer dieses Unternehmens, redet gerade mit dem Kunden über den Erfolg der Möbelmesse.
6. Keiner der Herren hat den Stand dieser Firma gesehen, die viel nach Deutschland ausführt.

E Prácticas de comunicación

1. Sie sind Sachbearbeiter/in in einem deutschen Möbelgroßhandel. Ihr Chef möchte zur „Feria Internacional del Mueble" (FIM) nach Valencia fahren. Sie werden ihn begleiten, und er hat Ihnen einige Notizen gegeben, die Sie bei der Abfassung eines Briefes an das dortige Hotel berücksichtigen sollen:

> Hotel „Miguelete", in Valencia (PLZ: 460018), Straße: Serrano Nr. 14,
> 2 ruhige Einzelzimmer mit Bad und Telefon; 15. bis 18. Juni; Restaurant im Hotel? Miete eines Leihwagens (alquilar un coche) möglich?; Stadtplan erbitten, Zimmerpreis und Reservierungsbedingungen erfragen.

2. Sie sind in Valencia und haben heute mit Ihrem Chef die FIM besucht. Abends sitzen Sie mit spanischen Bekannten zusammen und erzählen ihnen von diesem Tag:

   – morgens verschiedene Stände auf der Messe angesehen,
   – mit zwei Möbelherstellern aus Alicante und Teruel gesprochen,
   – beide sind an Geschäftsbeziehungen mit Deutschland interessiert,
   – mittags mit dem Chef in einem kleinen Restaurant eine Paella gegessen,
   – am Nachmittag noch einmal mit Herrn Suárez aus Teruel gesprochen, der Ihnen seinen Katalog gegeben hat,
   – er wird Ihnen ein Angebot (una oferta) nach Deutschland senden,
   – die Möbel aus Teruel haben Ihnen besonders gefallen.

3. Sie begleiten Herrn Baran, den Geschäftsführer eines deutschen Möbelgeschäfts, zur „Feria del Mueble". Da er nicht spanisch spricht, dolmetschen Sie für ihn bei dem Besuch des Standes der Firma „Torremueble", wo Señor Gimeno Sie empfängt.

Guten Tag, mein Name ist Baran. Ich bin Geschäftsführer der Möbelfirma Wiemer in Köln.

> Buenos días, señor Baran. Soy el señor Gimeno.

Ich habe gesehen, daß Sie Eichenmöbel herstellen, die mir sehr gefallen.

> Estupendo. ¿Le puedo enseñar nuestra colección actual?

Ja, sehr gerne. Exportieren Sie bereits nach Deutschland?

> Hasta ahora no tenemos representante en Alemania, pero estamos muy interesados en vender nuestros muebles también en Alemania.

Können Sie mir Ihren Katalog geben?

> Claro que sí. Aquí está. En la página 53 están nuestras condiciones de pago. Los pagos suelen realizarse por transferencia bancaria.

Einverstanden. Und die Lieferfristen?

> Son de 8 a 10 semanas.

In Köln muß ich mit Herrn Wiemer sprechen. Er kann Ihnen sagen, ob wir Ihre Möbel auf dem deutschen Markt anbieten können. Vielen Dank.

> Muchas gracias por su interés. Hasta pronto.

Vielen Dank für das Gespräch mit Ihnen. Auf Wiedersehen, Herr Gimeno.

Lección diecisiete

Lección dieciocho

A Aspectos del turismo

El turismo es un sector de una importancia considerable en la economía española. Cada año visitan España unos 50 millones de extranjeros atraídos por el buen clima, las playas y las diversiones que les ofrece el país. Hay muchas posibilidades de practicar un deporte (por ejemplo la natación, la vela, el windsurf o el tenis) y en verano en casi todos los pueblos se celebra alguna fiesta popular. La mayoría de los turistas extranjeros viene de la UE (sobre todo de Francia, Inglaterra y Alemania) y se concentra en las zonas turísticas indicadas en el mapa.

Pocos turistas extranjeros visitan el interior de España, sus bellos paisajes y ciudades, que son realmente impresionantes.

El turismo nacional tiene también una importancia muy grande. Millones de españoles pasan sus vacaciones en la costa o en las montañas del interior.

Para la economía del país el turismo es importante porque aporta divisas y crea puestos de trabajo en el sector de servicios. Sin embargo, la concentración masiva de personas en los grandes centros turísticos en las costas y en las islas causa serios problemas ecológicos. Son tanto la contaminación del agua como la destrucción del paisaje por la construccion incontrolada de hoteles y apartamentos, como también el enorme gasto de agua potable.

En un pueblo de Almería

La provincia de Almería, en Andalucía, tiene un clima muy seco, casi desértico. Desde siempre ha sido una de las provincias más pobres de España.
Esta situación ha cambiado en los últimos años.

Estoy de vacaciones en Roquetas de Mar, un pueblo en la costa, y hablo con Joaquín Robles, el taxista que me ha llevado del aeropuerto al hotel.

Turista:	– ¡Qué pueblo más moderno! Yo pensaba que esto era más antiguo y pequeño.
Señor Robles:	– ¡Qué va! Eso era antes cuando no había tantos turistas. Hace veinte años éramos todavía un pueblo de pescadores. Toda esta zona de hoteles altos no existía, ni había tampoco el Paseo Marítimo. Desde la iglesia se podía ver antes el mar y sólo había un hotel antiguo en el pueblo.
Turista:	– Pero este cambio da trabajo a mucha gente.
Señor Segura:	– Es cierto, antes se ganaba poco dinero aquí y muchos tenían que emigrar, pero también vivíamos más tranquilos. La gente se dedicaba a la pesca y a la agricultura.
Turista:	– ¿Y qué tal esto ahora?
Señor Segura:	– Pues, al principio había muchas esperanzas puestas en el cultivo de regadío en invernaderos, esto hace unos diez años ahora. Así podemos producir durante todo el año porque aquí en invierno las temperaturas bajan bastante. Nuestro clima es ideal para este tipo de cultivo y nuestros tomates se exportan a toda Europa. Ahora, en verano, como se necesita más agua para los hoteles y apartamentos, hay restricciones para los agricultores y éstos, naturalmente, se quejan.
Turista:	– ¿Ve usted alguna solución?
Señor Robles:	– Yo pienso que la única solución del problema puede ser gastar menos agua. Pero ¿por qué tienen que aguantar esta situación solamente los agricultores? En mi opinión, en los hoteles y apartamentos también tienen que gastar menos agua.

Contestar las preguntas

1. ¿Por qué visitan muchos turistas España?
2. ¿Por qué la mayoría de los turistas extranjeros va a las costas?
3. ¿Dónde pasan sus vacaciones los españoles?
4. ¿Qué importancia económica tiene el turismo?
5. ¿Qué problemas causa el turismo?
6. ¿Qué informaciones da el texto sobre el clima de Almería?
7. ¿De qué vivía la gente de Roquetas hace veinte años?
8. ¿Por qué muchos tenían que emigrar?
9. ¿Cuántos hoteles tenía el pueblo antes?
10. ¿Cómo ha cambiado Roquetas de Mar?
11. ¿Por qué hay allí cultivos en invernaderos?
12. ¿Qué problemas tienen los agricultores de Roquetas en verano?
13. ¿Ve el taxista alguna solución?
14. ¿Qué piensa Vd. de la opinión de Joaquín Robles?

Gramática

1. El pretérito imperfecto (das Imperfekt)

Verbos en -ar (pasar)	Verbos en -er (poder)	Verbos en -ir (escribir)
pas*aba*	pod*ía*	escrib*ía*
pas*abas*	pod*ías*	escrib*ías*
pas*aba*	pod*ía*	escrib*ía*
pas*ábamos*	pod*íamos*	escrib*íamos*
pas*abais*	pod*íais*	escrib*íais*
pas*aban*	pod*ían*	escrib*ían*

Das *pretérito imperfecto* der Verben auf **-ar** wird gebildet aus dem Stamm des Verbes und durch Anhängen der Endung *-aba, -abas, -aba, -ábamos, -abais, -aban.* Das *pretérito imperfecto* der Verben auf **-er** und **-ir** wird gebildet aus dem Stamm des Verbes und der Endung *-ía, -ías, -ía, -íamos, -íais, -ían.*

Formas irregulares del pretérito imperfecto (unregelmäßige Formen)

ser (sein)		ir (gehen)	
singular	**plural**	**singular**	**plural**
er*a*	ér*amos*	ib*a*	íb*amos*
er*as*	er*ais*	ib*as*	ib*ais*
er*a*	er*an*	ib*a*	ib*an*

Ojo: Die Form *hay* (es gibt) wird von *haber* abgeleitet. Deshalb ist die Form des *pretérito imperfecto había.*

> Das „pretérito imperfecto" bezeichnet einen Zustand, einen Vorgang oder eine Handlung in der Vergangenheit, wobei Beginn und Ende nicht bekannt sind.

- Antes todo era muy tranquilo.   – Früher war alles ruhig.

> Das Imperfekt wird gebraucht, um zu beschreiben, wie etwas war oder aussah.

- Pasábamos los fines de semana en la playa.
- Wir verbrachten die Wochenenden am Strand.

> Das Imperfekt bezeichnet Handlungen und Vorgänge in der Vergangenheit, die sich regelmäßig wiederholen.

- Mientras nosotros hablábamos, los niños jugaban en la arena.
- Während wir uns unterhielten, spielten die Kinder im Sand.

> Das Imperfekt wird gebraucht für parallel verlaufende und nicht abgeschlossene Handlungen.

2. *hace / desde hace / desde* (vor, seit)

- Hace 30 años el pueblo era muy pequeño.
  (Vor 30 Jahren war das Dorf sehr klein).
- Hace mucho calor desde hace unos días.
  (Seit einigen Tagen ist es sehr warm).
- Ana trabaja en un banco desde el primero/uno de junio.
  (Ana arbeitet seit dem 1. Juni in einer Bank).

> vor + Zeitraum = hace
> seit + Zeitraum = desde hace
> seit + Zeitpunkt = desde

D Ejercicios

1. **Poner la forma del pretérito imperfecto**

   1. tomáis
   2. estudiamos
   3. bebemos
   4. comes
   5. puede
   6. encontramos
   7. soy
   8. vas
   9. vais
   10. pienso
   11. pensáis
   12. almuerzan
   13. leo
   14. ven
   15. pago
   16. empieza
   17. escribes
   18. llego
   19. pasan
   20. escuchas

2. ¿Cómo son las siguientes frases en el pretérito imperfecto?

1. En la feria hay muchos pabellones.
2. Pedro visita la feria cada año.
3. Siempre come con amigos.
4. La gente se dedica a la pesca.
5. Muchos trabajan en la agricultura.
6. Hay muchas esperanzas.
7. Se han quejado muchas personas antes.
8. Algunos turistas no saben mucho sobre España.
9. No se ha ganado mucho dinero en la agricultura.
10. No ha sido así.

3. Un pueblo de antes:

Roquetas (ser) un pueblo pequeño y bonito que (estar) al lado del mar. Sus casas (ser) blancas. Allí sólo (vivir) pocas personas que (trabajar) en el campo y (ganar) poco dinero. Antes (haber) pocos turistas en este pueblo.
No (existir) la zona actual de hoteles y apartamentos. No se (necesitar) tanta agua. El agua del mar (estar) limpia.

4. Poner las formas de *ser, estar* o *hay* en presente

1. El turismo ... importante para la economía española.
2. ... muchos turistas cada año en España.
3. Los centros turísticos ... sobre todo en las costas.
4. La contaminación .. un problema muy grave.
5. Los señores Castro ... delante del pabellón de muebles.
6. En el restaurante sólo ... una mesa libre junto a la puerta.
7. El catálogo ... muy interesante.
8. Valencia ... en el este de España.
9. El clima ... húmedo.
10. Las actividades industriales del País Vasco ... notables.
11. Las lluvias en Valencia ... irregulares.
12. Por eso ... sistemas de riego allí.

5. Completar las preposiciones

1. La Comunidad Valenciana limita ... Cataluña y Murcia.
2. Murcia está ... sur de la Comunidad Valenciana.
3. La gente ... esta región vive ... turismo.
4. Llueve sobre todo ... otoño.
5. Debido ... clima mediterráneo, hay varias cosechas al año.
6. Los chicos entran ... el bar.
7. Al lado ... bar hay varias tiendas.
8. Enfrente ... su casa hay una parada de autobús.
9. El Ecuador está situado ... Colombia y Perú.
10. El petróleo y el cobre son materias primas ... gran importancia.
11. A pesar ... los numerosos recursos naturales, hay muchos problemas económicos.
12. La empresa ofrece sus productos ... un precio bajo.

6. ¿*hace*, *desde* o *desde hace*?

1. Tomás no me ha visto ... mucho tiempo.
2. Vivimos en Oviedo ... el año 1990.
3. El taxista vive en Lérida ... 15 años.
4. Te estamos esperando ... media hora.
5. ... veinte años no había turistas en Roquetas.
6. Carmen estudia alemán ... dos años.
7. Agustín está en España ... el 3 de julio.
8. ... 30 años, muchos de los habitantes de Roquetas de Mar eran pescadores.
9. El pueblo está lleno de turistas ... el mes de mayo.
10. Te he llamado ... unas horas.

7. Formar algunas frases con las palabras *desde*, *desde hace* y *hace*

8. Traducir

1. Das gute Klima und vor allem die Küsten ziehen Millionen von Touristen jedes Jahr nach Spanien.
2. Die Mehrheit kommt aus der EU, aber auch aus anderen europäischen Ländern.
3. Der Tourismus ist bedeutsam für die Devisen des Landes, außerdem gibt es viele Arbeitsplätze in diesem Bereich.
4. Aber der Tourismus schafft auch ernsthafte ökologische Probleme.
5. Vor dreißig Jahren waren viele Dörfer der Küste noch ruhig.
6. Einige Einwohner waren Fischer, andere wanderten aus, weil es wenig Arbeit gab.
7. An der Küste beklagen sich viele Bauern, weil man in den Hotels viel Wasser verbraucht.
8. Viele Ausländer wissen nicht, daß die Bauern das Wasser benötigen, um ihre Felder zu bewässern.

Prácticas de comunicación

1. **Buscar palabras**

    Ein Schüler nennt einen spanischen Begriff. Alle Schüler versuchen nun, in einer bestimmten Zeit mit jedem Buchstaben dieses vorgegebenen Begriffes soviele andere Begriffe wie möglich zu suchen.

    Eine Variation kann sein, nur bestimmte Wortarten zu suchen, wie Substantive, Verben ...   *Ejemplo:*   mar

m	a	r
mercado	abrir	río
mal	agua	retirar
montaña	agosto	región
mayor	adónde	rubio
medio	Asturias	...

2. **Palabras encadenadas**

    Ein Schüler nennt irgendeinen spanischen Begriff. Der nächste Schüler nennt nun einen anderen Begriff, der mit dem letzten Buchstaben des vorher genannten Begriffes beginnt:

    Ejemplo: excursió**n** – **n**otabl**e** – **e**migrar – ...

    Es können auch nur Substantive, nur Verben, usw. genannt werden.

3. Alle Schüler suchen Begriffe zum Thema „turismo". Ein Schüler wählt davon 10 Begriffe aus. Alle Schüler schreiben nun in Partnerarbeit einen kleinen Text, in dem diese Begriffe vorkommen.

4. Erzählen Sie, wie es in Ihrem Dorf/Ihrer Stadt vor 20 Jahren war und wie es heute ist.

5. Während eines Ferienaufenthaltes kommen Sie und ein Freund/eine Freundin mit einem Landwirt aus Roquetas de Mar ins Gespräch. Da Ihr Freund/Ihre Freundin kein Spanisch spricht, helfen Sie als Dolmetscher/in aus.

Roquetas de Mar ist eine sehr moderne Stadt. Es gefällt mir sehr hier.

Pues Roquetas no ha sido siempre así. Hace 20 años la mayoría de los habitantes eran pescadores o trabajaban en la agricultura. Se ganaba poco dinero.

Das Wetter hier ist wirklich gut.

Para los turistas sí. Pero hay un gran problema en esta región: es el agua. Necesitamos mucha agua para el cultivo de los tomates que exportamos a Europa.

Aber im Hotel, in dem ich wohne, haben wir keine Probleme mit dem Wasser.

Claro, allí no hay restricciones porque siempre nos dicen que el turismo es muy importante para Roquetas de Mar. Solamente hay restricciones para los agricultores.

Welche Lösung sehen Sie denn?

Tenemos que gastar todos menos agua, es decir, los agricultores y los turistas que pasan en verano sus vacaciones en Roquetas.

Ja, ich glaube auch, daß dies die einzige Lösung ist.

6. Schreiben Sie einen kurzen Text zu den Vor- und Nachteilen des Tourismus.

Treinta años separan estas dos fotos de la playa de Torrevieja (Costa Blanca).

Lección dieciocho

Lección diecinueve

A El problema del agua

El clima seco en gran parte de la Península Ibérica causa todos los años graves problemas de abastecimiento de agua.
Cada verano se encuentran en la prensa española artículos como los siguientes:

Paisaje en amarillo

LOLA GALÁN

En Sevilla han empezado ya a beber agua del Guadalquivir, cogida casi a su paso por la ciudad; Cáceres afronta una primavera con restricciones que tardarán meses en resolverse. En Cádiz, Segovia, Ávila, Salamanca o León muchos pueblos tienen ya problemas de suministro. Al mismo tiempo, la dirección del Canal de Isabel II, que abastece a la Comunidad de Madrid, anuncia su intención de cerrar el grifo al riego de jardines y parques.

El PAÍS, domingo 31 de mayo de 1992

El Gobierno combatirá la sequía con un plan que cambiará los cultivos y subirá el precio del agua

El „Plan Hidrológico Nacional" ha sido desarrollado por el Gobierno español para dar solución al problema del agua. Se invertirán unos dos billones de pesetas con el fin de repartir mejor el agua, porque el Gobierno dice que en España hay agua suficiente.
- Se construirán nuevos pantanos que servirán, por un lado, de reserva de agua potable y por otro lado permitirán un aumento de la producción de energía hidroeléctrica (hasta ahora el 20% de la producción nacional).
- Se aprovecharán mejor las aguas residuales. Conforme a las normas de la Unión Europea, hasta el año 2000 las poblaciones de más de 2000 habitantes tendrán una depuradora. Una parte de este agua servirá también para el riego en la agricultura.
- Se prevé la realización de canalizaciones de 148 ríos en todo el país para poder aprovechar mejor su agua.

Todas estas medidas e inversiones tendrán mayor éxito si la población participa activamente, y esto significa una mejor utilización del agua también en el consumo diario.

Contestar las preguntas

1. ¿Por qué hay problemas con el agua en España?
2. ¿Qué provincias tienen problemas de agua, según el artículo?
3. ¿Por qué tienen estas provincias problemas con el agua?
4. ¿Qué ha hecho el Gobierno para solucionar este problema?
5. ¿Para qué sirven los pantanos que hay en España?
6. ¿Qué importancia tienen los pantanos en la producción hidroeléctrica del país?
7. ¿Dónde se construirán nuevas depuradoras hasta el año 2000?
8. ¿Para qué servirán también las aguas residuales?
9. ¿Para qué servirán las nuevas canalizaciones?
10. ¿Cómo puede participar la población en el „Plan Hidrológico Nacional"?

Gramática

1. El futuro imperfecto (Das Futur I)

habl-ar	vend-er	viv-ir
hablaré	venderé	viviré
hablarás	venderás	vivirás
hablará	venderá	vivirá
hablaremos	venderemos	viviremos
hablaréis	venderéis	viviréis
hablarán	venderán	vivirán

Das Futur wird durch Anhängen der Endungen an den Infinitiv gebildet.

Ojo:		
decir	diré	ich werde sagen
haber	habré	ich werde haben
hacer	haré	ich werde machen
hay	habrá	es wird geben
poder	podré	ich werde können
poner	pondré	ich werde legen, stellen
querer	querré	ich werde lieben, wollen
salir	saldré	ich werde rausgehen

Bei einigen Verben wird die Stammform des Verbes verändert.

Marta llamará a casa de Dolores. Marta wird bei Dolores anrufen.

Dolores y Francisco no llegarán hasta las 10. Dolores und Francisco werden erst um 10 Uhr ankommen.

2. *El estilo indirecto* (Die indirekte Rede)

- Joaquín dice: El pueblo tiene muchos hoteles.
- Joaquín dice que el pueblo tiene muchos hoteles.
  Joaquín sagt, daß das Dorf viele Hotels habe/hat.

- El turista ha preguntado: ¿Vienen muchos turistas cada año a esta región?
  Der Tourist hat gefragt: „Kommen jedes Jahr viele Touristen in diese Region?"
- El turista ha preguntado si vienen muchos turistas cada año a esta región.
  Der Tourist hat gefragt, ob viele Touristen jedes Jahr in diese Region kämen.

- Jaime dice: No he encontrado a mi amiga.
- Jaime dice que no ha encontrado a su amiga.
  Jaime sagt, er habe seine Freundin nicht getroffen.

> Wenn das Verb des einleitenden Hauptsatzes in der Gegenwart oder im pretérito perfecto steht, wird in der indirekten Rede die gleiche Zeit wie im Satz der direkten Rede verwendet, meistens Präsens (presente) oder Perfekt (pretérito perfecto). In der indirekten Rede steht im Spanischen immer der Indikativ (nicht wie im Deutschen manchmal der Konjunktiv).

- El taxista siempre decía: Antes no había tantos turistas.
- El taxista siempre decía que antes no había tantos turistas.
  Der Taxifahrer sagte immer, daß es früher nicht so viele Touristen gab.

- El turista siempre preguntaba: ¿Había antes ya tantos hoteles en esta región?
- El turista siempre preguntaba si había antes ya tantos hoteles en esta región.
  Der Tourist fragte immer, ob es früher schon so viele Hotels in dieser Gegend gab.

> Wenn im einleitenden Hauptsatz eine Zeit der Vergangenheit, z.B. das imperfecto, steht, wird in der indirekten Rede das imperfecto verwendet.

D Ejercicios

1. ¿Cuáles son las formas del futuro imperfecto?

1. pasan	5. pienso	9. hago	13. dices
2. es	6. empiezas	10. salen	14. hemos
3. causa	7. llegas	11. encontráis	15. ponemos
4. escribes	8. viene	12. tenéis	

2. Poner en futuro imperfecto los verbos del texto de la lección 4, línea 1–5.

3. Para contestar en futuro

1. ¿Qué hora es? No sé, ... las dos.   ser
2. ¿Dónde está Carmen? ... en el Corte Inglés.   estar
3. ¿Qué hace allí? ... ropa nueva.   comprar
4. ¿A qué hora llega el tren? ... a las diez y media.   llegar
5. ¿Dónde trabaja Juan ahora? ... en una tienda de muebles.   trabajar
6. ¿Cuándo vamos a Alicante? ... el 2 de julio.   ir

Lección diecinueve

4. Poner al estilo indirecto

1. Dice que el tren sale a las 10.
   Ha dicho que ...
2. Piensa que vuelven tarde.
   Pensaba que ...
3. Cree que este trabajo es muy fácil.
   Creía que ...
4. Sabe que no tenemos mucho tiempo.
   Sabía que ...
5. No sabe que en el norte de España llueve mucho.
   No sabía que ...
6. Dicen que tienen que solucionar los problemas.
   Han dicho que ...
7. Es claro que necesitan más agua para los hoteles.
   Era claro que ...

5. Contar lo que le han preguntado.

Ejemplo: ¿Están tus padres en casa?
Me preguntó si mis padres estaban en casa.

1. ¿Habéis tomado algo en el bar?
2. ¿Has ido al colegio por la mañana?
3. ¿Llega el taxi?
4. ¿Hay muchos hoteles por aquí?
5. ¿Cuándo vienen todos los turistas?
6. ¿Te encuentras con tus amigos?
7. ¿Vais al cine esta noche?
8. ¿Quieres venir mañana a mi casa a comer?

6. Poner las frases del estilo directo al estilo indirecto.

Ejemplo: Este cambio da trabajo a mucha gente.
Decía/dijo que este cambio daba trabajo a mucha gente

1. La gente se dedica a la pesca.
2. Al principio hay muchas esperanzas.
3. Eso antes no era así.
4. Antes se ganaba muy poco dinero.
5. Antes no existían tantos hoteles.
6. Antes no había tantos turistas.
7. No se puede ver el mar.

7. Sustituir por el pronombre.

1. Sabine pregunta **a Juan**.
2. Damos la revista **a los chicos**.
3. Buscan **trabajo**.
4. ¿Quieres leer **este libro**?
5. Queremos limpiar **el coche** mañana.
6. ¿Cuándo puedes dar el dinero **a Joaquín**?
7. Tienes que leer **este artículo**.
8. ¿Habéis contado la historia **a los niños**?

8. **Silabagrama**

1. la moneda de otros países
2. el sustantivo de construir
3. el sustantivo de contaminar
4. tiempo libre en el que muchas personas van a otros países
5. lo contrario de *exterior*
6. lo que se puede beber (dos palabras)
7. cuando no llueve durante mucho tiempo hay una .....
8. lo contrario de *encontrar*

9. **Explicar lo que significa ...**

1. el turista
2. el agricultor
3. un centro turístico
4. las divisas
5. el agua potable
6. la UE

10. **Crucigrama**

1. color
2. madre, padre e hijos
3. donde se prepara la comida
4. ciudad importante en el sur de España
5. El Ebro, el Tajo, el Guadalquivir, etcétera.
6. lo contrario de „*alguien*"
7. limones, mandarinas y naranjas son ...
8. la persona que pasa sus vacaciones en otra región u otro país

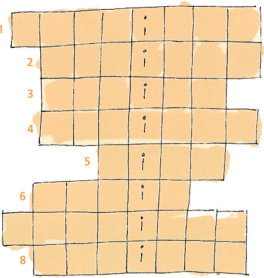

Lección diecinueve **135**

11. Poner los verbos del texto en futuro imperfecto

PARA BRASIL VUELO DIARIO

A partir del 14 de Agosto, Varig ofrece vuelos diarios desde España a Brasil. Son vuelos con horarios de llegada ideales para una rápida conexión con las principales ciudades de América del Sur y para casi 50 ciudades en Brasil. De estos vuelos, dos le llevan ahora también a Recife y Salvador, facilitando su llegada a las demás capitales del Nordeste brasileño. Consulte a su Agente de Viajes.

VARIG
Líneas Aéreas Brasileñas

De Madrid:

Vuelo	Frecuencia	Salida	Llegada			
			Recife	Salvador	Rio	São Paulo
RG 711	Lunes, Viernes Sáb. y Domingo	01:00	-	-	06:40	09:10
RG 715	Miércoles	01:00	-	-	06:40	09:10
RG 717	Jueves	01:00	04:00	-	07:35	09:50
RG 719	Martes	01:00	-	05:05	07:50	09:50

De Barcelona:

Vuelo	Frecuencia	Salida	Llegada		
			Recife	Rio	São Paulo
RG 711	Jueves, Viernes Sáb. y Domingo	23:00	-	06:40	09:10
RG 717	Miércoles	23:00	04:00	07:35	09:50

*A partir del 29 de Septiembre las salidas son una hora antes por el cambio de hora oficial.

CON VARIG.

12. **Para traducir**
1. In Spanien gibt es jedes Jahr besonders im Sommer große Probleme mit der Wasserversorgung.
2. Die Regierung wird viel Geld investieren, um das Wasser besser zu nutzen.
3. Die vielen Stauseen dienen der Trinkwasserversorgung.
4. Andererseits produzieren sie etwa 20 % der Wasserkraftenergie.
5. Viele Dörfer werden Klärwerke bauen.
6. Man wird auch viel in die Regulierung von Flüssen investieren.
7. Die Regierung sagt, es gebe genügend Wasser, aber wir alle müssen auch weniger verbrauchen.

Prácticas de comunicación

1. Erzählen Sie, was Sie am nächsten Tag machen werden.
    Mañana ...

2. Fragen Sie eine Mitschülerin/einen Mitschüler auf Spanisch,
    - ob sie/er schon einmal in Spanien gewesen ist,
    - wo sie/er gewesen ist und wie es ihr/ihm gefallen hat,
    - ob es eine große Stadt oder ein kleiner Ort war,
    - was sie/er dort gemacht hat,
    - ob sie/er alleine oder mit Freunden oder mit der Familie dort war,
    - wo sie/er die nächsten Ferien verbringen wird,
    - ...

3. Schreiben Sie zu den Themen „turismo" und „agua" jeweils eine Frage auf einen Zettel.
    Der Lehrer sammelt diese anschließend ein, mischt sie und verteilt sie wieder an die Schüler. Jeder muß nun die beiden ihm zugeteilten Fragen beantworten.

4. Schreiben Sie einem spanischen Freund/einer spanischen Freundin einen Brief und berichten Sie darüber, was Sie diese Woche gemacht haben und was Sie in der nächsten Woche tun werden.
    - jeden Tag früh aufgestanden,
    - jeden Tag von 8–13 Uhr zur Schule gegangen,
    - nachmittags Hausaufgaben gemacht,
    - am Dienstag nachmittag Sport gemacht,
    - am Mittwoch abend mit einem Freund/einer Freundin im Kino gewesen,
    - am Freitag abend mit Freunden getroffen und zusammen ein Essen zubereitet,
    - ...
    - in der nächsten Woche werden wir Ferien haben,
    - werde ich jeden Tag spät aufstehen,
    - werde ich viel Freizeit haben, um Sport zu treiben,
    - werde ich mit Freunden ausgehen.
    - ...

Lección diecinueve

Lección veinte

A Argentina

Nombre oficial:
República Argentina

Extensión:
2,7 millones de km²

Habitantes:
32 millones
(94% blancos, 6% mestizos, 35.000 indios)

Capital:
Buenos Aires,
9,7 millones de habitantes

Lengua oficial:
castellano

Un crisol de cultura europea

Hasta mediados del siglo pasado, este enorme país sudamericano estaba muy poco poblado. A causa de la difícil situación económica por la que pasaban los países europeos entonces, era muy frecuente la emigración a América, sobre todo a América del Norte, en busca de libertad y de mejores condiciones de vida. Otros iban a Sudamérica y la gran mayoría de estos emigrantes se dirigía a Argentina.

En aquella época emigraban todos los años a Argentina miles de europeos, españoles sobre todo, e italianos, pero también muchos alemanes.

Las enormes posibilidades de explotación agrícola y ganadera eran el atractivo principal de Argentina. ¿Quién no ha visto fotos de la extensa pampa con gauchos y miles de vacas?

De esta manera y con el aumento de la población, este país, desde principios del siglo XX, es uno de los mayores productores y exportadores de cereales y carne de vacuno del mundo. Por aquella época la prosperidad de Argentina era considerable. Un dato curioso es que en 1930 había más coches matriculados en Buenos Aires que en Londres. La capital argentina tenía una vida cultural muy interesante y los teatros y editoriales de Buenos Aires eran famosos en el mundo entero.

Después de la Segunda Guerra Mundial la caída de los precios en el mercado agrícola internacional provoca una primera crisis económica fuerte. Desde entonces Argentina ha sufrido una gran inestabilidad política, con frecuentes cambios de gobierno y largos períodos de dictaduras militares. En el año 1982, la Guerra de las Malvinas contra Gran Bretaña contribuye a poner fin al último gobierno militar.

Desde 1983 Argentina es un país democrático. Sin embargo, todavía no ha logrado solucionar sus problemas, que son la desigualdad social y la mala situación económica.

Las enormes riquezas de materias primas (petróleo, gas natural, uranio, plomo), las excelentes condiciones agrícolas y su relativa estabilidad política podrán ayudar sin duda a encontrar una solución a sus principales problemas actuales.

unos datos de:	Argentina	España	Alemania
superficie en km²	2.776.000	504.782	357.000
población en millones	34,6	39	82
densidad de población (habitantes por km²)	11,7 h/km²	77,2 h/km²	222 h/km²
renta per cápita	2.780 US $	12.460 US $	23.650 US $
paro	18 %	22,5 %	10,2 %

Fuente: Anuario El País 1.994

Contestar las preguntas

1. ¿Qué significa el título de este texto?
2. ¿Por qué emigraban muchos europeos a América?
3. ¿De qué países venían muchos de los que emigraban a Argentina?
4. ¿Cuál era el gran atractivo de Argentina para los emigrantes?
5. ¿Cómo era la situación económica argentina a principios de este siglo?
6. ¿Por qué era famosa Buenos Aires en el mundo entero?
7. ¿Cuál es la causa de la primera crisis económica en Argentina?
8. ¿Cuál es la situación política actual en Argentina?
9. ¿Qué problemas graves tiene el país actualmente?
10. ¿Por qué es posible encontrar una solución a estos problemas?
11. ¿Cuál es el país más grande de los tres países?
12. ¿Qué país tiene el mayor número de habitantes?
13. ¿Qué se puede decir de la densidad de población en estos tres países?

Gramática

1. **El empleo de los tiempos: pretérito perfecto e imperfecto**
   (Die Verwendung des pretérito perfecto und imperfecto)
   Esta mañana me ha llamado Carlos.
   Heute morgen hat mich Carlos angerufen.

   > Bei einem Zeitraum der Vergangenheit, der in die Gegenwart reicht, wird das pretérito perfecto verwendet. Typische Signalwörter sind: esta mañana, hoy, esta semana, este año, etc.

Todos los años Juan pasaba las vacaciones en la Costa Blanca. Allí hacía siempre calor. La playa era grande y todavía había pocos turistas.

Juan verbrachte jedes Jahr seine Ferien an der Costa Blanca. Dort war es immer sehr heiß. Der Strand war groß, und es waren damals erst wenige Touristen da.

> Das „imperfecto" beschreibt Handlungen, die sich in der Vergangenheit wiederholt haben. Typische Signalwörter sind: todos los años/días/meses, siempre, etc. Darüber hinaus dient es auch zur Beschreibung von Zuständen in der Vergangenheit.

2. **Preposiciones** (Präpositionen)

a principios de	zu Beginn, Anfang ...
a mediados de	Mitte ...
a finales de	am Ende, Ende ...

Die Präposition a kann ersetzt werden durch desde oder hasta.
a principios / desde principios / hasta principios del siglo pasado
Anfang / seit Anfang / bis Anfang des letzten Jahrhunderts
a mediados / desde mediados / hasta mediados del año pasado
Mitte / seit Mitte / bis Mitte letzten Jahres
a finales / desde finales / hasta finales del mes de enero
Ende / seit Ende / bis Ende Januar

por	
zur Angabe des Ortes	– El tren pasa por Castellón de la Plana. Der Zug fährt über Castellón de la Plana. – Hacemos un viaje por Chile. Wir machen eine Reise durch Chile.
zur Angabe der Zeit	– Carlos trabaja por la mañana en la oficina y por la tarde en casa. Carlos arbeitet vormittags im Büro und nachmittags zu Hause.
zur Angabe des Grundes	– Por el mal tiempo no podemos salir. Wegen des schlechten Wetters können wir nicht ausgehen.
in einigen festen Ausdrücken	– por un lado, por otro lado einerseits, anderseits por una parte, por otra parte einerseits, anderseits

para	Zur Angabe des Zweckes oder der Bestimmung:
vor einem Substantiv	– Este disco es para mi amigo. Diese Schallplatte ist für meinen Freund.
in Verbindung mit einem Infinitiv	– Belén entra en el bar para tomar un café. Belén geht in die Cafetería, um einen Kaffee zu trinken.

3. seguir + gerundio (seguir + Gerundium)

– Ana sigue estudiando inglés.
  Ana lernt weiter Englisch.

– Los chicos siguen hablando con sus amigas.
  Die Jungen sprechen immer noch mit ihren Freundinnen.

Wenn *seguir* mit anschließendem *gerundio* verwendet wird, entspricht es im Deutschen der Bedeutung „weiter(hin) etwas tun, fortfahren". Die Form des *gerundio* ist unveränderlich.

4. El porcentaje (Der Prozentsatz)

– El 13,2% de la población española vive en Madrid.
  13,2 Prozent der spanischen Bevölkerung lebt in Madrid.

Prozentzahlen stehen im Spanischen immer mit Artikel.

D Ejercicios

1. Poner en pretérito perfecto y pretérito imperfecto

1. estoy
2. tiene
3. viajan
4. ponemos
5. ayudan
6. puede
7. leo
8. encontráis
9. da
10. hace

2. Completar las formas que faltan

Infinitivo	Presente	Gerundio	Pretérito perfecto	Pretérito imperfecto	Futuro imperfecto
....	tienen	....	....	....	....
....	....	....	han empezado	....	....
....	....	....	....	....	combatirá
subir (1ª pers. sg.)	....	....	....	....	....
poder (1ª pers. pl.)	....	....	....	eras	....
....	da	....	....	....	....
....	....	....	....	....	estaremos
....	....	está pasando	....	....	....

Lección veinte

3. **¿Cuál es la forma correcta: pretérito perfecto o pretérito imperfecto?**

   1. El pueblo donde Ana siempre ... (pasar) sus vacaciones ... (ser) pequeño y bonito.
   2. ... (estar) en el sur de España.
   3. Todas las casas ... (ser) blancas.
   4. Esta mañana ... (levantarse, yo) a las 6.
   5. Esta semana Jorge ... (trabajar) mucho.
   6. Antes ellos ... (ir) a la escuela siempre en autobús. Ahora tienen un coche.
   7. Este año la familia Alonso ... (viajar) a Uruguay.
   8. Hoy Juan ... (recibir) una carta de Argentina.
   9. Mientras ellos ... (hablar), la señora ... (esperar) delante del banco.
   10. Hoy ... (estudiar, yo) muchísimo.
   11. La feria ... (ser) muy interesante. Se ... (poder) encontrar a muchas personas.

4. **¿Cómo se llaman los países latinoamericanos?**

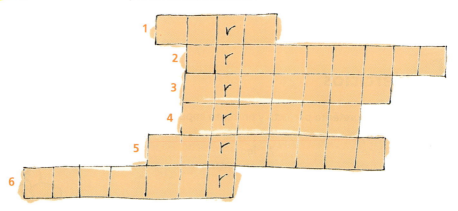

5. **Sustituir la fecha por *a principios/mediados/finales de* ...**

   1. Volveré de Argentina el 26 de agosto.
   2. Salimos de Madrid el 4 de septiembre.
   3. El director ha ido a la feria el 15 de octubre.
   4. Nos quedamos en Aragón hasta el 29 de julio.
   5. Isabel llegará a casa el 3 de diciembre.
   6. El 30 de enero quiere volver a Málaga.
   7. Se quedará allí hasta el 7 de marzo.

6. **Un texto para completar**

   Hemos pasado est... verano en un pequeñ... pueblo en el sur de España. Allí hay much... pueblos bonit... . En algun ... hay much... hoteles pero en otr... no hay tant... hoteles grand... . Hemos vivido en un buen... hotel cerca del puerto. También el restaurante de est... hotel era buen... . Nuestra habitación estaba en el tercer... piso.
   Todos los campos alrededor del pueblo estaban muy sec... , porque hace much... tiempo que no tienen lluvia. Por eso los agricultores tenían much.... problemas con el agua.

7. Historia

1. ¿Qué dicen las personas?
2. Escribir una historia

8. Sopa de letras

Ñ	M	L	V	E	G	O	P	Q	Ñ	E	F	C	G
A	O	P	A	F	L	M	S	W	T	H	I	O	K
S	R	W	C	X	M	U	E	U	V	N	M	S	L
W	E	S	A	P	A	R	T	A	M	E	N	T	O
B	X	D	C	Y	R	O	R	P	Q	R	O	A	T
A	T	S	I	R	U	T	O	V	W	Z	I	B	P
I	R	H	O	S	I	K	P	C	X	O	C	L	D
R	A	B	H	U	W	X	E	U	S	B	A	K	F
J	M	T	E	V	G	H	D	Ñ	U	Y	T	E	A
K	J	Ñ	S	A	Z	F	T	A	A	E	A	Y	T
L	E	T	O	H	C	E	B	O	I	K	H	Z	U
M	R	Q	Y	E	D	Y	A	L	L	L	C	S	W	M
N	O	P	Z	D	I	V	E	R	S	I	O	N	T

Suchen Sie 13 Begriffe aus dem Bereich Tourismus.

9. Completar los adjetivos

Extremadura

Extremadura está situad... en el oeste de la Península. Está dividid... en dos provincias: Cáceres al norte y Badajoz al sur.

El clima es continental... con inviernos frí... y veranos muy caluros... .

Es una región bastante llan... con extens... pastos. Debido a las escas... lluvias se han construido much... pantanos.

Tradicionalmente muchos extremeños viven de la agricultura y de la ganadería. Mucha tierra está en manos de unos pocos. La industria es de poc... importancia, por eso ha habido much... emigración para encontrar mejor... condiciones de vida. Hoy los extremeños ya no tienen que emigrar porque su situación ha mejorado. Con sus ciudades históric... y sus paisajes bell... Extremadura es una comunidad muy interesan... para el visitante que quiere conocer una España lejos de las costas turístic... .

10. Para traducir

1. Da sie bessere Lebensbedingungen suchten, wanderten viele Europäer nach Amerika aus.
2. Argentinien ist das größte Land Südamerikas, in dem man Spanisch spricht.
3. Zu Beginn dieses Jahrhunderts war dieses Land einer der bedeutendsten Rindfleischproduzenten der Welt.
4. Zur damaligen Zeit war Buenos Aires schon eine moderne Hauptstadt.
5. Die wirtschaftliche Stabilität Argentiniens war beachtlich.
6. Die erste große Krise beginnt mit dem Verfall der Agrarpreise am Ende des Zweiten Weltkrieges.
7. Die letzte Militärdiktatur endet 1983. Heute ist Argentinien ein demokratisches Land.
8. Jedoch sind die soziale Ungleichheit und die schlechten wirtschaftlichen Bedingungen immer noch ernsthafte Probleme für die argentinische Bevölkerung.

Prácticas de comunicación

1. Notieren Sie sich acht Stichwörter zu Argentinien, und berichten Sie Ihren Mitschülern über dieses Land.

2. Besorgen Sie sich Informationen über ein beliebiges lateinamerikanisches Land, und schreiben Sie anhand dieser Informationen einen Text über dieses Land, den Sie Ihren Mitschülern vorstellen.

3. Vergleichen Sie die Daten zu den beiden Ländern Argentinien und Chile.

	Argentina	Chile
superficie en km²	2.776.000	756.626
población en millones	34,6	13,3
densidad de población	11,7 h/km²	17,5 h/km²
renta per cápita	2.780 US$	2.160 US$
tasa de inflación	1980–90: 395,2 % 1995: 1,6 %	1980–90: 20,5 % 1995: 8,1 %
deuda exterior (en $)	82 mil millones	21 mil millones

población activa
    primer sector
    segundo sector
    sector terciario
    parados
	
	11 %
	31 %
	57 %
	18 %
		
		17 %
		7 %
		56 %
		5,4 %

Fuente: Anuario El País

Lección veinte **145**

Lección veintiuno

Statistisches Bundesamt, Informe España

Gente de fuera

Si viajamos por el interior de España, por las comunidades autónomas de Castilla y León, Castilla-La Mancha, Extremadura, Andalucía o Aragón, asombra la cantidad de pueblos semiabandonados que vemos. En muchos de estos pueblos la mayoría de los habitantes es gente mayor. ¿Cómo se puede explicar este fenómeno?

Para contestar esta pregunta hay que tener en cuenta el profundo cambio económico y social que ha vivido España en los últimos cincuenta años.

Mientras que la industrialización de los países centroeuropeos ya empieza a finales del siglo XIX, España sigue manteniendo, hasta mediados de este siglo, una economía fundamentalmente agraria. Esta estructura se debe, sobre todo, a las consecuencias de la Guerra Civil española y a la política de autarquía económica del general Franco.

A partir de los años 50, con el plan Marshall, comienza un fuerte desarrollo industrial en Cataluña, en el País Vasco y en la región de Madrid. La industria ofrece muchos puestos de trabajo y las familias de zonas rurales que ya no ven perspectivas en su pueblo, abandonan el campo y buscan una vida mejor en la ciudad.

Muchos campesinos también abandonan su pueblo y emigran al extranjero. Durante los años 60 y 70, más de un millón de trabajadores españoles emigra a Francia, Alemania, Bélgica o Suiza. Entretanto, muchos de estos emigrantes han regresado para siempre a su tierra.

No es así en el caso de los millones de andaluces, extremeños o castellanos que hoy viven en las grandes ciudades catalanas, en el País Vasco o en Madrid. Estos ya no piensan regresar a su tierra porque viven en España y no en el extranjero. Sin embargo, su situación de inmigrante dentro de su país tampoco es siempre fácil: lenguas diferentes (en Cataluña y en el País Vasco) y los problemas de la gran ciudad causan serias dificultades de integración.

Cataluña, la comunidad autónoma económicamente más fuerte de España, ha acogido al mayor número de inmigrantes de otras partes del país.

Ahora la Generalitat, el Gobierno de Cataluña, con el fin de fomentar la integración de sus nuevos habitantes, ofrece cursos gratuitos de catalán. Se matriculan muchos hijos de inmigrantes para estudiar esta lengua oficial, ya que saben que se quedarán para siempre en Cataluña.

Contestar las preguntas

1. ¿Qué se dice de la economía española de mediados del siglo XX?
2. ¿En qué comunidades autónomas empieza el desarrollo industrial en aquella época?
3. ¿Por qué abandona mucha gente el campo durante esos años?
4. ¿Adónde van estas familias?
5. ¿Qué países han atraído a un gran número de emigrantes españoles?
6. ¿Quiénes son los inmigrantes dentro de su país?
7. ¿Cuál es la comunidad autónoma que ha recibido el mayor número de inmigrantes?
8. ¿Por qué han ido allí tantos inmigrantes?
9. ¿Por qué ofrece cursos de catalán la Generalitat?
10. ¿Quiénes se matriculan en estos cursos?
11. ¿Por qué se matriculan?

Gramática

1. **Conjunciones** (Konjunktionen)

   – Si no llueve, los agricultores tendrán muchos problemas.
     Wenn es nicht regnet, haben die Landwirte viele Probleme.

   – Si tienes tiempo mañana, visitaremos la feria.
     Wenn du morgen Zeit hast, besuchen wir die Messe.

   > Findet die Handlung des Hauptsatzes in der Zukunft statt, wird im Spanischen das Futur verwendet.

   – Cuando estoy en España, hablo español con mis amigos.
     Wenn ich in Spanien bin, spreche ich Spanisch mit meinen Freunden.

   – Mientras los turistas están en la playa, los campesinos trabajan en el campo.
     Während die Touristen am Strand sind, arbeiten die Bauern auf dem Feld.

   – Mientras que el señor Siegel habla con la señora Hoyos, el señor Moreiro paga la cuenta.
     Während Herr Siegel mit Frau Hoyos spricht, bezahlt Herr Moreiro die Rechnung.

   Konjunktionen

si	wenn, falls (Bedingung)
cuando	(immer) wenn (zeitlich)
mientras	während (Gleichzeitigkeit)
mientras que	während, wohingegen (Gegensatz)

Lección veintiuno **147**

2. El pronombre personal con preposición (Das alleinstehende Personalpronomen)

– Jaime tiene un libro. Su amigo le pregunta: ¿Es este libro para mí?
Jaime hat ein Buch. Sein Freund fragt ihn: Ist dieses Buch für mich?

– Jaime contesta: Sí, el libro es para ti.
Jaime antwortet: Ja, das Buch ist für dich.

> Nach Präpositionen stehen die alleinstehenden Personalpronomen:
>
> para mí
> ti
> él/ella/Vd.
> nosotros/nosotras
> vosotros/vosotras
> ellos/ellas/Vds.

Weitere Präpositionen:

a, ante, bajo, con, contra, de, desde, en, hacia, hasta, para, sin, sobre, tras.
Le veo a él. Ich sehe ihn.

> Zur Betonung des verbundenen Personalpronomens stehen diese Pronomen auch nach der Präposition *a*.

Ojo: Tere no quiere hablar contigo, hoy quiere hablar conmigo.
Tere will nicht mit dir sprechen, heute will sie mit mir sprechen.

Nach der Präposition *con* werden in 3 Fällen besondere Formen gebildet:
  conmigo
  contigo
  consigo, sonst regelmäßige Formen con nosotros/él/ella/Vd.

D Ejercicios

1. ¿Qué es lo contrario de ... ?

1. no ... nada
2. más
3. actual
4. llegar
5. comenzar
6. cerrar
7. preguntar
8. mejor
9. seco
10. antiguo

2. ¿Qué se puede escribir, estudiar, ... ?

Ejemplo: escribir una carta, una lista, un nombre ...

1. estudiar
2. comer
3. beber
4. exportar
5. invertir
6. saber
7. empezar
8. tener

Lección veintiuno

3. Completar con el sustantivo o el verbo

sustantivo	verbo
1. la solución	....
2. la ayuda	....
3.	industrializar
4. la pregunta	....
5.	contestar
6. la esperanza	....
7.	producir
8.	suministrar
9. la reserva	....
10. la busca	....
11. la matrícula	....
12. el exportador	....

4. ¿si, mientras, mientras que, cuando, ... ?

1. Dolores y Víctor hacen sus deberes ..... Carlos y Mercedes preparan la cena.
2. ... hace buen tiempo esta tarde, podemos salir de excursión.
3. ... no llueve, la tierra está muy seca.
4. ... los turistas están tomando el sol, los agricultores trabajan en los campos.
5. ... Jorge ha emigrado a Francia, su hermano se ha quedado en España.
6. ... tienes tiempo el sábado, podemos ir a Soria.
7. ... una persona de fuera vive en Cataluña, tiene que aprender el catalán.
8. ... quieres, vamos al cine esta noche.

5. Asociar palabras

Ejemplo: agua y gota

6. Traducir

1. Sind die Blumen für deine Mutter? Ja, sie sind für sie.
2. Für ihn habe ich heute nichts gekauft.
3. Kommst du heute abend mit mir ins Kino?
4. Heute abend kann ich nicht mit dir ins Kino gehen, ich gehe mit Antonio ins Theater.
5. Isabel möchte mit euch sprechen.
6. Federico hat eine neue CD gekauft und sagt zu Mónica: Diese CD ist für dich und nicht für mich.

7. ciudad – país – río

Es wird ein Buchstabe bestimmt, und dann versuchen die Schüler, in Einzel-, Partner- oder Gruppenarbeit Wörter zu den Oberbegriffen zu finden, die mit diesem Buchstaben beginnen.

Oberbegriffe können sein: ciudades, ríos, países, bebidas, comidas, verbos, sustantivos

ciudad	país	nombre	verbo	sustantivo
Barcelona	Bélgica	Beatriz	bebemos	bicicleta
Almería	Argentina	Arturo	acabar	agua
...	...	...	...	...

8. **Formar frases con estas palabras:**
   1. carne de vacuno – productor – mundo
   2. Argentina – gauchos – pampa
   3. caída – precios – crisis
   4. materia prima – ayudar – solucionar problemas
   5. industria – siglo XIX – Europa
   6. Cataluña – industria – inmigrantes
   7. habitantes – emigrar – extranjero
   8. turistas – hoteles – mayoría
   9. economía – divisas – importante
   10. contaminación – problema – turismo

9. **Traducir**
   1. Der wirtschaftliche und soziale Wandel Spaniens in den letzten fünfzig Jahren ist enorm gewesen.
   2. Noch Mitte dieses Jahrhunderts arbeiten 50% der spanischen Bevölkerung in der Landwirtschaft.
   3. Seit den fünfziger Jahren haben viele junge Familien die Dörfer verlassen und Arbeit in der Industrie gesucht.
   4. In den sechziger und siebziger Jahren wandern andere ins Ausland aus, nach Frankreich, Deutschland oder Belgien.
   5. In diesen Ländern suchen viele Firmen Arbeiter aus dem Ausland.
   6. Inzwischen sind viele nach Spanien zurückgekehrt, andere wollen im Ausland bleiben.
   7. Auch innerhalb Spaniens haben viele Arbeit in anderen Regionen des Landes gefunden.
   8. Zum Beispiel leben viele Andalusier in Katalonien, und im Baskenland gibt es viele Zuwanderer aus Kastilien.

E Prácticas de comunicación

1. Stellen Sie Ihren Mitschülern die Übersichtskarte vor. Diese richten anschließend Zusatzfragen an Sie.

2. **Las comunidades autónomas, su superficie y población**
   Stellen Sie Ihren Mitschülern weitere detaillierte Fragen:
   1. ¿Cuáles son las tres comunidades más grandes y las tres más pequeñas?
   2. ¿Qué comunidad autónoma tiene el mayor número de habitantes?
   3. ¿Cuáles son las cuatro comunidades autónomas con la mayor densidad de población?
   4. ¿Por qué están tan pobladas estas comunidades?
   5. ¿Cuáles son las cuatro comunidades menos pobladas?

3. Beziehen Sie sich auf die Übung C 5: Asociar palabras.
   Ein Schüler nennt einen Begriff, mit dem ein anderer einen Satz formuliert. Dieser nennt dann einen anderen Begriff.

Lección veintidós

Una gallega de Bremen

– ¿Eres tú Carmen?
– Sí, soy yo. Pero aquí me llaman Carmiña, que es el nombre gallego de Carmen. Desde hace un año trabajo en esta Oficina de Información y Turismo de Pontevedra.
– ¿Qué lenguas hablas?
– Pues, el alemán, por supuesto, el español, el gallego y un poco de inglés.
– ¿Y por qué hablas tan bien el alemán?
– Porque nací en Bremen y viví allí durante 17 años. Cuando terminé la Realschule hace dos años, volví a Galicia con mi madre y con dos de mis hermanos.
– ¿Tus padres son gallegos?
– Sí, de un pueblo de Orense. Pero cuando se casaron, en 1968, emigraron a Alemania. Mi padre encontró un trabajo de soldador en los astilleros de Krupp, en Bremen.
Mis hermanos y yo nacimos todos allí. Lucía, mi hermana mayor, se casó el año pasado con un chico alemán y quiere quedarse en Alemania.

– ¿Tu padre no piensa regresar a Galicia?
– Sí, pero le quedan tres años todavía para la jubilación y aquí no encuentra trabajo en su profesión.
– ¿Fue fácil el regreso para ti?
– Al principio, no. Hasta que encontré este trabajo donde se necesitan idiomas. Además tuve que aprender mejor el español, ya que en casa, en Alemania, siempre hablábamos gallego.
– ¿Trabajas aquí todo el año?
– Pues no, sólo durante los meses de vacaciones, de junio a septiembre y en Semana Santa. En enero de este año me matriculé en la Escuela de Turismo de La Coruña. La carrera dura tres años y con este título tendré mejores salidas profesionales.
– ¿Necesitas mucho el alemán en tu trabajo?
– Bueno, la mayoría de la gente que veranea aquí son españoles, pero últimamente también vienen alemanes y les gusta mucho Galicia.
– ¿Y ..., no piensas volver a Alemania?
– No, ya no. Como te he dicho, al principio no fue fácil aquí. Además está allí todavía mi padre y también tuve que dejar a mis amigos alemanes. Pero para mí, Galicia es la región más bonita de España. Tenemos el mar y las montañas, y nunca hace mucho frío. Es cierto que en Alemania hay más posibilidades profesionales y menos problemas económicos, pero también hay más prisa y menos tiempo para estar con la familia o con los amigos.

B Unas preguntas

1. ¿Por qué habla Carmiña tan bien el alemán?
2. ¿Cuántos hermanos tiene?
3. ¿Quién es Lucía?
4. ¿Qué profesión tiene el padre de Carmiña?
5. ¿Por qué no fue fácil su regreso a Galicia?
6. ¿Cómo hablaba Carmiña el español cuando llegó a Pontevedra?
7. ¿Dónde trabaja la joven?
8. ¿Qué turistas hay en Galicia?
9. ¿Necesita el alemán en su trabajo?
10. ¿Qué hace Carmiña en invierno?
11. ¿Por qué quiere quedarse Carmiña en Galicia?

C Gramática

1. **El pretérito indefinido**

    1.1 formas regulares

tomar	vender	escribir
tomé	vendí	escribí
tomaste	vendiste	escribiste
tomó	vendió	escribió
tomamos	vendimos	escribimos
tomasteis	vendisteis	escribisteis
tomaron	vendieron	escribieron

     Ojo: llegar – llegué
    pagar – pagué

    1.2 formas irregulares

dar	–	di		poder	–	pude
decir	–	dije		saber	–	supe
estar	–	estuve		ser	–	fui
hacer	–	hice		tener	–	tuve
ir	–	fui		venir	–	vine
poner	–	puse		ver	–	vi

2. **El empleo del pretérito indefinido** (Der Gebrauch des pretérito indefinido)

    – En 1968 mis padres emigraron a Alemania.
    Im Jahre 1968 wanderten meine Eltern nach Deutschland aus

    > Das *pretérito indefinido* wird gebraucht, um einmalige Handlungen in der Vergangenheit darzustellen, die zu einem Zeitpunkt oder in einem Zeitraum der Vergangenheit, der abgeschlossen ist, stattgefunden haben.

    – El año pasado/la semana pasada/ayer/anoche/anteayer/hace unos días me encontré con mis antiguos amigos españoles en Berlin.
    Im letzten Jahr/in der vergangenen Woche/gestern/gestern abend/vorgestern/vor einigen Tagen traf ich mich mit meinen alten spanischen Freunden in Berlin.

    – Marta y Dolores estaban preparando una tortilla cuando Miguel entró con el agua mineral.
    Marta und Dolores bereiteten gerade eine Tortilla zu, als Miguel mit dem Mineralwasser hereinkam.

    > Das *pretérito indefinido* wird verwendet, wenn zu einer in der Vergangenheit andauernden Handlung eine neue einsetzt. Dies gilt auch bei mehreren aufeinanderfolgenden Handlungen.

— El tren llegó a las seis. Cecilia bajó del tren. Se dirigió al kiosco y compró un periódico. Pagó cien pesetas.

Der Zug kam um 6.00 Uhr an. Cecilia stieg aus dem Zug. Sie ging zum Kiosk und kaufte eine Zeitung. Sie bezahlte 100 Peseten.

> Im *pretérito indefinido* stehen einzelne, abgeschlossene Handlungen, die aufeinander folgen. Wichtig ist, daß Beginn und Ende der Handlung erfaßt werden.

D Ejercicios

1. ¿Cuál es la forma del pretérito indefinido?

1. encuentro
2. buscan
3. nos quedamos
4. vuelves
5. tiene
6. emigran
7. hablas
8. termináis
9. es
10. estáis

2. Para contestar:

1. ¿Qué está haciendo Carmen en este momento?
2. ¿Qué ha hecho María esta mañana?
3. ¿Qué hacía Luisa todas las tardes?
4. ¿Qué hizo María ayer?

Carmen

María

María

Luisa

3. Contestar las preguntas

1. ¿A qué hora llegaste ayer a casa? ... a las cinco de la tarde.
2. ¿Dónde estuviste el viernes? ... en casa de José Luis.
3. ¿Qué le dijiste? No le ... nada.
4. ¿Qué hizo Enrique durante sus vacaciones? ... un viaje a Cuba.
5. ¿Cómo fueron Vds. a Santiago de Compostela? ... en autobús.
6. ¿Qué vio Vd. en Sevilla? ... el centro de la ciudad.
7. ¿Cuántas semanas estuvieron Vds. en Asturias? ... tres semanas.

4. ¿Cuáles son las formas del pretérito indefinido?

Merche: – Hola, Jaime, ¿qué tal ... (pasar, tú) el fin de semana?

Jaime: – Pues muy bien. El sábado ... (estar) todo el día en casa y sólo ... (salir) un rato por la noche, pero ... (volver) pronto.

Merche: – Y el domingo, ¿qué ... (hacer, vosotros)?

Jaime: – ... (levantarse) pronto y a las nueve ... (tomar) el barco que va a las islas Cíes.

Merche: – ¿ ... (quedarse, vosotros) allí todo el día?

Jaime: – Sí, ... (llevar) comida y ... (comer) en la playa. ... (volver) a Vigo en el barco de las ocho de la tarde. Y tú, ¿que ... (hacer)

Merche: – ... (pasar) un domingo en familia. Mi hermano que vive en La Coruña ... (estar) en casa. Después ... (llegar) unos amigos de mis padres. Por la tarde ... (preparar, yo) las clases para hoy.

Jaime: – ¡Pobrecita! La próxima vez vienes con nosotros de excursión.

5. Completar las frases siguientes con los verbos:

dijeron – dimos – estuve – hubo – fui – llegaron – supe – llegué

1. Ayer no ... clase de español.
2. Pero no lo ... hasta que ... a la escuela.
3. Así que ... esperando un rato y por fin ... otros estudiantes y lo ... .
4. Entonces ... un paseo y después ... a mi casa.

6. Poner las formas del pretérito indefinido.

1. Luis: ¿Qué ... (hacer, tú) el sabado?
2. ... (salir, yo) con Federico y Teresa.
3. ... (ir, nosotros) al cine.
4. ... (ver) una película muy interesante.
5. Nos ... (gustar) mucho.
6. Después ... (ir) a un bar.
7. ... (beber) algo y ... (hablar) mucho.
8. ... (quedarse) hasta las doce.
9. El domingo ... (levantarse, yo) tarde.
10. Por la tarde ... (dar, yo) un paseo con Dolores.

7. **Formar frases con las siguientes palabras sobre los temas:**
   "la emigración" y "el agua"

   pueblos – emigrar – perspectivas – energía – quedarse – la vuelta – depuradora – agua potable – extranjero – invertir – quedarse – sequía – economía – aprovechar – ahorrar.

8. **¿Qué ideas se complementan?**

   emigrar – perspectivas – pueblos – extranjero – quedarse – la vuelta – economía – depuradora – la integración – agua – inmigrantes – energía – canalizar – aprovechar – invertir – sequía.

9. **Juego con palabras**

   Für dieses Spiel wählt man zunächst einen Themenbereich aus, wie z.B. ciudades, montañas, ríos, comunidades, flores, bebidas, países, etc.

   Dann tippt ein Schüler/Schülerin, ohne hinzusehen, auf einen Buchstaben aus einem Text. In Einzel-, Partner- oder Gruppenarbeit versuchen die Schüler nun, soviele Wörter wie möglich zu dem bestimmten Themenbereich mit dem entsprechenden Buchstaben zu finden.

10. **Traducir**
    1. In den sechziger Jahren wanderten viele junge Spanier in verschiedene europäische Länder aus.
    2. Sie fanden Arbeit in der französischen, deutschen und belgischen Industrie.
    3. Besonders in Galicien gab es auch Auswanderung nach Hispanoamerika.
    4. Für viele ist das Leben im Ausland nicht einfach: Dort spricht man eine andere Sprache, auch ist die Integration oft schwierig.
    5. Viele Familien, die während des Jahres im Ausland leben, verbringen ihre Ferien in ihrem Dorf in Spanien.
    6. Dort treffen sie ihre Familie und ihre Freunde.
    7. Es gibt genügend Zeit, um ein Fest oder einen Ausflug zu organisieren.
    8. In den Monaten Juli und August fahren viele spanische Familien aus den Großstädten in ihr Dorf.

Prácticas de comunicación

1. Nehmen Sie die Begriffe aus Übung 7, die zusammengehören, und schreiben Sie einen kleinen Text zu dem entsprechenden Thema mit Hilfe dieser Wörter.

2. Formulieren Sie auf Spanisch die folgenden Fragen an einen in Deutschland lebenden Arbeitnehmer. Ein Mitschüler/eine Mitschülerin übernimmt die Rolle des Spaniers.

   ■ Guten Tag. Wie heißen Sie?
   ■ Woher sind Sie?

   ■ *Julio Fernández Riego.*
   ■ *Soy andaluz, de un pueblo de Córdoba.*

   ■ Sind Sie schon lange in Deutschland?
   ■ Warum kamen Sie damals?

   ■ *Pues, desde 1962.*
   ■ *Cuando me casé no había trabajo en mi pueblo.*

   ■ Und wie kamen Sie nach Dortmund?

   ■ *Un amigo mío trabajaba aquí en Hoesch y ellos me mandaron un contrato laboral.*

   ■ Kamen Sie mit Ihrer Familie?

   ■ *No, mi mujer llegó más tarde, en 1968, con nuestra hija mayor.*

   ■ Wieviele Kinder haben Sie?
   ■ Werden Sie in Deutschland bleiben?

   ■ *Tenemos dos chicas y un chico.*
   ■ *No lo sé todavía. De momento sí, porque los chicos están haciendo una Lehre. Mi hija va a la Handelsschule.*

   ■ Und was meint Ihre Frau?

   ■ *Mi mujer quiere regresar a Córdoba. Es que toda su familia está allí.*

   ■ Sind hier viele Familien aus Spanien?

   ■ *Antes había más. En los últimos años han regresado muchos a España.*

   ■ Vielen Dank für diese Informationen.
   ■ *De nada, hombre.*

3. Berichten Sie Ihren Mitschülern, was Sie über Julio Fernández wissen.

Lección veintitrés

A Madrid, una capital joven

Madrid antes

Madrid es capital de España sólo desde 1561, cuando el rey Felipe II la eligió como sede de su Corte. En aquella época era un pueblo sencillo de unos 15.000 habitantes al que los árabes dieron el nombre de „Magerit". En la Península había otras ciudades mucho más importantes como Sevilla, Zaragoza, Toledo, Burgos y otras. Felipe II se decidió por este pueblo castellano debido a su situación geográfica para gobernar desde allí de forma centralista los diferentes pueblos de la Península Ibérica.

Además de centro político, Madrid pronto pasó a ser también el centro cultural y artístico del país, con iglesias, conventos, palacios y edificios suntuosos que hoy podemos visitar en el Madrid antiguo.

En nuestro siglo España vivió el centralismo más rígido durante la dictadura de Franco (1936 - 1975): Franco concentró todos los organismos políticos y administrativos en Madrid, sin reconocer las responsabilidades políticas, económicas y culturales de los diferentes pueblos españoles. Madrid era el símbolo de la opresión sobre todo para los vascos, los gallegos y los catalanes.

A finales de 1975, cuando murió Franco, pudo comenzar el proceso de democratización después de 39 años de dictadura. Gracias al nuevo gobierno y al rey Juan Carlos I fue posible una descentralización del poder político. Y esto permitió también la creación de las comunidades autónomas a partir de 1979.

Madrid hoy

También ahora es la sede del Gobierno central y desde 1983 también del Gobierno de la Comunidad de Madrid, pero ya no es la capital centralista de antes. Hoy hay un mayor equilibrio político, económico y cultural en toda España, tanto en las diferentes comunidades autónomas como en sus respectivas capitales.

Madrid es un centro cultural interesantísimo que ofrece mucho y para todos los gustos: Sus museos – unos 40 – , monumentos, parques y actividades culturales atraen a mucha gente, también de fuera del país.

En Madrid hay 35 teatros, unos 200 cines y unos 4.000 restaurantes. Como a los madrileños nunca les ha gustado acostarse pronto, suelen salir a cenar tardísimo y además hay funciones de cine y de teatro que empiezan a las once o doce de la noche.

Desde principios de los años 80 es famosa la „movida madrileña", la vida cultural especialmente de los jóvenes. Hay diferentes zonas de la movida, con sus bares y discotecas de moda.

Se dice que Madrid nunca duerme y se pueden ver atascos de tráfico hasta muy tarde por la noche. Como en otras grandes capitales el tráfico es uno de los problemas más graves de Madrid. Causa una enorme contaminación del aire y es un tema diario en la prensa y en los otros medios de información.

También hay un grado elevado de delincuencia. Esta se debe muchas veces al problema de la droga. A esto se une que la tasa de paro juvenil es elevada. Otro reto para la ciudad en los últimos años es el número cada vez mayor de inmigrantes ilegales que vienen, sobre todo, de África y Sudamérica.

Madrid tiene ahora unos 4 millones de habitantes y aunque debe afrontar los mencionados problemas, el visitante realmente interesado en conocerla verá también que es una ciudad muy atractiva, única: es Madrid.

B Unas preguntas

1. ¿Cómo era Madrid hasta 1561?
2. ¿Por qué eligió Felipe II Madrid como capital de España?
3. ¿Por qué fue Madrid el símbolo de la opresión para muchos españoles durante la dictadura de Franco?
4. ¿En qué año terminó la dictadura de Franco?
5. ¿Qué Gobiernos hay en Madrid?
6. ¿Por qué ya no es Madrid una capital centralista?
7. ¿Qué ofrece la ciudad a los turistas?
8. ¿Qué es la „movida madrileña"?
9. ¿Qué se dice del tráfico en la capital?
10. ¿Qué otros problemas hay en Madrid?

C Gramática

1. **El pretérito imperfecto y el pretérito indefinido**
   (Das Imperfekt und das „pretérito indefinido")

   El 14 de marzo, Conchita llegó al aeropuerto de Madrid. Eran las dos de la tarde. Hacía buen tiempo. Muchas personas esperaban delante del edificio principal para tomar un taxi. Por fin, Conchita encontró un taxi. El chófer le preguntó: – ¿Adónde quiere ir? Conchita contestó: – ¿Quiero ir al Hotel Central. Como había mucho tráfico, el taxi tardó mucho en llegar al hotel. Eran ya las tres cuando entró en el hotel que estaba frente al Parque del Retiro. Conchita subió enseguida a su habitación. Desde allí pudo ver que en el parque había mucha gente: niñas que jugaban, chicos que iban en bicicleta, señores que estaban sentados en los bancos...

   Das *pretérito imperfecto* steht bei beschreibenden Handlungen, während das *pretérito indefinido* bei neueinsetzenden Handlungen verwendet wird.

   – Juan leía el periódico mientras su hermano jugaba al fútbol.
     Juan las die Zeitung, während sein Bruder Fußball spielte.

   > Laufen zwei Handlungen der Vergangenheit parallel, steht in beiden Sätzen das *pretérito imperfecto*.

   – Cuando Felipe tenía tiempo, iba a la playa.
     Immer wenn Felipe Zeit hatte, ging er an den Strand.

   > *cuando* (immer wenn) bezeichnet eine sich wiederholende Handlung und steht mit dem *pretérito imperfecto*.

   – Cuando llegó el tren, hacía sol.
     Als der Zug ankam, schien die Sonne.

   > *cuando* (als) bezeichnet eine einmalige Handlung und steht mit dem *pretérito indefinido*.

2. **Adjetivo + -ísimo** (Das Adjektiv + -ísimo)

   – Este libro es interesantísimo.
     Dieses Buch ist hochinteressant.

   – Muchísimas gracias.
     Tausend Dank.

   > Bei einer Reihe von Adjektiven kann durch die Endung -ísimo/ísima ein hoher Grad der Eigenschaft ausgedrückt werden.
   > Statt dieser Form kann auch die Umschreibung „muy + Adjektiv" benutzt werden: Este libro es muy interesante.

D Ejercicios

1. ¿Pretérito imperfecto o pretérito indefinido?

1. Hasta 1963 Juan ... (vivir) en un pequeño pueblo de León.
2. ... (ser) un pueblo de montaña.
3. Como allí ... (haber) poco trabajo, muchos ... (emigrar) al extranjero.
4. Juan ... (irse) a Alemania y pronto ... (encontrar) trabajo en Fürth.
5. Con los años Juan ... (conocer) a mucha gente allí.
6. También ... (aprender) el alemán bastante bien.
7. Todos los domingos ... (encontrarse) con sus amigos en el Centro Español de Fürth.
8. ... (hablar, ellos) sobre su trabajo y también sobre España.
9. En 1992 Juan ... (decidir) regresar a León.

2. Contestar

¿Qué está / están haciendo?
¿Qué hacía / hacían?   todos los días
¿Qué hizo / hicieron?   anoche

Enrique

Rebeca

Alberto

Pepita

Marisol

Manolo y Diego

3. Poner los verbos en los tiempos correctos del pasado

1. Mientras ... (estar, yo) hablando por teléfono, ... (llegar) mis padres.
2. Aunque ya no la ... (esperar, yo), ... (recibir, yo) la carta.
3. Mientras ... (desayunar, ella), ... (leer, ella) el periódico.
4. Como ... (haber) un atasco en la Gran Vía, ... (dejar, nosotros) el coche en casa.
5. Le ... (doler) tanto el pie que Luis ... (tener) que llamar a un médico.
6. Ayer ... (esperar, nosotros) durante veinte minutos, pero el autobús no ... (venir).
7. Milagros se ... (comprar) unos pantalones porque los ... (necesitar).
8. ... (tomar, yo) un taxi porque ya ... (ser) tarde.
9. Ayer ... (quedarse, nosotros) en casa, porque ... (llover) todo el día.
10. Todos los veranos cuando mis padres ... (estar) en la Costa Dorada, ... (ir, ellos) un día a Barcelona.

4. ¿Cuáles son las formas del pretérito indefinido de los verbos: *ir – estar – ver – seguir – viajar*?

1. El año pasado ... (nosotros) a Chile.
2. ... en vuelo directo de Francfort a Santiago de Chile.
3. ... una semana en la capital chilena y
4. ... muchas cosas interesantes.
5. Después ... hacia el sur del país.
6. ... en tren y en autobús.
7. En total ... cuatro semanas en Chile.

5. Completar con el adjetivo y el superlativo absoluto.

1. ¿Para qué quieres comprar esta falda?
   Es ... (caro).
2. ¿Sabes la solución de esta tarea?
   Es ... (difícil).
3. Esta fiesta me ha gustado mucho.
   Ha sido ... (bueno).
4. Este verano no pensamos ir a Mallorca.
   Hace ... (mucho) calor allí.
5. Este bar siempre está muy lleno.
   Es ... (bueno).
6. Estas tareas me gustan mucho.
   Son ... (fácil).

6. ¿Pretérito indefinido o pretérito imperfecto?

a) A las siete y media Dolores y Francisco llegan al piso de María y Miguel, que viven en un barrio satélite de Barcelona. Saludan a Renate y a Marta. Miguel no está en casa. Está comprando vino para la cena. Entretanto los otros ya empiezan a preparar la cena.

b) Belén se encuentra con Enrique, el otro vendedor, delante del comercio. Cuando Belén entra en la tienda se extraña porque ésta está vacía. Don José, el dueño, suele abrir la tienda todos los días a las 8.15 y se pone a escuchar las llamadas del contestador automático. En ese momento Belén oye un ruido y se acerca al mostrador. Detrás encuentra a don José en el suelo.

7. ¿Ser, estar o hay?

Sobre Madrid

... la mayor ciudad de España, ... su capital y ... situada exactamente en el centro geográfico de la Península. ... una ciudad interesante porque ... muchas cosas para ver. Los edificios más bonitos ... en el centro. ... los grandes museos y ... muchos palacios y monumentos antiguos. El Paseo de la Castellana ... la calle más larga de Madrid. Allí ... los edificios más modernos, ... las sedes de los bancos y de empresas importantes. Como casi siempre ... mucho tráfico ... mejor no coger el coche. ... muchos autobuses y el Metro, que además ... más económico.

8. Traducir

1. Mitte des 16. Jahrhunderts war Madrid noch ein kleines Dorf in Kastilien.
2. Viele Gebäude, die man dort heute besichtigen kann, sind aus dem 17. und 18. Jahrhundert.
3. Ab 1950 beginnt ein enormes Wachstum der spanischen Hauptstadt.
4. Viele Zuwanderer aus anderen Gebieten Spaniens haben Arbeit in dieser Stadt gefunden.
5. Jetzt ist Madrid nicht mehr die zentralistische Hauptstadt, da es ein größeres wirtschaftliches und soziales Gleichgewicht in Spanien gibt.
6. Das kulturelle Leben der Stadt ist sehr interessant, und es zieht viele Leute an.
7. Wie in anderen großen Städten ist der Verkehr auch in Madrid ein großes Problem.
8. Herausforderungen sind das Drogenproblem und die Jugendarbeitslosigkeit.

E Prácticas de comunicación

1. Was fragen oder sagen Sie,

- wenn Sie wissen möchten, wo der Bahnhof (la estación) ist,
- wenn Sie jemandem erklären, daß das Museum ganz in der Nähe ist, in der zweiten Straße rechts, gegenüber vom Bahnhof,
- ob es in dieser Straße ein Geschäft gibt, in dem man Zeitungen kaufen kann,
- wenn Sie von einem Freund/einer Freundin wissen möchten, ob er/sie schon einmal in Spanien war,
- wenn Sie von einem Freund/einer Freundin wissen möchten, was er/sie gestern gemacht hat,
- wenn Sie einem Freund/einer Freundin mitteilen, daß Sie gestern abend in der Diskothek „Ibiza" gewesen sind, aber daß es Ihnen nicht gefallen hat.

Lección veintitrés **163**

2. In den folgenden Kästchen versteckt sich ein Brief. In den unteren Feldern beginnt jeweils der Satz, der in einem der oberen Felder eines anderen Kästchens fortgesetzt wird. Fügen Sie die Satzteile so zusammen, daß ein vollständiger Brief entsteht.

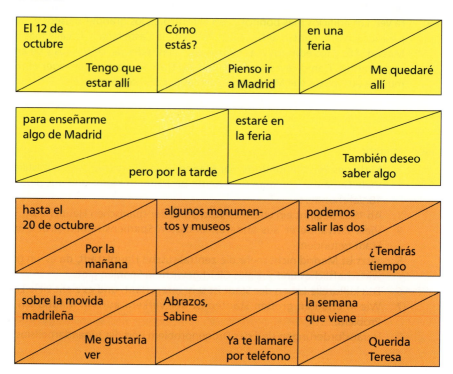

3. **Juego**

Für dieses Spiel benötigt man 10 Würfel, auf deren Seiten jeweils ein Buchstabe des spanischen Alphabets steht. Nun würfelt ein Schüler/eine Schülerin mit allen 10 Würfeln. Der Lehrer schreibt die gewürfelten Buchstaben an die Tafel. Die Schüler/Schülerinnen suchen nun in Partnerarbeit mit diesen Buchstaben soviele Wörter wie möglich. Es zählen nur die Wörter, die keine andere Gruppe gefunden hat. Nach Anzahl der Buchstaben werden Punkte vergeben.

4. Sie stellen Ihren Mitschülern die spanische Hauptstadt vor. Notieren Sie sich hierfür 10 Stichwörter, mit deren Hilfe Sie über Madrid reden. Sie können auch andere Hauptstädte vorstellen.

Ihre Mitschüler stellen zusätzliche Fragen an Sie.

Lección veinticuatro

A Nos rodea la publicidad

¡Mire, pescado fresco! ¡Compren manzanas! ... Tales exclamaciones ya se oían en cualquier mercado romano o árabe hace 2000 años.

Como los vendedores querían vender sus mercancías, cada uno intentaba llamar la atención de los clientes con precios bajos u ofertas, o también a través de una buena presentación de sus productos.

A todo esto lo llamamos hoy „publicidad". En nuestro actual sistema económico se lanzan cada vez más productos al mercado y esto significa que también aumenta la competencia. Como consecuencia, la importancia de la publicidad es cada vez mayor y hoy estamos rodeados por todas partes de avisos publicitarios.

Se pueden ver en carteles en las calles, en forma de anuncios en periódicos y revistas, y se transmiten también por la radio y la televisión.

En España, de todos los medios de comunicación, los periódicos y las revistas tienen, con un 46%, la mayor importancia en el mercado publicitario. A través de los anuncios las empresas y las agencias publicitarias desean convencer a los lectores de sus productos y servicios.

También las pequeñas y medianas empresas (las pymes) publican anuncios en estos medios de publicidad para dirigirse a los clientes de su zona.

Los periódicos españoles más importantes son: „El País" (Madrid), „ABC" (Madrid), „El Mundo" y „La Vanguardia" (Barcelona). Las revistas más vendidas son: „Semana", „Interviú", „Hola" y „Lecturas". La TV, con casi un 40% del presupuesto publicitario, ocupa el segundo lugar entre los medios publicitarios. Este porcentaje es bastante elevado y se explica por la enorme importancia de la „tele" en la vida española y por su sistema de financiación. Tanto la televisión estatal como las cadenas privadas se financian en su mayor parte con los ingresos de la publicidad. Así, los anuncios publicitarios se emiten en todas las cadenas y programas y a cualquier hora del día.

En España hay cadenas de televisión estatales y privadas. La TVE (Televisión Española) transmite sus programas por dos cadenas nacionales. Por otra parte están las cadenas autonómicas (Telemadrid, Canal Sur) y aquellas que emiten en las otras lenguas oficiales (TVG -Televisión de Galicia-, por ejemplo).

Contestar las preguntas

1. ¿Por qué es necesaria una buena presentación de un producto?
2. ¿Por qué es tan importante la publicidad?
3. ¿Qué medios publicitarios hay?
4. ¿Cuál es el medio publicitario más importante en España?
5. ¿Qué son las „pymes"?
6. ¿Qué importancia tiene la televisión para el mercado publicitario español?
7. ¿Por qué es de importancia fundamental la publicidad para la televisión en España?

Gramática

1. **El imperativo** (Der Imperativ)

   1. **Die Formen des Imperativs der 3. Person Singular und Plural**

   - Señor García, hable de su trabajo en la oficina.
     Herr García, sprechen Sie über Ihre Arbeit im Büro.
   - Beban Vds. primero un agua mineral, coman después un bocadillo.
     Trinken Sie zuerst Mineralwasser, essen Sie dann ein Brötchen.
   - Señora Segura, escriba una carta a nuestro cliente en París.
     Frau Segura, schreiben Sie einen Brief an unseren Kunden in Paris.

   > Die Formen des *imperativo* in der 3. Person Singular und Plural sind die Formen des *presente de subjuntivo* (Konjunktiv Präsens).
   > Sie werden gebildet:
   > - mit der Stammform der 1. Person des Indikativ Präsens
   > - durch Anhängen der Endungen -e/-en bei den Verben auf -ar und der Endung -a/-an bei den Verben auf -er/-ir.

   Verben auf -ar

indicativo	subjuntivo
tom**o**	tom**e** Vd. tom**en** Vds.
cuent**o**	cuent**e** Vd. cuent**en** Vds.

   Verben auf -er/-ir

indicativo	subjuntivo
beb**o**	beb**a** Vd. beb**an** Vds.
escrib**o**	escrib**a** Vd. escrib**an** Vds.
teng**o**	teng**a** Vd. teng**an** Vds.
salg**o**	salg**a** Vd. salg**an** Vds.

Ojo: pago: pague Vd.
paguen Vds.
busco: busque Vd.
busquen Vds.
indico: indique Vd.
indiquen Vds.

Zur Beibehaltung der Aussprache wird bei einigen Verben die Schreibweise verändert.

2. Verneinte Form des Imperativs in der 3. Person Singular und Plural

Auch bei den verneinten Formen der 3. Person Singular und Plural werden die jeweiligen Formen des subjuntivo genommen.

- Señor López, no llame esta mañana, llame esta tarde.
  Herr López, rufen Sie nicht heute morgen an, rufen Sie heute nachmittag an.

3. Stellung des Pronomens beim bejahten Imperativ

- Vd. tiene que comprar este libro. Cómprelo.
  Sie müssen dieses Buch kaufen. Kaufen Sie es.
- Vds. se levantan a las siete. Levántense a las siete.
  Sie stehen um 7.00 Uhr auf. Stehen Sie um 7.00 Uhr auf.

Beim bejahten Imperativ wird das Pronomen angehängt. Um die Betonung des Imperativs ohne Pronomen beizubehalten, ist ein Akzent zu setzen.

4. Stellung des Pronomens beim verneinten Imperativ

- Vds. quieren vender la casa. Pero, por favor, no la vendan antes de hablar con el señor Parrado.
  Sie wollen das Haus verkaufen. Aber verkaufen Sie es bitte nicht, bevor Sie mit Herrn Parrado gesprochen haben.
- Vd. se sienta. No se siente todavía.
  Sie setzen sich. Setzen Sie sich noch nicht.

Bei den verneinten Formen steht das Pronomen vor dem Imperativ.

5. Die Form des Imperativs der 2. Person Singular in der bejahten Form

- Paco, toma el autobús para ir al cine.
  Paco, nimm den Autobus, um ins Kino zu fahren.
- Belén, cree lo que tus amigos te dicen.
  Belén, glaube, was deine Freunde dir sagen.
- Pablo, abre la ventana.
  Pablo, öffne das Fenster.

Die bejahte Form der 2. Person Singular entspricht der 3. Person Singular im Indikativ Präsens.

D Ejercicios

1. Indique lo contrario

1. mayor
2. nunca
3. salir
4. acostarse
5. todos
6. sin
7. morir
8. nuevo
9. posible
10. tarde

2. Ponga las preposiciones

1. Madrid ofrece mucho ... todos los gustos
2. ... principios ... los años 80 existe la „movida madrileña".
3. ... Madrid hay atascos ... tráfico ... a noche.
4. ... la capital española hay muchos emigrantes que vienen ... todo ... Latinoamérica.
5. Muchas personas están interesadas ... conocer esta ciudad.
6. El proceso ... democratización empezó después ... la dictadura, ... el año 1975.

3. Busque las palabras que faltan

Madrid es capital de España ... 1561. En aquella ... era un pueblo pequeño. Felipe II ... esta ciudad porque ... situada en el ... del país. Madrid pronto pasó a ser un centro ... y ... .
Franco ... de 1936 ... 1975, año en que ... . Concentró todos los órganos políticos y administrativos ... Madrid. No ... las responsabilidades políticas de los demás pueblos españoles. ... ... 39 años de dictadura ... el proceso de democratización.

4. Escriba una frase en imperativo

Ejemplo: ¿Por qué escribe Vd. tanto? (escribir menos).
   Escriba menos.

1. Tengo sed. (beber un vaso de agua).
2. Quiero comer algo. (comer un bocadillo).
3. Recibimos una carta. (contestar esta carta).
4. Me duele la cabeza. (dar un paseo).
5. Nos gustan los coches. (visitar el Salón del Automóvil de Barcelona).
6. Cenamos en un restaurante. (pagar Vd. la cuenta).

5. Busque los verbos y forme frases en imperativo

esperar beber abrir comprar dar hablar estudiar contestar salir leer cerrar

1. ... agua mineral.
2. ... la puerta, por favor.
3. ... un momento.
4. ... este libro, porque es muy interesante.
5. ... la botella.
6. ... las preguntas.
   ...
   ...

6. Pase al imperativo

1. levantarse a las 10 (Vd.)
2. lavarse las manos (Vds.)
3. ducharse (Vd.)
4. arreglarse (tú)
5. acercarse (Vd.)
6. sentarse (Vds.)

7. Ponga en imperativo

1. No (hablar, Vd.) ahora.
2. No (visitar, Vds.) este museo.
3. No (leer, Vds.) este libro porque no es interesante.
4. No (beber, Vd.) el agua.
5. No (escribir, Vd.) esta carta.
6. No (llegar, Vds.) después de las ocho y media.
7. No (volver, Vd.) tarde.
8. No (salir, Vd.) antes de las nueve.
9. No (levantarse, Vds.) tarde.
10. No (sentarse, Vd.) allí.

8. Hable con un madrileño sobre su ciudad

1. ¿ ... ?
   Es la capital de España desde 1561.
2. ¿ ... ?
   Sí, con unos cuatro millones de habitantes es la mayor ciudad de España.
3. ¿ ... ?
   Hay muchos monumentos, museos y teatros.
4. ¿ ... ?
   Sí, tenemos cuatro universidades y más de 100.000 estudiantes.
5. ¿ ... ?
   Pues sí, también hay mucha industria en esta zona.
6. ¿ ... ?
   Los problemas más importantes son el tráfico, el paro y la delincuencia.
7. ¿ ... ?
   Claro que sí. Hay mucha vida cultural, especialmente para los jóvenes.

Lección veinticuatro

9. Traduzca

1. Die gute Präsentation einer Ware ist notwendig, um sie verkaufen zu können.
2. Heute gibt es immer mehr Waren, und deshalb gibt es auch immer mehr Werbung.
3. In Spanien gab es früher viele Werbeplakate an den Straßen.
4. Jetzt gibt es mehr Werbung in Zeitungen und besonders im Fernsehen.
5. Viele Unternehmen veröffentlichen Anzeigen in „El País", da es die wichtigste Zeitung Spaniens ist.
6. Werbung gibt es in allen Sendern, sowohl im staatlichen als auch im privaten Fernsehen.
7. In Spanien muß man nicht bezahlen, um fernzusehen, aber es gibt auch im staatlichen Fernsehen jeden Tag und zu jeder Stunde Werbespots.

E Prácticas de comunicación

1. Richten Sie an eine oder mehrere Personen folgende Aufforderung in der Sie-Form:

- die Tür schließen
- die Fenster öffnen
- Ihnen einen Brief schreiben
- Ihnen von seiner/ihrer Reise erzählen
- sich hinsetzen
- aufstehen
- eine Freundin anrufen
- nicht spät kommen
- heute abend nicht ausgehen

2. Lea uno de estos imperativos y pregunte a un compañero/ una compañera cuál es el infinitivo correspondiente. La persona que contesta continúa con otro imperativo.

Dúchese.
　Beba el café.
　　Compre este libro.
　　　Confirme la carta.
　　No mire esta película.
　No busque aquí.
Váyase.
　Venga mañana.
　　No llegue tarde.
　　　Prepare la ensalada.
　　Coma los plátanos.
　No hable ahora.
Duérmase.
　No se levante.

3. Nach dem Weg fragen

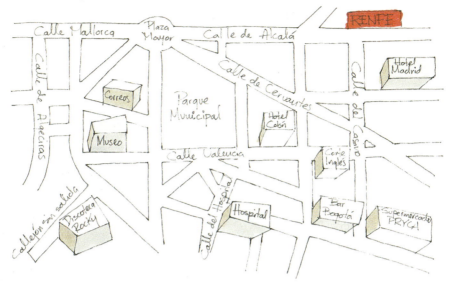

a) Einer der Schüler fragt Sie, wie man vom Bahnhof zum Postamt kommt. Beschreiben Sie mit Hilfe der angegebenen Ausdrücke den Weg.

algunas palabras: Correos – die Post
el hospital – das Krankenhaus
recto – geradeaus
siga (imperativo de: seguir) – gehen Sie weiter
tomar la primera/segunda ... calle – die erste/ zweite ... Straße nehmen
cruce (imperativo de: cruzar) – überqueren Sie.

b) Jemand befindet sich vor dem Krankenhaus und will zur Plaza Mayor. Beschreiben Sie den Weg dorthin.

c) Ein Schüler/Eine Schülerin sucht sich irgendeinen Ort auf dem Stadtplan aus und fragt einen/eine andere SchülerIn nach dem Weg dorthin: von der Plaza Mayor, vom Bahnhof usw. aus. Dieser/diese antwortet, wie man dorthin gelangt.

Lección veinticinco 25

A Se necesita una mano de obra cualificada

Pilar Ibarra está empleada en la Delegación de Trabajo en Bilbao. Con ella hablo sobre la situación en el mercado laboral de esta ciudad.

¿ ... ?
– Pilar, ¿cómo está la situación económica actual aquí, en Vizcaya?

Pilar:
– Uf, bastante mala, pues, como sabes, nuestro sector industrial más importante es la siderurgia. Y ésta está pasando por una crisis en todo el mundo, también aquí en Bilbao nos afecta mucho. Fíjate que Vizcaya, con un 23 %, tiene la tasa de paro más elevada del País Vasco.

¿ ... ?
– ¿Quiénes son los más afectados por el paro?

Pilar:
– Desgraciadamente, buena parte de los parados son obreros no cualificados y por esto es difícil que encuentren otro trabajo adecuado.

¿ ... ?
– ¿Existen medidas por parte del Gobierno para paliar la situación?

Pilar:
– El Inem (Instituto Nacional de Empleo) ofrece cursillos de ampliación profesional, por ejemplo de informática, contabilidad e inglés. Es importante que los parados asistan porque así se pueden cualificar más. Nosotros siempre les recomendamos que empiecen con esto lo antes posible.

¿ ... ?
– ¿Es que la gente no viene bien preparada de la escuela?

Pilar:
– Me alegro de que me hagas esta pregunta. Hay muchos que han trabajado desde que salieron de EGB que antes sólo duraba 8 años. Otros, por el contrario, han cursado más años de escuela pero les faltan conocimientos prácticos que sólo se adquieren trabajando en una empresa. Se ha puesto en marcha un nuevo sistema educativo en España para que se solucione este problema.

¿ ... ?
– ¿En qué consiste esta reforma?

Pilar:
– Pues, primeramente que la EGB ya dura 10 años ahora. Después los alumnos o estudian el Bachillerato o entran en un Instituto de Formación Profesional (F.P.) donde ahora hay más formación práctica que antes. Ahora también tienen que hacer períodos de prácticas en oficinas y talleres del centro. Es obligatorio también que trabajen durante algún tiempo en una empresa de su ramo profesional.

¿ ... ? — ¿Y qué tal son las perspectivas profesionales de estos jóvenes?

Pilar: — Mira, todos sabemos que hoy en día en el mercado laboral se exige, sobre todo, que se tenga una buena cualificación y además experiencias prácticas en su profesión. Pienso que en este aspecto la reforma de nuestro sistema educativo va a ser efectiva.

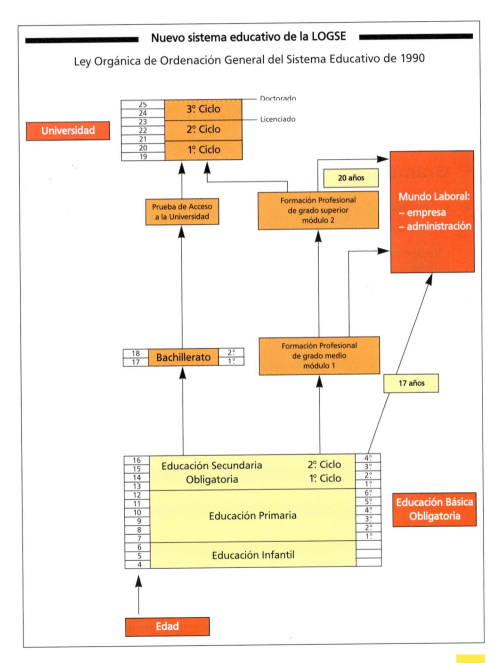

B Contestar las preguntas

1. ¿Cuál es una de las industrias importantes en el País Vasco?
2. ¿Por qué es tan elevada la tasa de paro en Vizcaya?
3. ¿Qué grupo de obreros es el más afectado por el paro?
4. ¿Qué ofrece el Inem a los parados?
5. ¿Por qué ofrece estas medidas?
6. ¿Qué estudios pueden realizar los alumnos españoles después de terminar la EGB?
7. ¿Qué ha cambiado con la reforma de la F.P.?
8. ¿Por qué piensa Pilar que la reforma del sistema educativo puede ser efectiva?

C Gramática

1. **El subjuntivo** (Der Konjunktiv)

   Formas del presente de subjuntivo (Formen des Konjunktiv Präsens)

Verben auf -ar tomar	Verben auf -er vender	Verben auf -ir abrir
tome	venda	abra
tomes	vendas	abras
tome	venda	abra
tomemos	vendamos	abramos
toméis	vendáis	abráis
tomen	vendan	abran

   Die Formen des Konjunktiv Präsens werden durch Anhängen der Endungen an die Stammform der 1. Person Sing. des Indikativ Präsens gebildet.

   Unregelmäßige Formen:

ir	–	vaya
ser	–	sea
estar	–	esté
haber/hay	–	haya
saber	–	sepa
traducir	–	traduzca

2.1 **El empleo del subjuntivo** (Der Gebrauch des Konjunktivs)

   a) **Nach Verben des Wünschens**

   – El señor Parral desea que la secretaria escriba una carta.
   Herr Parral möchte, daß die Sekretärin einen Brief schreibt.

   Nach Verben des Wünschens und Bittens steht im davon abhängigen Satz der Konjunktiv.

Diese Verben sind u.a.:

desear que	wünschen, daß
querer que	wollen, daß
pedir que	bitten, daß
rogar (ue) que	bitten, daß
recomendar (ie) que	empfehlen, daß

b) **Nach unpersönlichen Ausdrücken**

– Es posible que el cliente llame otra vez.
  Es ist möglich, daß der Kunde noch einmal anruft.

Der Konjunktiv steht ebenso nach:

es imposible que	es ist unmöglich, daß
es necesario que	es ist nötig, daß
es probable que	es ist wahrscheinlich, daß
puede ser que	es kann sein, daß
es importante que	es ist wichtig, daß

c) **Nach Verben der Gefühlsäußerung, d.h. Verben der Freude oder des Bedauerns**

– Nos alegramos de que estéis aquí.
  Wir freuen uns, daß ihr hier seid.

Ebenso:

esperar que	hoffen, daß
ser feliz que	glücklich sein, daß
estar sorprendido que	überrascht sein, daß
agradecer que	danken, daß
estar triste que	traurig sein, daß
temer que	befürchten, daß
sentir (ie) que	bedauern, daß

d) **Nach bestimmten Konjunktionen**

– Escribimos esta carta para que el cliente nos llame por teléfono.
  Wir schreiben diesen Brief, damit der Kunde uns anruft.

Auch steht der Konjunktiv immer nach folgenden Konjunktionen:

a fin de que	damit
sin que	ohne daß
en el caso de que	falls
antes de que	bevor

2.2 Formas del pretérito perfecto de subjuntivo (Formen des Konjunktiv Perfekt)

– Es posible que Carlos todavía no haya recibido nuestro telegrama.
  Es ist möglich, daß Carlos unser Telegramm noch nicht erhalten hat.

> Der Konjunktiv Perfekt wird gebildet durch den Konjunktiv Präsens von *haber* und dem Partizip Perfekt.

D Ejercicios

1. Emplee la forma del subjuntivo

1. Deseo que … (hablar, nosotros) sobre esta situación.
2. Siento mucho que no … (tener, tú) un trabajo fijo.
3. Nos alegramos de que … (poder, ellos) encontrar trabajo.
4. Es difícil que los obreros no cualificados … (encontrar) un trabajo.
5. Es importante que los estudiantes … (estudiar) idiomas.
6. Es necesario que … (llamar, ellos) por teléfono.
7. Le agradezco mucho que … (escribir, él) estas cartas.
8. Le recomendamos que … (ir, Vd.) a este hotel.
9. Me alegro de que … (venir, tú) esta tarde.
10. La jefa espera que el empleado … (hablar) francés y alemán.
11. Esperamos que pronto ya no … (haber) carteles en la calle.
12. Las empresas quieren que los lectores de sus anuncios … (comprar) sus productos.
13. Te ruego que … (hacer) este trabajo para mí.
14. Van a México para que … (poder) practicar el español.
15. En el caso de que la oferta … (ser) favorable, compramos sus productos.
16. Antes de que … (ir, Vd.) a casa, pase por Correos.

2. Complete las frases siguientes:

1. Me alegro de que … .
2. Siento mucho que … .
3. También esperas que … .
4. Le pedimos que … .
5. Los chicos desean que … .
6. Te recomiendo que … .
7. Te ruego que … .
8. Tememos que … .

3. Ponga las formas correctas del indicativo o del subjuntivo

1. Deseo que … (venir, tú) esta tarde.
2. El profesor quiere que los estudiantes … (escribir) un examen mañana.
3. El empleado espera que el jefe … (venir) pronto.
4. Por la radio dicen que … (ir) a llover mañana.
5. Creo que Miguel … (estar) enfermo hoy.
6. No piensan que … (tener, ellos) tiempo.
7. Es posible que … (nevar) esta noche.
8. El profesor dice que es importante que … (aprender, ellos) el vocabulario.
9. Siempre llama por teléfono antes de que … (salir) de su casa.
10. Te llama para que le … (ayudar).

4. Traduzca

1. Ich möchte nicht, daß du diesen Text schreibst.
2. Sie freut sich, daß er sie verstanden hat.
3. Wir hoffen, daß ihr nicht zu spät kommt.
4. Es kann sein, daß es heute nachmittag regnet.
5. Es tut mir leid, daß ich dein Buch vergessen habe.
6. Es ist möglich, daß Pepe schon zu Hause ist.
7. Ich empfehle Ihnen, daß Sie mit Frau Sena sprechen.

5. ¿Qué es?

1. La persona que no tiene trabajo es un p _ _ _ _ _ _ .
2. Cuando muchos no tienen trabajo hay p _ _ _ .
3. No es todo, sólo una p _ _ _ _ .
4. Camarero, médico, profesor son p _ _ _ _ _ _ _ _ _ _ .
5. Lo contrario de contestar es p _ _ _ _ _ _ _ _ .
6. A otros países se exportan p _ _ _ _ _ _ _ _ .
7. Lo contrario de último es p _ _ _ _ _ _ .
8. Por las mañanas se leen los p _ _ _ _ _ _ _ _ _ .
9. La televisión tiene varios p _ _ _ _ _ _ _ _ .

6. Ponga las formas que faltan

presente de indicativo	pretérito perfecto	pretérito indefinido	pretérito imperfecto	futuro imperfecto	presente de subjuntivo
		necesitó			
	ha estado				
ofrezco					
			recomendaba (él)		
	han escrito				
		duró			
					solucione (yo)
				tendré	
		supisteis			
pensamos					

7. Traducir

1. In vielen Industrieländern ist heute die Arbeitslosigkeit ein großes Problem.
2. Die Industrie braucht ausgebildete Arbeitskräfte, deshalb ist eine gute Berufsausbildung sehr wichtig.
3. Das Arbeitsamt bietet kostenlose Fortbildungskurse für Arbeitslose an.
4. Besonders für Jugendliche ist es nicht einfach, eine gute Arbeit zu finden.
5. Es ist gut, wenn man während der Berufsausbildung in der Schule auch in einer Firma arbeiten kann.
6. Viele Leute brauchen heute bei ihrer Arbeit Kenntnisse in Informatik und Fremdsprachen.

E Prácticas de comunicación

1. **Un piso**

Algunas palabras:

el dormitorio – das Schlafzimmer
el pasillo – der Flur
la sala de estar – das Wohnzimmer
el cuarto de baño – das Badezimmer
el garaje – die Garage
el jardín – der Garten
el lavabo – die Toilette
el escritorio – der Schreibtisch
el ordenador – der Computer
el sofá – das Sofa

la pared – die Wand
la alfombra – der Teppich
el espejo - der Spiegel
el aparador – die Kommode
el armario – der Schrank
las cortinas – die Gardinen
la lámpara – die Lampe
la manta – die Decke
el sillón – der Sessel
el cuadro – das Bild

a) Fragen Sie sich gegenseitig, welche Gegenstände sich in den verschiedenen Räumen der dargestellten Wohnung befinden.

b) Beschreiben Sie Ihren Mitschülern Ihr eigenes Zimmer.

c) Zeichnen Sie sich Ihre Traumwohnung/Ihr Traumhaus, und beschreiben Sie es Ihren Mitschülern.

2. Suchen Sie die Unterschiede auf diesen beiden Zeichnungen, und erläutern Sie diese Ihren Mitschülern.

3. Una oficina

Algunas palabras:

la máquina de escribir - die Schreibmaschine
la impresora – der Drucker
el telefax – das Faxgerät
la copiadora – das Kopiergerät
el dictáfono – das Diktiergerät
el teléfono móvil – das schnurlose Telefon (Handy)

a) Beschreiben Sie Ihren Mitschülern das Büro.
b) Fragen Sie sich gegenseitig nach den Tätigkeiten der abgebildeten Personen.

Lección veinticinco **179**

Lección veintiséis

A La nueva Andalucía

Andalucía, que tiene una extensión de 87.268 km² y cuenta en la actualidad con unos 6.940.500 habitantes, es la comunidad autónoma más grande de España.

Está dividida en ocho provincias: Almería, Cádiz, Córdoba, Granada, Huelva, Jaén, Málaga y Sevilla. La ciudad de Sevilla es la capital de Andalucía. El clima andaluz es mayormente mediterráneo, con temperaturas suaves en invierno y elevadas en verano, lluvias escasas y veranos secos.

Un poco de historia

Por su situación geográfica Andalucía siempre ha sido un puente entre dos continentes: Europa y Africa. Hace 2000 años Andalucía era el „granero" de Roma y una de las provincias más ricas del Imperio Romano. Más tarde, a partir del siglo VIII, con la llegada de los árabes, Andalucía fue la región más próspera de la Península Ibérica, debido, sobre todo, a una larga época de pacífica convivencia de tres culturas: la de los musulmanes, la de los cristianos y la de los judíos.

Los árabes, además de introducir innovaciones técnicas (canales de riego), traer plantas nuevas a Europa (arroz, algodón, caña de azúcar y el naranjo) aportaron mucho al desarrollo cultural europeo: enseñanza y bibliotecas públicas, juegos como el ajedrez ... .

La Reconquista cristiana, que terminó en 1492, destruyó esta convivencia social y cultural, y esto llevó a Andalucía a un estancamiento general que ha durado hasta este siglo.

Andalucía hoy

El primer sector (agricultura, ganadería y pesca) todavía tiene bastante importancia en Andalucía. En este sector trabaja el 15% de la población activa. Los productos agrarios más importantes son: la aceituna, el trigo, el vino, el algodón y las hortalizas.
El campo andaluz se caracteriza por el latifundismo, es decir, propiedades de tierra que superan las 200 hectáreas. Pocos son los propietarios que poseen grandes extensiones de tierra y muchas veces están mal aprovechadas. La baja productividad así como las condiciones climáticas desfavorables (sobre todo la falta de agua) siguen siendo problemas fundamentales del campo andaluz.

Los partidarios de una reforma agraria opinan que se debería repartir mejor la tierra para mejorar la situación de los campesinos. A causa de una enorme desigualdad social, hasta hace pocos años muchos andaluces han tenido que emigrar.

En el segundo sector económico (la industria) trabaja el 14 % de la población activa. La industria andaluza tiene como obstáculos la falta de los recursos energéticos e infraestructuras deficientes. Debido a fuertes inversiones por parte del Gobierno central de Madrid y de la UE, las infraestructuras andaluzas ya han mejorado notablemente. Desde hace unos años se están construyendo muchos puentes, carreteras y autopistas. En el sector de la construcción trabaja un 11 % de la población activa andaluza. La mejora más espectacular ha sido la construcción del tren de alta velocidad (AVE) que une Sevilla con Madrid. El AVE se inauguró para la Expo 92 de Sevilla.

El sector económico de mayor crecimiento ha sido el terciario (servicios), donde está empleado el 60 % de la población activa. El mayor auge lo ha experimentado el turismo. La comunidad andaluza, con sus 875 kms de costa es la tercera región turística española. Es famosa la Costa del Sol con los grandes centros turísticos de Málaga, Torremolinos y Marbella. Menos turística es la costa atlántica con la Costa de la Luz, que ofrece todavía enormes playas naturales. También hay un considerable turismo interior atraído por los numerosos monumentos artísticos e históricos, sobre todo en Sevilla, Córdoba y Granada. A pesar de los problemas mencionados y una tasa de paro que todavía supera la media nacional (un 20 %), Andalucía ya no es la región pobre y atrasada de antes. Para el futuro tiene ya nuevas perspectivas económicas y sociales.

B Contestar las preguntas

1. ¿Dónde está situada Andalucía?
2. ¿Qué sabe Vd. del clima de Andalucía?
3. ¿En qué siglo llegan los musulmanes a Andalucía?
4. ¿Por qué es tan importante la llegada de los árabes para la región?
5. ¿Qué significa el año 1492 para Andalucía?
6. ¿Qué problemas tiene hoy la agricultura andaluza?
7. ¿Cuáles son las causas de la emigración andaluza?
8. ¿Qué inversiones se han realizado durante los últimos años?
9. ¿Qué importancia tiene el sector terciario en Andalucía?
10. ¿Qué significa el turismo para Andalucía?
11. ¿Qué problemas causa el turismo en esta comunidad?
12. ¿Por qué se puede hablar de una „nueva Andalucía"?

C Gramática

1. El potencial simple (Das Konditional)

1. Las formas (Die Formen)

Verben auf -ar hablar	Verben auf -er vender	Verben auf -ir vivir
hablaría	vendería	viviría
hablarías	venderías	vivirías
hablaría	vendería	viviría
hablaríamos	venderíamos	viviríamos
hablaríais	venderíais	viviríais
hablarían	venderían	vivirían

Das Konditional wird durch Anhängen der Endungen an den Infinitiv gebildet.

Ojo: Die Verben, die im Futur unregelmäßig sind, weisen im Konditional die gleiche Unregelmäßigkeit auf:

decir	– diría		querer	– querría
haber	– habría		saber	– sabría
hay	– habría		salir	– saldría
hacer	– haría		tener	– tendría
poder	– podría		venir	– vendría
poner	– pondría			

2. El empleo del potencial simple (Der Gebrauch des Konditionals)

– ¿Qué harías en esta situación?
  Was würdest du in dieser Situation machen?

> Das Konditional drückt, wie im Deutschen, eine Handlung aus, die möglich ist.

– Me gustaría pasar unos días en Madrid.
  Ich würde gerne einige Tage in Madrid verbringen.
– ¿Podría decirnos dónde está el Hotel Andorra?
  Könnten Sie uns sagen, wo das Hotel Andorra ist?

> Das Konditional wird zur höflichen Äußerung eines Wunsches verwendet.

– José dijo que nos escribiría pronto.
  José sagte, daß er uns bald schreiben werde.

> Steht in der indirekten Rede im einleitenden Hauptsatz eine Zeit der Vergangenheit, wird bei Nachzeitigkeit der Handlung des Nebensatzes im Nebensatz das *potencial simple* verwendet.

Lección veintiséis

3. El empleo redundante del pronombre personal
(Die Verwendung des Personalpronomens bei vorausgehendem Akkusativ- bzw. Dativobjekt)

- El libro lo compró Rafael en Barcelona.
  Das Buch hat Rafael in Barcelona gekauft.
- La moto la ha dejado Carolina en el garaje porque llueve.
  Das Motorrad hat Carolina in der Garage gelassen, weil es gerade regnet.
- A Luisa le mandé una carta desde Roma.
  Luisa habe ich einen Brief aus Rom geschickt.

> Steht das Akkusativ- bzw. das Dativobjekt z.B. aus Gründen der Betonung vor dem Verb, muß auch das entsprechende Personalpronomen verwendet werden.

D Ejercicios

1. Ponga las formas correctas de *ser*, *estar* y *hay*
1. Andalucía ... una comunidad muy grande.
2. ... dividida en ocho provincias.
3. Las temperaturas en invierno casi siempre ... suaves.
4. ... escasas lluvias.
5. ... pocos propietarios que poseen la mayor parte de la tierra.
6. El sector terciario ... el sector de mayor crecimiento económico.
7. La Costa del Sol ... muy famosa.
8. Allí ... grandes centros turísticos.
9. Aceitunas, trigo y vino ... los productos más importantes de Andalucía.
10. La industria ... menos importante para Andalucía que el sector terciario.

2. Ponga la forma del potencial simple
1. Con más dinero Antonia ... (comprar) más flores.
2. Me gusta tanto bailar que ... (bailar) todo el día.
3. Carlos dijo que se ... (ir) a Castilla.
4. Yo te ... (contar) la historia, pero Elena no lo quiere.
5. ¿Nos ... (hacer, Vd.) una foto?
6. ¿Qué ... (hacer, tú) en mi lugar?
7. ¿Cuándo ... (salir, vosotros)?
8. ... (hacer, nosotros) otro viaje a Colombia.
9. ¿Me ... (poder, tú) ayudar?
10. ¿Me ... (poder, vosotros) dejar 5000 pesetas?
11. ... (querer, nosotros) dos entradas para el cine.
12. ¿Nos ... (poder, tú) llamar mañana?

3. Conteste

1. ¿Me podrías arreglar mi bicicleta?
2. ¿Haríais un viaje al Perú con nosotros?
3. ¿Vendrías a la fiesta en caso de tener tiempo?
4. ¿Pondrías un cuadro de Miró en el salón de vuestra casa?
5. ¿Se lo dirías a tu hermano?
6. ¿Sabrías contestar la carta en francés?
7. ¿Podrías ayudarme mañana por la noche?
8. ¿Tendrías tiempo esta tarde para ir de compras?

4. Conteste las preguntas

1. ¿Qué le interesaría hacer durante las próximas vacaciones?
2. ¿A qué parte de España le gustaría ir?
3. ¿Qué país del mundo le interesaría conocer?
4. ¿Qué haría con 1000 marcos?
5. ¿En qué le gustaría trabajar en el futuro?
6. ¿Qué se llevaría Vd. a una isla?

5. Complete las frases con el pronombre personal

1. Estos zapatos ... compré en Menorca.
2. Este disco ... he escuchado esta mañana.
3. Su bicicleta se ... vendió a un amigo.
4. Estas casas ... construyeron en pocos meses.
5. A Nuria ... conocí el año pasado en Blanes.
6. Al gerente ... he visto hace media hora.
7. A mi amiga Lara no ... gusta el fútbol.
8. Este problema ... veo muy difícil.

6. Traducir

1. Andalusien ist wegen seiner alten Städte und seiner schönen Landschaften sehr bekannt.
2. Mit den Arabern kamen viele kulturelle Neuerungen nach Spanien.
3. Im 11. Jahrhundert war Andalusien die fortschrittlichste Region Europas.
4. Auch im 20. Jahrhundert ist die Landwirtschaft in Andalusien ziemlich wichtig, während die Industrie noch große Infrastrukturprobleme hat.
5. Seit den achtziger Jahren haben die Regierung Spaniens und die EU viel in Andalusien investiert.
6. Es gibt jetzt bessere Straßen, neue Autobahnen und einen Hochgeschwindigkeitszug zwischen Sevilla und Madrid.
7. Der Tourismus ist ein wichtiger Wirtschaftsfaktor für diese autonome Region.
8. Das gute Klima, die Strände und die interessanten Städte ziehen Touristen aus vielen Ländern an.
9. Andererseits darf man nicht vergessen, daß der Tourismus auch viele Probleme schafft.
10. Die Situation der größten autonomen Region Spaniens ist heute besser als früher, und die Andalusier müssen nicht mehr auswandern.

E Prácticas de comunicación

1. Was würden Sie gerne tun?

Schreiben Sie sechs Möglichkeiten auf, und teilen Sie diese Ihren Mitschülern mit. Fragen Sie Ihre Mitschüler dann nach ihren Wünschen, und sprechen Sie gemeinsam darüber.

2. En el supermercado

- Fragen Sie sich gegenseitig, wo sich die verschiedenen Gegenstände befinden.
- Beschreiben Sie Ihren Mitschülern dieses Geschäft.
- Stellen Sie anhand der Produkte, die es hier zu kaufen gibt, eine Einkaufsliste für ein Mittagessen für vier Personen zusammen. Erklären Sie, was Sie zubereiten wollen.
- Schreiben Sie ein Rezept auf.

3. Führen Sie ein Verkaufsgespräch zwischen einem Verkäufer/einer Verkäuferin und einem Kunden in einem Supermarkt.

Lección veintisiete

A Sandías de Cádiz

Vuelvo en coche de España a Alemania y hago una pausa en el área de descanso de Montpellier, en el sur de Francia. Además de los coches y dos autocares que vuelven de la Costa Brava hay numerosos camiones de distintos países. Unos camioneros españoles están sentados alrededor de una mesita plegable, comiendo. Me dirijo a ellos.

turista:	– Hola, buenas tardes, señores. ¿Me permiten que les pregunte algo sobre su trabajo?
camionero:	– Claro que sí, ¿qué le interesa saber?
turista:	– ¿Para qué empresas trabajan y qué mercancías transportan?
camionero:	– Mire, este compañero y yo somos de Cádiz y trabajamos para Transportes Carreño. Llevamos casi exclusivamente hortalizas y fruta a Bélgica y a Alemania. Ahora vamos cargados con sandías para Bruselas. Este otro compañero es de Murcia y lleva naranjas a Hamburgo.
turista:	– ¿Van solos o llevan otro conductor?
camionero:	– Vamos todos solos. Solamente cuando hay mercancía delicada, como fresas o lechugas, van dos conductores.

turista:	– Es un viaje muy largo para uno solo. ¿Cuántas paradas tienen que hacer?
camionero:	– Bueno, mire, según la ley son quince minutos cada cuatro horas y cada ocho horas hay que descansar durante tres horas, pero nosotros no lo hacemos así. Como hay autopista ya desde Elche, se pueden hacer ocho o diez horas de un tirón, luego descansamos dos horas, y seguimos.
turista:	– ¿Y si hay controles de la policía?
camionero:	– Bueno, hay pocos controles en la autopista y si ponen una multa, la empresa nos devuelve el dinero. A la empresa le interesa que lleguemos cuanto antes. En este mercado hay tanta competencia ... ahora también vienen de Marruecos con sus productos.
turista:	– Parece un trabajo durísimo.
camionero:	– Ya lo creo. Pregúnteselo a los compañeros, ya se lo confirmarán. Son muchas horas fuera de casa y cada vez hay más tráfico, se descarga y ¡hala!, a cargar otra mercancía y de vuelta a España.
turista:	– ¿Y qué llevan a la vuelta?
camionero:	– Depende, de Wolfsburg y también de Colonia traemos a menudo piezas para automóviles que van a la SEAT de Barcelona o a la Ford de Valencia. Nunca volvemos vacíos.

turista:	– ¿Pasaría alguno de ustedes las vacaciones en Bélgica o Alemania?
camionero:	– Yo llevo casi veinte años en este trabajo y de Alemania sólo conozco las autopistas y algunas empresas. Ya me gustaría ver más del país, pero con este trabajo no hay tiempo. Cuando tengo una semanita libre, prefiero quedarme en mi pueblo donde tengo mi casa y un huerto. No quiero ver autopistas y creo que mis compañeros piensan igual.

B Contestar las preguntas

1. ¿De dónde son los camioneros españoles?
2. ¿Qué mercancías transportan al extranjero?
3. ¿Cuántas paradas tiene que hacer un camionero según la ley?
4. ¿Y cuántas paradas hacen los camioneros?
5. ¿Por qué pagan las empresas las multas a los conductores?
6. ¿Qué mercancías llevan a la vuelta?
7. ¿Por qué es tan duro el trabajo de camionero?
8. ¿Cómo pasa el camionero sus vacaciones?
9. ¿Qué opina usted? ¿Por qué se transportan muchos productos agrarios de España a los países del norte de Europa por carretera y no por tren o avión?

C Gramática

1. **El empleo de dos pronombres personales**
   (Die Verwendung von 2 Personalpronomen)

Paco me escribe la carta.	Paco schreibt mir den Brief.
Paco me la escribe.	Paco schreibt ihn mir.
Paco te la escribe.	Paco schreibt ihn dir.
Paco se la escribe.	Paco schreibt ihn ihm/ihr/Ihnen.
Paco nos la escribe.	Paco schreibt ihn uns.
Paco os la escribe.	Paco schreibt ihn euch.
Paco se la escribe.	Paco schreibt ihn ihnen/Ihnen.

> Treffen in einem Satz zwei Personalpronomen zusammen, steht das Pronomen der Person vor dem Pronomen der Sache.

Im Deutschen ist die Reihenfolge umgekehrt:

Laura me la escribe.	Laura schreibt ihn mir.
Enviamos el telegrama a Pedro. Wir schicken das Telegramm an Pedro.	Se lo enviamos. Wir schicken es ihm.
Enviamos el telegrama a nuestros amigos. Wir schicken unseren Freunden das Telegramm.	Se lo enviamos. Wir schicken es ihnen.
Escribimos una postal a Graciela. Wir schreiben Graciela eine Postkarte.	Se la escribimos. Wir schreiben sie ihr.
Escribimos una postal a nuestras amigas. Wir schreiben unseren Freundinnen eine Postkarte.	Se la escribimos. Wir schreiben sie ihnen.

> Trifft das Dativpronomen *le/les* mit einem Akkusativpronomen der Sache zusammen, so wird das Pronomen *le/les* durch *se* ersetzt.

Tengo que mandarte el cheque. Ich muß dir den Scheck schicken.
Tengo que mandártelo.
oder: Te lo tengo que mandar.

Ojo: Die zwei Pronomen stehen entweder vor dem konjugierten Verb oder werden an den Infinitiv, den bejahten Imperativ oder das Gerundium angehängt.
Damit die ursprüngliche Betonung beibehalten wird, ist ein Akzent zu setzen.

2. El infinitivo en proposiciones temporales
(Der Infinitiv zur Verkürzung von Nebensätzen)

- Después de trabajar en la oficina, el señor Durán va al club de tenis.
  Nachdem Herr Durán im Büro gearbeitet hat, fährt er zum Tennisclub.

- Antes de encontrar trabajo, muchos jóvenes tienen que tomar parte en un cursillo de informática.
  Bevor viele Jugendliche Arbeit finden, müssen sie an einem Informatikkurs teilnehmen.

> Mit *antes de* + Infinitiv und *después de* + Infinitiv können Nebensätze verkürzt werden.

- El camionero dice: „Al salir el sol nos ponemos en marcha".
  Der LKW-Fahrer sagt: „Wenn die Sonne aufgeht, fahren wir los".

> *al* + Infinitiv drückt eine Handlung eines Nebensatzes aus, die gleichzeitig mit der Handlung des Hauptsatzes stattfindet.

- El cliente sale sin decir nada.
  Der Kunde verläßt das Büro, ohne etwas zu sagen.

> Nach *sin* + Infinitiv steht die verneinte Form.

3. alguno/-a – ninguno/-a (irgendein/-e/-er – kein/-e/-er)

Der Gebrauch als Adjektiv

- ¿Puedes darme algún ejemplo?
  Kannst du mir irgendein Beispiel geben?

- ¿No ve Vd. ninguna posibilidad de mandar la mercancía esta semana?
  Sehen Sie keine Möglichkeit, die Ware in dieser Woche zu versenden?

- ¿No tenéis ningún libro de economía española?
  Habt ihr nicht irgendein/kein Buch über die spanische Wirtschaft?

- Esta tarde vienen algunos amigos argentinos.
  Heute nachmittag kommen einige argentinische Freunde.

> *alguno* und *ninguno* werden adjektivisch in der Einzahl des Maskulinums verkürzt.

Von ninguno gibt es keine Mehrzahlform.

Substantivischer Gebrauch

- ¿Ha llamado alguno de mis amigos? No, no ha llamado ninguno.
  Hat einer meiner Freunde angerufen? Nein, es hat keiner angerufen.

- Algunas de estas chicas son de Latinoamérica.
  Einige dieser Mädchen sind aus Lateinamerika.

- ¿Es alguna de Cuba? No, ninguna es de Cuba.
  Ist irgendeine aus Kuba? Nein, keine ist aus Kuba.

4. Los diminutivos (Die Verkleinerungsformen)

un librito   ein kleines Buch, ein Büchlein   una semanita   eine knappe Woche
una casita   ein kleines Haus, ein Häuschen   Carlitos   der kleine Karl, Karlchen

> Mit der Endung *ito/ita* wird im Spanischen eine Verkleinerungsform ausgedrückt. Darüber hinaus wird sie auch zum Ausdruck von Zuneigung und Sympathie verwendet: z.B. la abuelita – die Oma.

5. El verbo *conocer* (Das Verb „kennen/kennenlernen")

conozco	conocemos	Die 1.Person der Verbformen auf -ocer und -ducir im Indikativ Präsens wird durch -*zco* gebildet. Ebenso: traducir, conducir
conoces	conocéis	
conoce	conocen	
conozca	conozcamos	Der Konjunktiv Präsens sowie einige Imperativformen werden von der 1. Person Präsens Indikativ abgeleitet.
conozcas	conozcáis	
conozca	conozcan	

D Ejercicios

1. Indique los verbos o los sustantivos

1. el descanso   – ....
2. ....   – transportar
3. el control   – ....
4. ....   – producir
5. ....   – atraer
6. ....   – crecer
7. la población – ....
8. la destrucción – ....
9. el desarrollo – ....

2. Conteste con el pronombre personal

Ejemplo: ¿Necesitas el libro? Sí, lo necesito.

1. ¿Compras el pan?
2. ¿Quiere Vd. los periódicos?
3. ¿Espera a sus padres?
4. ¿Escribís a los señores Roca?
5. ¿Has comprendido este texto?
6. ¿Van a ver Vds. a las chicas?
7. ¿Habéis conocido a los hijos de los Fernández?
8. ¿Conocéis ya el nuevo libro de Jorge Semprún?
9. ¿Has recibido la carta?

3. Emplee dos pronombres personales

Ejemplo: El vendedor nos da la mercancía. Nos la da.

1. Os mando un telegrama desde Cádiz.
2. Mi hermano me explica el problema.
3. Te ha dado las informaciones necesarias.
4. Mi padre nos prepara la cena.
5. Raúl no me deja su moto.
6. La agencia de viajes no nos reservó la habitación.

4. Conteste con los dos pronombres

Ejemplo: ¿Me compras el libro? Sí, te lo compro.

1. ¿Me das el libro?
2. ¿Nos han escrito las cartas?
3. ¿Me explicas el problema otra vez?
4. ¿Cuándo me das el dinero?
5. ¿Nos cuentan lo que ha pasado?
6. ¿Me traduces este texto?
7. ¿Os ha explicado su idea?
8. ¿Me cuentas algo de tus vacaciones?
9. ¿Me repite su número de teléfono?
10. ¿Me puede repetir su nombre?
11. ¿Cuándo me vais a llevar el telegrama a Correos?

5. Forme las frases de nuevo con los dos pronombres personales

Ejemplo: Escribo una carta a Pepe. Se la escribo.

1. Llevaré un regalo a tu madre.
2. Diré a mis amigos lo que pienso.
3. He comprado estos libros a mi hermana.
4. He contado a Carmen lo que pasó.
5. Mandaremos un paquete a nuestro hermano.
6. Mañana voy a traerle el disco a Pepe.
7. Tengo que repetir el examen.
8. Tenemos que enseñarles los folletos.
9. Hemos explicado a los niños lo que tienen que hacer.
10. Tienes que decir a Juan que vas a venir en tren.

6. ¿*Alguno, ninguno, algún, ningún, nadie, alguien*?

1. ¿Ha llamado ... de mis hermanos?
2. No, no ha llamado ... .
3. ¿Tiene Vd. ... libro sobre Venezuela?
4. No, no tenemos ... libro sobre Venezuela.
5. ¿Hay ... piscina en este barrio?
6. ¿Sabes dónde hay ... cajero automático?
7. ¿Existe ... posibilidad de escribir el texto hoy aún?
8. Esta noche vienen ... amigos de mi padre.

7. Traduzca

1. In der andalusischen Landwirtschaft gibt es viel Gemüse- und Obstbau.
2. Man exportiert Melonen aus Cádiz, Erdbeeren aus Huelva und Tomaten aus Almería in andere Länder der EU.
3. Auf dem Agrarmarkt gibt es viel Konkurrenz, da auch andere Länder wie Frankreich, Griechenland und Italien diese Produkte anbieten.
4. Die Arbeit der LKW-Fahrer ist sehr hart.
5. Sie arbeiten viele Stunden, haben wenige Pausen und verdienen nicht viel.
6. Auf dem Rückweg bringen sie immer andere Waren mit nach Spanien.
7. Die Fernfahrer transportieren vor allem Autoteile für SEAT-Volkswagen in Barcelona, Ford in Valencia und Opel in Zaragoza.
8. José Manuel arbeitet als LKW-Fahrer für eine Transportfirma in Sevilla.
9. Er verbringt seinen Urlaub immer in einem kleinen Dorf in der Nähe Sevillas.

E Prácticas de comunicación

1. Berichten Sie einem Mitschüler über den Inhalt des Gesprächs mit dem spanischen Fernfahrer.

2. Versetzen Sie sich in die Rolle eines spanischen Fernfahrers, und schreiben Sie anhand folgender Angaben einen Brief an einen Freund / eine Freundin.

    - lange Fahrt,
    - viel Verkehr auf den Autobahnen, vor allem in Frankreich,
    - keine Polizeikontrollen,
    - spät in Köln angekommen,
    - morgen abend Laden von Autoteilen, deshalb Zeit, Köln zu besichtigen,
    - Rhein ist sehr eindrucksvoll,
    - Ankunft in Sevilla am Freitag, dem 13.

    Datum, Anrede und Grußformel wählen Sie selbst.

3. Führen Sie mit einem Mitschüler einen Dialog zwischen einem Hotelgast und der Rezeption:

    - rufen Sie an der Rezeption an, und sagen Sie, man solle Sie am nächsten Tag um 7.45 wecken (despertar/ie),
    - fragen Sie, wie lange es Frühstück gibt,
    - fragen Sie, ob man Ihnen das Frühstück auf das Zimmer bringen kann,
    - fragen Sie, wie lange es Abendessen im Restaurant gibt,
    - fragen Sie, ob man einen Tisch reservieren muß.

4. **Die Beschäftigung in den Sektoren der spanischen Wirtschaft:**

Wirtschaftsbereich	1986	1996
Landwirtschaft	15,5 %	10,2 %
Industrie und	24,3 %	22,2 %
Bauwesen	8 %	9,3 %
Dienstleistungssektor	52,2 %	58 %
Arbeitslosenquote	21,2 %	22,5 %

    1. Stellen Sie Ihren Mitschülern die Wirtschaftsbereiche in spanischer Sprache vor.
    2. Erläutern Sie Veränderungen in der Beschäftigungsstruktur.
    3. Vergleichen Sie die Angaben zu 1996 mit entsprechenden Zahlen in Deutschland.

Lección veintiocho

A Costa Rica: ¿la Suiza centroamericana?

Cuando Cristóbal Colón dio a este pequeño país centroamericano su nombre, creyó que en él encontraría oro en grandes cantidades, pero sus cálculos resultaron erróneos.

Costa Rica posee otras riquezas quizás más valiosas que el oro: sus bellezas naturales, la diversidad biológica de sus bosques tropicales y la tradición democrática y pacífica de su pueblo.

3,5 millones de „ticos" pueblan una superficie de 51.100 km^2, un país en su mayor parte montañoso, con playas hermosas en ambos lados del istmo que cada día se abren más al turismo internacional. Hasta hace pocos años Costa Rica era un país relativamente desconocido en Europa, tal vez porque no aparecía en las noticias que hablaban de revoluciones y golpes de Estado, típicos males latinoamericanos.

Ahora se conoce como uno de esos países „en vías de desarrollo", antes se decía „subdesarrollado", pero también como una república democrática estable, con una constitución (de 1949) que prohibe el mantenimiento de un ejército militar y con un sistema educativo modelo que recibe el 20 % del presupuesto nacional. De ahí resulta que Costa Rica tiene una de las tasas de analfabetismo más bajas de Latinoamérica (el promedio nacional es del 6 % y en las ciudades del 3 %).

En 1987, cuando el presidente Oscar Arias recibió el Premio Nobel de la Paz por sus esfuerzos para solucionar el conflicto interno en El Salvador, la „Suiza centroamericana", como se ha llamado tradicionalmente a Costa Rica, vio en ello la confirmación de su espíritu pacífico.

Pero, desafortunadamente, Costa Rica no sirve sólo de ejemplo positivo. Presenta también los problemas típicos de los países del Tercer Mundo: una economía agraria basada en el monocultivo, la explosión demográfica (el 3,8 % entre 1978 y 1980) y una situación ecológica extremadamente precaria.

Los productos tradicionales de exportación han sido el café, el banano, el azúcar y la carne de vacuno. La economía ligada a estos productos se ve en crisis cada vez que cae el precio en el mercado mundial. Por otra parte, la introducción de aranceles de aduana, como en el caso del banano, decidido por la Unión Europea para proteger el plátano de las islas Canarias y el de las Antillas francesas, perjudica la competitividad del banano costarricense, sobre todo en Alemania.

En las últimas décadas el Gobierno nacional ha tratado de promover otras industrias.

Ya en 1988 los materiales sintéticos, los textiles, la madera, el papel, los productos lácteos, las flores y plantas medicinales, al igual que las frutas tropicales constituían el 50 % de las exportaciones. Sin embargo, debido a la falta de tecnología adecuada, estos productos no son competitivos a nivel mundial, y la industria en general sigue dependiendo de productos o materias primas (aceite crudo, p.ej.) importados.

El creciente consumo mundial de hamburguesas tiene como resultado que grandes extensiones del territorio nacional se dedican a la ganadería (en 1986, por ejemplo, un 55 % del territorio nacional).

En los últimos 20 años Costa Rica ha perdido el 30 % de sus bosques. Parte de esta superficie talada se encuentra en terreno montañoso y no se presta al pastoreo de ganado. La consecuencia es una erosión todavía mayor. Con la tala de los bosques se pierde no solamente un capital en madera, sino también innumerables especies de la flora y la fauna.

¿Quién pagará la cuenta?

B Contestar las preguntas

1. ¿Cómo se explica el nombre de Costa Rica?
2. ¿Qué sabe Vd. de la geografía costarricense?
3. ¿Cómo se llaman los habitantes de Costa Rica?
4. ¿En qué aspectos es Costa Rica un país modelo entre los países latinoamericanos?
5. ¿Por qué recibió el presidente Oscar Arias el Premio Nobel de la Paz?
6. ¿Cuáles son los problemas actuales del país?
7. ¿Con qué problema fundamental se enfrenta la economía de Costa Rica?
8. ¿Por qué ha introducido la UE aranceles para el banano?
9. ¿Qué consecuencia tiene esto para Costa Rica?
10. ¿Qué dificultades tienen los productos de las demás industrias del país?
11. ¿Por qué hay tanta ganadería en Costa Rica?
12. ¿Cuáles son las consecuencias ecológicas de este hecho?

C Gramática

1. **El verbo *caer*** (fallen)

singular	plural
ca*igo*	cae*mos*
ca*es*	ca*éis*
ca*e*	ca*en*

2. **La voz pasiva** (Das Passiv)

2.1 **Las formas de la voz pasiva** (Die Passivbildung)

presente de indicativo	pretérito perfecto de indicativo
soy invitado/invitada	he sido invitado/invitada
eres invitado/invitada	has sido invitado/invitada
es invitado/invitada	ha sido invitado/invitada
somos invitados/invitadas	hemos sido invitados/invitadas
sois invitados/invitadas	habéis sido invitados/invitadas
son invitados/invitadas	han sido invitados/invitadas

> Das Passiv wird gebildet durch die jeweilige Form von *ser* + dem Partizip Perfekt. Die Veränderlichkeit des Partizips richtet sich in Zahl und Geschlecht nach dem Subjekt des Satzes.

– La casa ha sido construida por un arquitecto muy conocido.
  Das Haus wurde von einem berühmten Architekten gebaut.

> Die handelnde Person wird durch *por* angeschlossen (im Deutschen *durch* bzw. *von*).

2.2 **El empleo de la voz pasiva** (Der Gebrauch des Passivs)

Im Spanischen wird das Passiv nur **sehr** selten verwendet. Man zieht stattdessen die aktivische Form oder die Konstruktion mit „se" vor.

statt: Esta historia ha sido contada por el señor Gallego.
       El señor Gallego ha contado esta historia.
statt: La máquina es transportada por carretera.
       Se transporta la máquina por carretera.
statt: Las máquinas son transportadas por carretera.
       Se transportan las máquinas por carretera.

> Bei der Konstruktion mit „se" richtet sich das Verb in der Zahl nach dem Subjekt des Satzes.

Ojo: En Cataluña se habla catalán.
In Katalonien wird katalanisch gesprochen/spricht man katalanisch.

En España se hablan cuatro lenguas.
In Spanien spricht man 4 Sprachen/werden 4 Sprachen gesprochen.

D Ejercicios

1. Pase las frases siguientes al pretérito perfecto, pretérito imperfecto, pretérito indefinido, futuro, potencial simple

1. Se lo digo a mi madre.
2. ¿No quieres venir?
3. ¿Qué le cuenta?
4. Tengo que escribir los textos.
5. No pensamos hacerlo.
6. No pueden esperar más.

2. Pase las frases a la voz activa

Ejemplo: La casa ha sido vendida. Han vendido la casa.

1. La feria ha sido visitada por mucha gente.
2. La comida ha sido pagada entre todos.
3. El vino fue comprado por Antonio.
4. Las mercancías son transportadas por carretera.
5. Los camioneros fueron controlados por la policía.
6. Enrique fue llamado por sus compañeros.
7. Las cartas fueron escritas por la secretaria.
8. La cena fue preparada por Elena y Arturo.

3. ¿Qué es?

1. país en Latinoamérica   _ _ _ _ _ R _ _ _
2. lo contrario de importación   _ _ _ _ R _ _ _ _ _ _
3. producto muy dulce   _ _ _ _ _ R
4. producto de los animales   _ _ R _ _
5. nombre del presidente que recibió el Premio Nobel de la Paz   _R _ _ _
6. Se llamaba ... Colón   _R _ _ _ _ _ _ _
7. mineral muy valioso   _R _
8. lo contrario de subdesarrollo _ _ _ _ R _ _ _ _ _

4. Traduzca

1. Das Mädchen wird von seinen Eltern erwartet.
2. Amerika ist von Kolumbus entdeckt worden.
3. Spanisches Obst wird in großen Lastwagen nach Deutschland und Frankreich gebracht.
4. Autos von Wolfsburg werden nach Spanien exportiert.
5. Diese Rechnungen sind noch nicht bezahlt worden.
6. Dieses Buch ist noch nicht ins Spanische übersetzt worden.
7. Man hat eine neue Straße gebaut.

5. Forme frases en los tiempos del pasado

Ejemplo: jugar (yo) al tenis / hacer buen tiempo
Jugué al tenis porque hacía buen tiempo.

1. estar (él) en Toledo / celebrarse una feria interesante
2. quedarse (ella) en casa / no querer salir con Aurelio
3. prepararme (yo) la cena / mis padres ir al cine
4. escuchar (Vd.) un disco de Ketama / comprarlo ayer
5. Nunca ir (ella) en coche a la oficina / estar cerca el Metro
6. pasar (yo) un día en Albacete / invitarme mi amiga Maria Jesús

6. Traduzca

1. Costa Rica ist ein kleines, in Europa wenig bekanntes mittelamerikanisches Land.
2. Es ist eine friedliche Republik mit einer Verfassung von 1949.
3. 20 Prozent des öffentlichen Haushalts werden für das Erziehungssystem ausgegeben.
4. Große Probleme sind die Monokulturen und die ökologische Situation des Landes.
5. Auf dem Weltmarkt wird wenig für die traditionellen Exportprodukte Costa Ricas gezahlt.
6. Auf der ganzen Welt sind die Preise für Kaffee, Zucker und Rindfleisch gesunken.
7. In den letzten Jahren hat es Investitionen in anderen Industrien gegeben.
8. Das Land exportiert jetzt tropische Früchte, Blumen und Papier.
9. Andererseits ist die Abhängigkeit von Importprodukten groß.
10. Die zunehmende Viehzucht zur Produktion von Rindfleisch hat das Abholzen von Wäldern als schlimme Folge.

E Prácticas de comunicación

1. Erzählen Sie ihren Mitschülern, was Sie über Costa Rica wissen.

2. Suchen Sie sich Informationen zu einem anderen mittelamerikanischen Land, schreiben Sie anhand dieser Informationen einen Text darüber und stellen Sie diesen Ihren Mitschülern vor.

3. Eine Gruppe junger Leute aus Costa Rica besucht Ihre Stadt.
   Überlegen Sie mit Ihrem Nachbarn/Ihrer Nachbarin,
   - was Sie ihnen über Deutschland erzählen könnten,
   - was Sie ihnen in Ihrer Stadt zeigen könnten,
   - was Sie diese Besucher fragen könnten.

4. Schreiben Sie einem Freund/einer Freundin aus Costa Rica einen Brief, in dem Sie über Ihre Stadt, Ihre Gegend, über das Wetter und die klimatischen Bedingungen in Ihrer Heimat berichten. Geben Sie Hinweise, welche Kleidung er/sie bei einem Besuch im April mitbringen sollte.

5. Sprechen Sie mit Ihren Mitschülern über die Probleme und Perspektiven Costa Ricas, und versuchen Sie, diese aus unserer Sicht zu beurteilen.

Apéndice
Anhang

Correspondencia comercial: unas cartas comerciales
(Handelskorrespondenz: einige Geschäftsbriefe)   199

Fonética y gramática: un resumen
(Phonetik und Grammatik: ein Überblick)   203

Lista de los verbos irregulares
(Übersicht über die unregelmäßigen Verben)   212

Lista de los temas gramaticales
(Grammatische Übersicht)   216

Expresiones gramaticales
(Grammatische Fachbegriffe)   218

Vocabulario por lecciones
(Vokabelverzeichnis nach Lektionen)   220

Vocabulario por orden alfabético
(Alphabetisches Vokabelverzeichnis)   236

Correspondencia comercial: unas cartas comerciales
(Handelskorrespondenz: einige Geschäftsbriefe)

La solicitud de oferta
(Die Anfrage)

González Ramira, S.A.

González Ramira, S. A.   Calle de la Montera, 44   41012 Sevilla

LAMPEN KIPP
Möhnestr. 69
D-59755 ARNSBERG
ALEMANIA

25 de mayo de 1.99.

Solicitud de oferta

Señores:

Nos referimos a su anuncio publicado en la revista especial „El Mueble Internacional" del 15 del corriente.

Como nos interesan lámparas de salón, les rogamos nos envíen su catálogo ilustrado, si posible en español, así como su lista de precios actual.

Somos uno de los más importantes comerciantes al por mayor en este sector de la región y tenemos buenos contactos con un gran número de minoristas de toda Andalucía.

En espera de sus gratas noticias, les saludan muy atentamente,

González Ramira, S. A.

R. López Giménez

Rafael López Giménez
Gerente

La oferta
(Das Angebot)

Lampen Kipp
Möhnestr. 69
59755 Arnsberg

González Ramira, S. A.
C/ de la Montera, 44
E - 41012 Sevilla

1° de junio de 1.99..

Oferta

Muy señores nuestros:

Acusamos recibo de su carta del 25 del mes pasado y les damos las gracias por su solicitud de oferta.

Según su deseo, les adjuntamos nuestro catálogo ilustrado en lengua española que contiene nuestra producción completa. Queremos llamar su atención particular sobre las lámparas de salón que encontrarán en las páginas 66 y siguientes. Los precios se entienden con embalaje, seguro y transporte incluidos. Para más detalles, sírvanse ver la lista de precios que les enviamos por correo aparte.

Al mismo tiempo, les podemos informar que estamos dispuestos a concederles un descuento especial del 2,5 % para pedidos superiores a 5.000,– marcos alemanes. Esperamos que los precios favorables y las buenas condiciones les inciten a pasarnos un primer pedido.

Además nos permitimos comunicarles que tomaremos parte en la Feria Internacional del Mueble (FIAM) que tendrá lugar del 15 al 19 de julio en Valencia. Por esto les invitamos a visitar nuestro puesto para que podamos presentarles personalmente nuestros productos.

En espera de sus noticias, les saludan muy atentamente,

Lampen Kipp

Landmann

Landmann
Director de Ventas

Anexo: catálogo ilustrado

El pedido
(Die Bestellung)

González Ramira, S.A.

González Ramira, S. A.   Calle de la Montera, 44   41012 Sevilla

LAMPEN KIPP
Möhnestr. 69
D-59755 ARNSBERG
ALEMANIA   7 de junio de 1.99.

Pedido de lámparas de salón

Muy señores nuestros:

Les damos las gracias por su oferta del 1º del mes así como por el envío de su lista de precios.

Después de estudiar detenidamente en su catálogo los diseños y las características técnicas de las lámparas y de comparar sus condiciones con las de otros proveedores, hemos decidido hacerles el pedido siguiente:

10 lámparas de salón, modelo „Sur", número 209.661, al precio de 345,– marcos alemanes c/u.

Conforme a sus condiciones, el pago se efectuará por transferencia bancaria dentro de 15 días después de recibir la mercancía. Como se trata de nuestro primer pedido, les rogamos nos concedan un descuento especial del 2 % aunque el importe total de la factura no supera los 5.000 marcos alemanes. En cuanto al envío de la mercancía, les queremos comunicar que necesitamos las lámparas urgentemente. Por esta razón les rogamos nos manden las lámparas cuanto antes, a más tardar dentro de 6 semanas.

En espera de la pronta ejecución de nuestro pedido, les saludan muy atentamente,

González Ramira, S. A.

R. López Giménez

Rafael López Giménez
Gerente

Correspondencia comercial

La reclamación
(Die Mängelrüge / Reklamation)

González Ramira, S.A.

González Ramira, S. A.   Calle de la Montera, 44   41012 Sevilla

LAMPEN KIPP
Möhnestr. 69
D-59755 ARNSBERG
ALEMANIA   14 de julio de 1.99.

Reclamación de nuestro pedido del 7 de junio

Señores:

Nos referimos a su envío del 7 de julio correspondiente a nuestro pedido Nº 209.661. Sin embargo lamentamos tener que comunicarles que el suministro nos satisface solamente en parte. Al desembalar las lámparas tuvimos que constatar que 2 lámparas sufrieron graves daños durante el transporte. Nos parece que no emplearon un embalaje adecuado para una mercancía tan frágil.

Tenemos, pues, que comunicarles que estas dos lámparas son invendibles. Por esta razón les rogamos nos envíen cuanto antes un suministro de sustitución. Ponemos la mercancía defectuosa a su disposición.

Sírvanse comunicarnos por telefax cómo Vds. piensan arreglar este asunto.

Sin otro particular, les saludan atentamente,

González Ramira, S. A.

R. López Giménez

Rafael López Giménez
Gerente

Vocabulario

el apellido	der Familienname	el destinatario	der Empfänger
el código postal	die Postleitzahl	el remitente	der Absender
la despedida	die Schlußformel	el saludo	die Anrede
la firma	die Unterschrift		

Correspondencia comercial

Fonética y gramática: un resumen
(Phonetik und Grammatik: ein Überblick)

Pronunciación y ortografía
(Aussprache und Rechtschreibung)

El alfabeto español (Das spanische Alphabet)

a	(a)	a	g	(g) (γ) (χ)	ge	n	(n) (ŋ) (m̩) (m)	ene	t	(t)	te
b	(b) (β)	be							u	(u)	u
			h	–	hache	ñ	(ɲ)	eñe	v	(b) (β)	uve ve
c	(k) (θ)	ce	i	(i)	i	o	(ɔ)	o	w	(v)	uve doble, ve doble
ch	(c)	che	j	(χ)	jota	p	(p)	pe			
d	(d) (δ)	de	k	(k)	ka	qu	(k)	ku	x	(γs) (s)	equis
			l	(l)	ele	r	(r)	erre	y	(i) (ī) (j)	i griega, ye
e	(ε)	e	ll	(λ)	elle	rr	(rr)	erre doble			
f	(f)	efe	m	(m)	eme	s	(s)	ese	z	(θ)	zeda, zeta

Deletrear en español (Buchstabieren auf spanisch)

Antonio	José	Ramón
Barcelona	Kilo	Sábado
Carmen	Lorenzo	Tarragona
Chocolate	Llobregat	Ulises
Dolores	Madrid	Valencia
Enrique	Navarra	Washington
Francia	Noño	Xiquena
Gerona	Oviedo	Yague
Historia	París	Zaragoza
Inés	Querido	

La acentuación (Betonung und Akzent)

Wörter, die auf **Vokal**, auf **n** oder **s** enden, werden auf der **vorletzten Silbe** betont.	carta cheques compran
Wörter, die auf **Konsonant** (außer n und s) enden, werden auf der **letzten Silbe** betont.	señor solucionar Madrid español
Alle Ausnahmen von diesen beiden Regeln erhalten einen Akzent.	plátano Tomás millón carné
Alle Wörter, die auf der **drittletzten Silbe** betont werden, tragen einen Akzent	periódico dígame teléfono práctico
Ausrufe- und **Fragewörter** tragen immer einen Akzent.	¿qué? ¿cuál? ¿cómo? ¿cuánto? ¿dónde? ¿quién? ¿cuándo? ...
Einsilbige Wörter tragen normalerweise keinen Akzent. Wenn jedoch zwei Wörter dieselbe Form, aber unterschiedliche Bedeutung haben, wird der Unterschied durch einen Akzent kenntlich gemacht.	**Ohne Akzent:** **Mit Akzent:** **tu** libro ¿**Tú** eres de aqui? **mi** libro ¿Es para **mí**? **el** libro **Él** se llama Luis. **Si** puedes, me escribe. **Sí**, es español. **Te** llamo mañana. ¿Qué tomas? **Té** o café? **Se** llama Marta. No **sé** cómo se llama. Es **de** madera. Quiero que me lo **dé**.

El diptongo (Diphtong)

Eine Silbe kann aus nur einem Vokal oder aus einem Diphtong bestehen.
Ein Diphtong besteht aus der Verbindung von einem starken Vokal (**a, e, o**) mit einem schwachen Vokal (**i, u**) oder aus zwei schwachen Vokalen (**i, u**).

In der Verbindung stark-schwach oder schwach-stark liegt die Betonung, wenn diese auf den Diphtong fällt, auf dem starken Vokal: pi**e**rna, b**a**ile.
In der Verbindung schwach-schwach liegt die Betonung stets auf dem zweiten Vokal: vi**u**da, ru**i**do.

Wenn zwei aufeinanderfolgende Vokale keinen Diphtong bilden, sondern ausnahmsweise der schwache Vokal betont wird, erhält dieser einen Akzent: María, raíz.

Los signos de puntuación (die Satzzeichen)

.	el punto		( )	el paréntesis
,	la coma		—	la raya
;	el punto y coma		-	el guión
:	los dos puntos		« »	las comillas
...	los puntos suspensivos		'	el acento ortográfico
¿ ?	la interrogación		~	la tilde
¡ !	la exclamación			

- Hola, ¡buenas tardes!   „Hallo, guten Tag."
- Buenas tardes, ¿qué desea?   „Guten Tag, was wünschen Sie?"

Frage- und Ausrufezeichen stehen im Spanischen vor und hinter der Frage oder dem Ausruf.
Das Anfangszeichen (¿, ¡) steht unmittelbar vor dem Anfang der Frage oder des Ausrufes.

El verbo (das Verb)

Nach ihrer Endung im Infinitiv werden die spanischen Verben in drei Gruppen unterteilt: Verben auf **-ar**, **-er** oder **-ir**.

El presente de indicativo (der Indikativ Präsens)

			estudiar *lernen*	comer *essen*	vivir *leben*
Singular	1.	yo	estud**io**	com**o**	viv**o**
	2.	tú	estud**ias**	com**es**	viv**es**
	3.	usted/él/ella	estud**ia**	com**e**	viv**e**
Plural	1.	nosotros/nosotras	estud**iamos**	com**emos**	viv**imos**
	2.	vosotros/vosotras	estud**iáis**	com**éis**	viv**ís**
	3.	ustedes/ellos/ellas	estud**ian**	com**en**	viv**en**

Alle regelmäßigen Verben werden nach diesen Mustern konjugiert.

Verbos con diptongo (Verben mit Diphtong)

Gruppe e → ie

cerrar *schließen*	querer *wollen, mögen*	preferir *vorziehen*
c**ie**rro	qu**ie**ro	pref**ie**ro
c**ie**rras	qu**ie**res	pref**ie**res
c**ie**rra	qu**ie**re	pref**ie**re
cerramos	queremos	preferimos
cerráis	queréis	preferís
c**ie**rran	qu**ie**ren	pref**ie**ren

Fonética y gramática: un resumen

Gruppe o → ue

probar probieren	**poder** können	**dormir** schlafen
pruebo	puedo	duermo
pruebas	puedes	duermes
prueba	puede	duerme
probamos	podemos	dormimos
probáis	podéis	dormís
prueban	pueden	duermen

Einige Verben verändern ihren Stammvokal, wenn die Betonung auf den Wortstamm fällt. Die Endungen bleiben aber regelmäßig.

El pretérito perfecto (das Perfekt)

Das Perfekt setzt sich zusammen aus dem Präsens des Hilfsverbs **haber** und dem **Partizip Perfekt**.

	haber	Partizip Perfekt
yo	he	
tú	has	
usted/él/ella	ha	hablado
nosotros/nosotras	hemos	comido
vosotros/vosotras	habéis	salido
ustedes/ellos/ellas	han	

Bildung des Partizips			
-ar	→ ado	hablar	hablado
-er	→ ido	comer	salir
-ir		comido	salido

Formas irregulares (unregelmäßige Formen)

abrir	decir	escribir	hacer	ir	poner	ser	ver	volver
abierto	**dicho**	**escrito**	**hecho**	**ido**	**puesto**	**sido**	**visto**	**vuelto**

El pretérito indefinido

	Verben auf **-ar**	Verben auf **-er**	Verben auf **-ir**
	hablar sprechen	comer essen	vivir leben
yo	hablé	comí	viví
tú	hablaste	comiste	viviste
usted/él/ella	habló	comió	vivió
nosotros/nosotras	hablamos	comimos	vivimos
vosotros/vosotras	hablasteis	comisteis	vivisteis
ustedes/ellos/ellas	hablaron	comieron	vivieron

Fonética y gramática: un resumen

Eine Reihe von häufig gebrauchten Verben sind im Indefinido unregelmäßig:

tener *haben*	hacer *machen*	decir *sagen*	diese Endungen gelten auch für:		
tuve tuviste tuvo tuvimos tuvisteis tuvieron	hice hiciste hizo hicimos hicisteis hicieron	dije dijiste dijo dijimos dijisteis dijeron	poner venir querer poder estar saber	pus- vin- quis- pud- estuv- sup-	e iste o imos isteis ieron

Die Verben **ir** und **ser** haben im Indefinido identische Formen. Eine Verwechslung ist aufgrund des Kontextes aber nicht möglich.

	ir/ser
yo tú usted/él/ella nosotros/nosotras vosotros/vosotras ustedes/ellos/ellas	fui fuiste fue fuimos fuisteis fueron

Ayer fui a Almería.
Gestern fuhr ich nach Almería.

Ayer fue mi cumpleaños.
Gestern war mein Geburtstag.

El pretérito imperfecto (das Imperfekt)

Verben auf -ar		Verben auf -er und -ir	
hablaba hablabas hablaba	hablábamos hablabais hablaban	comía comías comía	comíamos comíais comían

Diese Endungen gelten für alle Verben mit Ausnahme von **ser** und **ir**.

Formas irregulares (unregelmäßige Formen)

ser *sein*		ir *gehen*		ver *sehen*	
era eras era	éramos erais eran	iba ibas iba	íbamos ibais iban	veía veías veía	veíamos veíais veían

Fonética y gramática: un resumen

El pretérito pluscuamperfecto (Das Plusquamperfekt)

hablar	comer	vivir
había hablado habías hablado había hablado habíamos hablado habíais hablado habían hablado	había comido habías comido había comido habíamos comido habíais comido habían comido	había vivido habías vivido había vivido habíamos vivido habíais vivido habían vivido

Man bildet das Plusquamperfekt mit dem Imperfekt von haber + Partizip Perfekt.

El futuro (Das Futur)

1. El futuro imperfecto (Futur I)

hablar	comer	vivir
hablaré hablarás hablará hablaremos hablaréis hablarán	comeré comerás comerá comeremos comeréis comerán	viviré vivirás vivirá viviremos viviréis vivirán

zu den unregelmäßigen Formen siehe Lektion 19.C.1

2. El futuro perfecto (Futur II)

hablar	comer	vivir
habré hablado habrás hablado habrá hablado habremos hablado habréis hablado habrán hablado	habré comido habrás comido habrá comido habremos comido habréis comido habrán comido	habré vivido habrás vivido habrá vivido habremos vivido habréis vivido habrán vivido

Man bildet das Futur II mit dem Futur I von haber + Partizip Perfekt. Das Futur II wird für eine Handlung gebraucht, die abgeschlossen ist, wenn eine andere Handlung eintritt.

El potencial (Das Konditional)

hablar	comer	vivir
hablar**ía** hablar**ías** hablar**ía** hablar**íamos** hablar**íais** hablar**ían**	comer**ía** comer**ías** comer**ía** comer**íamos** comer**íais** comer**ían**	vivir**ía** vivir**ías** vivir**ía** vivir**íamos** vivir**íais** vivir**ían**

Das Konditional wird für Handlungen gebraucht, die in der Gegenwart oder Zukunft stattfinden könnten. Es kann auch eine höfliche Meinungs- oder Wunschäußerung ausdrücken.

El subjuntivo (Der Konjunktiv)

1. El presente de subjuntivo (Der Konjunktiv Präsens)

hablar	comer	vivir
habl**e** habl**es** habl**e** habl**emos** habl**éis** habl**en**	com**a** com**as** com**a** com**amos** com**áis** com**an**	viv**a** viv**as** viv**a** viv**amos** viv**áis** viv**an**

Man bildet den Konjunktiv Präsens mit dem Stamm der 1. Person des Indikativ Präsens und der Personalendung der jeweils anderen Verbklasse (a → e; e/i → a) (zum Gebrauch des Konjunktivs. Lektion 25.C.).

2. El pretérito perfecto de subjuntivo (Der Konjuntiv Perfekt)

hablar	comer	vivir
haya hablado hayas hablado haya hablado hayamos hablado hayáis hablado hayan hablado	haya comido hayas comido haya comido hayamos comido hayáis comido hayan comido	haya vivido hayas vivido haya vivido hayamos vivido hayáis vivido hayan vivido

Den Konjunktiv Perfekt bildet man mit dem Konjunktiv Präsens von haber + Partizip Perfekt.

3. El pretérito imperfecto de subjuntivo (Der Konjunktiv Imperfekt)

hablar		comer		vivir	
hablara	hablase	comiera	comiese	viviera	viviese
hablaras	hablases	comieras	comieses	vivieras	vivieses
hablara	hablase	comiera	comiese	viviera	viviese
habláramos	hablásemos	comiéramos	comiésemos	viviéramos	viviésemos
hablarais	hablaseis	comierais	comieseis	vivierais	vivieseis
hablaran	hablasen	comieran	comiesen	vivieran	viviesen

Der Konjunktiv Imperfekt wird gebildet aus der 3. Person Plural des pretérito indefinido; davon trennt man die Silbe -ron und hängt die Endung des Konjunktiv Imperfekt -ra oder -se an. (Die Formen aus -ra sind die häufiger gebräuchlichen.)

El imperativo (Der Imperativ)
tú/vosotros (du, ihr)

	tomar	comer	subir	Bildung
tú	toma	come	sube	Imperativ = 3. Pers. Sing. Präsens
vosotros/as	tomad	comed	subid	Imperativ = Infinitiv minus -r + d

Bei der zweiten Person Plural (vosotros/as) wird anstelle des Imperativs auch oft der Infinitiv verwendet, besonders bei reflexiven Verben:
Levantaros temprano mañana.   *Steht morgen früh auf.*

Formas irregulares (Unregelmäßige Formen)

Infinitiv:	poner	hacer	ser	tener	decir	salir	ir	venir
Imperativ (tú):	pon	haz	sé	ten	di	sal	ve	ven

usted/ustedes (Sie Sg/Sie Pl)

	tomar	comer	subir	
usted	tome	coma	suba	Der Imperativ der Höflichkeitsformen ist identisch mit der entsprechenden Form des **Konjunktiv Präsens**.
ustedes	tomen	coman	suban	

Tritt der Imperativ in Verbindung mit einem Pronomen auf, so wird dieses bei allen Formen direkt an den Imperativ angehängt.
Cómpralo. *Kauf es.*   **Escríbame.** *Schreiben Sie mir.*   **Siéntense.** *Setzen Sie sich.*

Werden zwei Pronomen an den Imperativ angehängt, so steht zuerst der Dativ, dann der Akkusativ:
Dígamelo. *Sagen Sie es mir.*

El gerundio (Das Gerundium)

Das Gerundium wird gebildet durch Anhängen folgender Endungen an den Stamm:

Verben auf **-ar**: **-ando**	Verben auf **-er** und **-ir**: **-iendo**	bei Vokal: **-yendo**
hablar: habl**ando** tomar: tom**ando**	aprender: aprend**iendo** escribir: escrib**iendo**	leer: le**yendo** oir: o**yendo**

Formas irregulares (Unregelmäßige Formen)

pedir	sentir	decir	venir	dormir	morir
pidiendo	sintiendo	diciendo	viniendo	durmiendo	muriendo

Lista de los verbos irregulares
(Übersicht über die unregelmäßigen Verben)

Die folgende Übersicht zeigt Abweichungen der unregelmäßigen Verben. Formen, die nicht aufgeführt sind, werden regelmäßig gebildet.

infinitivo	presente de indicativo	gerundio	participio	pretérito indefinido	pretérito imperfecto	futuro imperfecto	presente de subjuntivo
abrir öffnen			abierto				
caer fallen	caigo	cayendo	caído	caí caíste cayó caímos caísteis cayeron			
conocer kennen	conozco conoces						
construir (er)bauen	construyo construyes	construyen- do		construido			
crecer (an)wachsen	crezco creces						
dar geben	doy das			di diste dio dimos disteis dieron			dé des dé demos deis den
decir sagen	digo dices dice decimos decís dicen		dicho	dije dijiste dijo dijimos dijisteis dijeron		diré dirás dirá diremos diréis dirán	
destruir zerstören	destruyo destruyes	destruyen- do		destruí			
dormir schlafen	duermo	durmiendo		dormí dormiste durmió dormimos dormisteis durmieron			
elegir wählen	elijo eliges	eligiendo		elegí			
estar sein, sich befinden	estoy estás está estamos estáis están			estuve estuviste estuvo estuvimos estuvisteis estuvieron			esté estés esté estemos estéis estén

infinitivo	presente de indicativo	gerundio	participio	pretérito indefinido	pretérito imperfecto	futuro imperfecto	presente de subjuntivo
haber *haben*	he has ha hemos habéis han			hube hubiste hubo hubimos hubisteis hubieron		habré habrás habrá habremos habréis habrán	haya hayas haya hayamos hayáis hayan
hacer *tun, machen*	hago haces		hecho	hice hiciste hizo hicimos hicisteis hicieron		haré harás hará haremos haréis harán	
introducir *einführen*	introduzco introduces			introduje introdujiste			
ir *gehen, fahren*	voy vas va vamos vais van	yendo	ido	fui fuiste fue fuimos fuisteis fueron	iba ibas iba íbamos ibais iban		vaya vayas vaya vayamos vayáis vayan
morir *sterben*	muero	muriendo	muerto	morí moriste murió morimos moristeis murieron			
ofrecer *anbieten*	ofrezco ofreces						
oír *hören*	oigo oyes oye oímos oís oyen	oyendo	oído	oí oíste oyó oímos oísteis oyeron			
parecer *scheinen*	parezco pareces						
pedir *fordern, verlangen*	pido pides pide pedimos pedís piden	pidiendo		pedí pediste pidió pedimos pedisteis pidieron			pida pidas pida
poder *können*	puedo puedes			pude pudiste pudo pudimos pudisteis pudieron		podré podrás podrá podremos podréis podrán	
poner *setzen, stellen, legen*	pongo pones		puesto	puse pusiste puso pusimos pusisteis pusieron		pondré pondrás pondrá pondremos pondréis pondrán	

infinitivo	presente de indicativo	gerundio	participio	pretérito indefinido	pretérito imperfecto	futuro imperfecto	presente de subjuntivo
preferir *vorziehen*	prefiero	prefiriendo		preferí preferiste prefirió preferimos preferisteis prefirieron			
producir *erzeugen, herstellen*	produzco produces			produje produjiste			
querer *wollen, lieben*	quiero			quise quisiste quiso quisimos quisisteis quisieron		querré querrás querrá querremos querréis querrán	
saber *wissen*	sé sabes			supe supiste supo supimos supisteis supieron		sabré sabrás sabrá sabremos sabréis sabrán	sepa sepas
salir *(hin)ausgehen, weggehen*	salgo sales					saldré saldrás saldrá saldremos saldréis saldrán	
seguir *folgen, befolgen*	sigo sigues sigue	siguiendo	seguido	seguí seguiste siguió seguimos seguisteis siguieron			siga sigas
ser *sein*	soy eres es somos sois son	siendo	sido	fui fuiste fue fuimos fuisteis fueron	era eras era éramos erais eran	seré serás será seremos seréis serán	sea seas sea
servir *dienen, bedienen*	sirvo sirves sirve servimos servís sirven	sirviendo		serví serviste sirvió servimos servisteis sirvieron			sirva sirvas
tener *haben, besitzen*	tengo tienes tiene tenemos tenéis tienen			tuve tuviste tuvo tuvimos tuvisteis tuvieron		tendré tendrás tendrá tendremos tendréis tendrán	

Lista de los verbos irregulares

infinitivo	presente de indicativo	gerundio	participio	pretérito indefinido	pretérito imperfecto	futuro imperfecto	presente de subjuntivo
traducir *übersetzen*	traduzco traduces			traduje tradujiste			
traer *bringen, herbringen*	traigo traes trae traemos traéis traen	trayendo	traído	traje trajiste trajo trajimos trajisteis trajeron			
venir *kommen*	vengo vienes viene	viniendo		vine viniste vino vinimos vinisteis vinieron		vendré vendrás vendrá vendremos vendréis vendrán	
ver *sehen*	veo ves ve	viendo	visto	vi viste vio vimos visteis vieron	veía		
volver *drehen, wenden*	vuelvo		vuelto				

Lista de los temas gramaticales
(Grammatische Übersicht)

Die Zahlen beziehen sich auf die Lektionen.

A

acabar de + infinitivo	10
Adjektiv	
Formen	4, 7
Stellung	4, 7
Steigerung	14
verkürzte Form	10, 11, 27
Nationalitätenadjektive	11
Adverb	16
Akkusativ mit a	8
alguien, alguno, algún	17
Alter	4
Artikel	
bestimmter und unbestimmter	1, 4, 8
unos, unas	2

D

Datum	7
Demonstrativpronomen	6
desde, desde hace	18

E

estar + Gerundium	13
estar + Partizip der Vergangenheit	11
estar, ser, hay	2

F

Fragewörter	1, 3, 10, 17
Futur mit ir a + infinitivo	6
Futur	19, 21

G

Genitiv	2
Gerundium	13
Grundzahlen	3, 4, 7, 14
gustar	6

H

hace + Zeitangabe	18
hay	2
hay que	11

I

Imperativ	24
3. Pers. Sing. + Pl.	
bejahte und verneinte Form	24
2. Pers. Sing.	
Imperfekt	18
Formen	18
Gebrauch	18, 20, 23
Indefinido	
Formen, Gebrauch	22, 23
indirekte Rede	10, 19
- ísimo	23
ir a + infinitivo	6
Infinitiv zur Verkürzung von Nebensätzen	27

J

Jahreszahl	10
Jahreszeiten	7

K

Konditional	26
Konjunktiv	
Gebrauch	25
Präsens	24, 25
Perfekt	25
Konjunktionen	3, 8, 21

L

lo als neutraler Artikel	16

M

man	11
Monate	7
mucho	5
muy	5

N

nada	17
nadie	17
Nationalitätenadjektive	11
Negation	1, 6, 9, 17
ningún, ninguno	27
nunca	17

O

Ordnungszahlen	7, 10

P

Passiv	28
Perfekt	9, 20
unregelmäßige Formen	12

Personalpronomen	
als Subjekt	7
im Akkusativ	11, 12, 13
im Dativ	13
zwei Personalpronomen	27
nach einer Präposition	21
zusätzl. Personalpronomen	26
por + Tageszeit	9
Possessivpronomen	3
Präpositionen	2, 15, 20
Prozentsatz	20

R

reflexive Verben	15
Relativpronomen	3, 12

S

Satzbau	3
ser	2
Substantiv	1, 4
Superlativ mit ísimo	23

T

tener que	11
todo	11

U

Uhrzeit	4

V

Vergleich	14
Verkleinerungsformen	27

W

Wetter	8
Wochentage	9

Expresiones gramaticales
(Grammatische Fachbegriffe)

Spanisch	Lateinisch	Deutsch
el acento	Akzent	Akzent
al acusativo	Akkusativ	Wenfall
el adjetivo	Adjektiv	Wiewort, Eigenschaftswort
el adverbio	Adverb	Umstandswort
el artículo	Artikel	Begleiter
la comparación	Komparativ	Vergleich
la conjugación	Konjugation	Beugung
la conjunción	Konjunktion	Bindewort
la declinación	Deklination	Beugung
la entonación	Intonation	Betonung
femenino	feminin	weiblich
el futuro	Futur	Zukunft
el género	Genus	Geschlecht
el imperativo	Imperativ	Befehlsform
el indicativo	Indikativ	Wirklichkeitsform
el infinitivo	Infinitiv	Grundform
masculino	maskulin	männlich
el modo	Modus	Aussageweise
la negación	Negation	Verneinung
neutro	Neutrum	sachlich
el nominativo	Nominativ	Werfall
los números cardinales	Kardinalzahlen	Grundzahlen
los números ordinales	Ordinalzahlen	Ordnungszahlen
la ortografía	Orthographie	Rechtschreibung
el participio perfecto	Partizip Perfekt	Mittelwort der Vergangenheit
el plural	Plural	Mehrzahl
el pluscuamperfecto	Plusquamperfekt	vollendete Vergangenheit
el potencial	Konditional	Bedingungsform
la preposición	Präposition	Verhältniswort
el presente	Präsens	Gegenwart
el pretérito imperfecto	Imperfekt	Vergangenheit
el pretérito indefinido	Indefinido	Vergangenheit

Spanisch	Lateinisch	Deutsch
el pretérito perfecto	Perfekt	vollendete Gegenwart
el pronombre	Pronomen	Fürwort
el pronombre demostrativo	Demonstrativpronomen	hinweisendes Fürwort
el pronombre interrogativo	Interrogativpronomen	Fragefürwort
el pronombre personal	Personalpronomen	persönliches Fürwort
el pronombre posesivo	Possessivpronomen	besitzanzeigendes Fürwort
el pronombre reflexivo	Reflexivpronomen	rückbezügliches Fürwort
el pronombre relativo	Relativpronomen	bezügliches Fürwort
el singular	Singular	Einzahl
la sintaxis	Syntax	Satzbau
el subjuntivo	Konjunktiv	Möglichkeitsform
el sujeto	Subjekt	Satzgegenstand
el superlativo	Superlativ	Höchstform der Steigerung
el sustantivo	Substantiv	Hauptwort
el tiempo	Tempus	Zeitform
el verbo	Verb	Zeitwort
el verbo irregular	irreguläres Verb	unregelmäßiges Zeitwort
el verbo reflexivo	reflexives Verb	rückbezügliches Zeitwort
la voz activa	Aktiv	Tatform
la voz pasiva	Passiv	Leideform

Vocabulario por lecciones
(Vokabelverzeichnis nach Lektionen)

Lección uno

1.A

la lección	die Lektion
en	in, auf (auf die Frage „wo?")
la universidad	die Universität
ser	sein
el curso de alemán	der Deutschkurs
la Universidad Autónoma	die Unabhängige Universität (Eigenname)
de	von, aus
aquí	hier
estudiar	studieren, lernen
la chica	das Mädchen
y	und
el adulto	der Erwachsene
Hola	„Hallo", „Tag" (übliche umgangssprachliche Begrüßung)
tú	du
¿quién?	wer?
el/la estudiante	der Student/die Studentin, der Schüler/die Schülerin
¿qué tal?	wie geht's?
bien	gut
pues, regular	na ja, es geht so
buenos días	guten Tag
usted	Sie (höfliche Anrede); Abk.: Ud., Vd.
la secretaria	die Sekretärin
¿dónde?	wo?
trabajar	arbeiten
el colegio	die Schule
también	auch
la profesora	die Lehrerin
¿cómo?	wie?
¿cómo está usted?	wie geht es Ihnen?
muy bien	sehr gut
gracias	danke
¿cómo estás?	wie geht es Dir?
sí	ja
pero	aber
no	nein, nicht
bueno	gut; hier: also dann
hasta mañana	bis morgen
adiós	auf Wiedersehen

1.B

contestar	beantworten, antworten
la pregunta	die Frage
¿qué?	was?

1.C.1

¿quiénes?	wer? (Mehrzahl)

1.C.3

la señora	die Dame, die Frau

1.C.4

el señor	der Herr, der Mann

1.D.1

el ejemplo	das Beispiel
el ejercicio	die Übung
formular	formulieren

1.D.3

emplear	verwenden
la forma	die Form

1.D.6

la señorita	das Fräulein, die junge Dame

1.D.9

traducir	übersetzen

1.E.1

el diálogo	der Dialog
mal	schlecht
muy mal	sehr schlecht

Lección dos

2.A

el bar	(spanisches) Lokal, Cafetería
terminar	aufhören, beenden
tomar	nehmen; trinken
el bolso	die Tasche
unos	einige
ir	gehen, fahren
a casa	nach Hause
otros	andere
la sala	der Raum
con	mit
la mesa	der Tisch
la silla	der Stuhl
la barra	die Theke
descansar	(sich) ausruhen
algo	etwas
el camarero	der Kellner
trabajar mucho	viel arbeiten
entrar en	eintreten in, betreten
estar	sein, sich befinden
allí	dort
todavía	noch

la clase	die Unterrichtsstunde
el café	der Kaffee
el agua mineral	das Mineralwasser
ahora	jetzt
a casa	nach Hause
la casa	das Haus
ir en bicicleta	mit dem Fahrrad fahren
la bicicleta	das Fahrrad
ir en metro	mit der U-Bahn fahren
el metro	die U-Bahn
normalmente	normalerweise
ir en coche	mit dem Auto fahren
el coche	das Auto
hoy	heute

2.C.1

ojo	hier: aufgepaßt; Auge
ir en autobús	mit dem Autobus fahren
el autobús	der Autobus
ir en tren	mit dem Zug fahren
el tren	der Zug
ir en avión	(mit dem Flugzeug) fliegen
el avión	das Flugzeug
ir en barco	mit dem Schiff fahren
el barco	das Schiff

2.C.3

largo, a	lang

Lección tres

3.A

la familia	die Familie
el padre	der Vater
se llama	er, sie, es heißt
el director	der Direktor
la agencia de viajes	das Reisebüro
el viaje	die Reise
que	der/die/das (Relativpronomen)
vender	verkaufen
muchos países	viele Länder
el país	das Land
Europa	Europa
América	Amerika
su trabajo	seine Arbeit
interesante	interessant
porque	weil
tener	haben
tener contacto	Kontakt haben
el contacto	der Kontakt
muchas personas	viele Leute
la persona	die Person
la madre	die Mutter
la empleada	die Angestellte
el banco	die Bank
ocho	acht
la hora	die Stunde
como	wie
sus colegas	ihre/seine Kollegen/Kolleginnen
el/la colega	der Kollege/die Kollegin
hacer	tun, machen
sólo	nur; erst
cuatro	vier
mucho trabajo	viel Arbeit
dos	zwei
el hijo	der Sohn
la hija	die Tochter
dieciocho	achtzehn
el año	das Jahr
tener quince años	15 Jahre alt sein
la academia de lenguas	die Sprachschule
la lengua	die Sprache
donde	wo/in dem/in der (Relativpronomen)
aprender	lernen
inglés	englisch, die englische Sprache
alemán	deutsch, die deutsche Sprache
importante	wichtig
hablar	sprechen
muchas lenguas	viele Sprachen
leer	lesen
el texto	der Text
el periódico	die (Tages)Zeitung
el alumno	der Schüler
Miguel de Unamuno (1864–1936)	spanischer Schriftsteller
llamar por teléfono	anrufen
mamá	Mama, Mutti
comer	essen
mi amigo	mein Freund
el amigo	der Freund
para (+ infinitivo)	um zu
nuestros deberes de inglés	unsere Englischaufgaben
los deberes	die Hausaufgaben
vuestra tarea de inglés	unsere Englischaufgabe
tus	deine

3.B

¿adónde?	wohin?
¿cuántas horas?	wie lange? wieviele Stunden?
¿cuántos años tienes?	wie alt bist du?
¿por qué?	warum? weshalb?

3.D.5

el cigarrillo	die Zigarette
el vino	der Wein

Lección cuatro

4.A

a las ocho y media	um halb neun
la mañana	der Morgen, der Vormittag

Vocabulario por lecciones

salir (de)	hinausgehen (aus), verlassen; abfahren (von)
abrir	öffnen
a las nueve	um 9 Uhr
el empleado	der Angestellte
ya	schon
la oficina	das Büro
escribir	schreiben
escribir a máquina	mit der Maschine schreiben
la carta	der Brief
son las nueve y cinco	es ist fünf Minuten nach neun
el cliente	der Kunde
el folleto	der Prospekt
sobre	über, auf
¡claro que sí!	natürlich! klar!
la ciudad	die Stadt
bonito, a	hübsch
además	ferner, darüber hinaus
mucho, a	viel
el monumento	das Denkmal, die Sehenswürdigkeit
la información	die Information
detallado, a	ausführlich, detailliert
el acueducto	das Aquädukt, die römische Wasserleitung
el alcázar	die Burg, die (maurische) Festung
el plano de la ciudad	der Stadtplan
organizar	organisieren
la excursión	der Ausflug
la Oficina de Información y Turismo	der (städtische) Verkehrsverein, das Verkehrsamt
a las diez	um 10 Uhr
a las diez menos cuatro	um Viertel vor zehn
recibir	erhalten, empfangen, bekommen
la llamada telefónica	der Telefonanruf
el grupo	die Gruppe
el/la turista	der Tourist/die Touristin
la habitación	das Zimmer
veinte	zwanzig
la habitación doble	das Doppelzimmer
la habitación individual	das Einzelzimmer
para	für
la noche del trece	die Nacht vom 13. zum 14.
al catorce	
reservar	reservieren
hablar por teléfono	telefonieren
diferente	verschieden
el hotel	das Hotel

4.B

preguntar	fragen

4.C.4

a medianoche	um Mitternacht
a mediodía	um 12 Uhr mittags
¿a qué hora?	um wieviel Uhr?
buenas noches	guten Abend, gute Nacht
buenas tardes	guten Tag (Begrüßung am Nachmittag)
el día	der Tag
¿qué hora es?	wie spät ist es?
la tarde	der Nachmittag

4.C.5

nuevo, a	neu
la camarera	die Kellnerin

4.D.2

¿cuándo?	wann?

4.E.2

el horario	der Stundenplan
el horario de trenes	der Fahrplan
la llegada	die Ankunft
llegar a	ankommen in
la salida	die Abfahrt

Lección cinco 5

5.A

algunos, as	einige
Mota del Cuervo	Name einer kleineren Stadt in der Mancha
el pueblo	die kleine Stadt, das Dorf
el centro	das Zentrum
así	so, daher
estar situado, a	gelegen sein, liegen
el sur	der Süden
entre	zwischen
el Océano Atlántico	der Atlantische Ozean
el Mar Mediterráneo	das Mittelmeer
cerca de	nahe bei, in der Nähe von
Africa	Afrika
grande	groß
por eso	deshalb, daher
la región	die Gegend, die Region
el clima	das Klima
el verano	der Sommer
hace mucho calor	es ist sehr heiß
hace calor	es ist heiß
el calor	die Wärme, die Hitze
Andalucía	Andalusien
solamente	nur
las lluvias	die Regenfälle
la lluvia	der Regen
abundante	umfangreich, reichhaltig
Galicia	Galicien
Asturias	Asturien
el norte	der Norden
la Península Ibérica	die iberische Halbinsel
hablar (de)	sprechen (von, über)
seco, a	trocken
húmedo, a	feucht
la agricultura	die Landwirtschaft
la importancia	die Bedeutung, die Wichtigkeit

el este	der Osten	a la derecha de	rechts von
la industria	die Industrie	querer (ie)	wollen, lieben, mögen
Cataluña	Katalonien (im Nord- osten Spaniens)	negro, a	schwarz
		triste	traurig
la capital	die Hauptstadt	no te gustan...	gefallen dir ... nicht?
el noreste	der Nordosten	gustar	gefallen
el País Vasco	das Baskenland	estos jerseys	diese Pullover
el factor	der Faktor	este, a	dieser, diese
económico, a	wirtschaftlich, Wirtschafts-	rojo, a	rot
		verde	grün
el turismo	der Tourismus	me gusta más...	mir gefällt ... besser
pasar	verbringen	estar de moda	in Mode sein
cada año	jedes Jahr, jährlich	llevar	tragen
las vacaciones	die Ferien	aquel, aquella	jener, jene
la costa	die Küste	el modelo	das Modell
		la talla	die Kleidergröße
5.D.2		la vendedora	die Verkäuferin
correcto, a	richtig	poner	stellen, liegen
el profesor	der Lehrer	el mostrador	die Ladentheke
		al final	schließlich
5.D.3		los calcetines	die Socken
o	oder	blanco, a	weiß
el idioma	die Sprache	la camiseta	das T-Shirt
		amarillo, a	gelb
5.D.6		pagar	bezahlen
la foto	das Foto	la tarjeta de crédito	die Kreditkarte
		si	ob, wenn, falls
5.D.7		estar triste	traurig sein
sobrar	übrigbleiben	a ver	'mal sehen
		a la izquierda de	links von
5.E.3		la ventana	das Fenster
la comunidad autónoma	die autonome Region	mirar	betrachten, sich ansehen
		sino	sondern
limitar con	angrenzen an	la moto	das Motorrad
por ejemplo	zum Beispiel		
		6.D.4	
		viajar	reisen
Lección seis 6			
		6.D.5	
		la maleta	der Koffer
6.A			
el Corte Inglés	Name eines span. Kaufhauses	**6.E.1**	
		hacer la maleta	den Koffer packen
comprar	kaufen		
la ropa	die Kleidung	**6.E.4**	
varios, as	verschiedene	la iglesia	die Kirche
la cosa	die Sache	el parque	der Park
el ascensor	der Aufzug		
subir	hinaufgehen, -fahren; einsteigen	**Lección siete 7**	
el departamento	die Abteilung		
buscar	suchen	**7.A.1**	
el jersey	der Pullover	Alemania	Deutschland
primero	hier: zuerst	el octubre	der Oktober
la blusa	die Bluse	la dirección	die Adresse, die Anschrift
el vestido	das Kleid		
la falda	der Rock	por	von, durch
detrás de	hinter	el Instituto de For- mación Profesional	die berufsbildende Schule
el abrigo	der Mantel		
al fondo	im Hintergrund		
los pantalones	die Hose		

Vocabulario por lecciones

ella	sie (3. Pers. Sing.)	la primavera	der Frühling, das Frühjahr
dice	er/sie sagt	el abril	der April
yo	ich	venir	kommen
mantener correspondencia	sich Briefe schreiben	tal vez	vielleicht
sé	ich weiß	hasta la próxima	bis zum nächsten Mal
el futuro	die Zukunft	7.B.B	
el nombre	der (Vor) Name	la edad	das Alter
el cumpleaños	der Geburtstag	7.C.2	
el agosto	der August	¿a cuántos estamos?	den wievielten haben wir?
la hermana	die Schwester	la fecha	das Datum
otro, a	ein anderer, eine andere	el primero	der erste
la recepción	die Rezeption, der Empfang	7.C.6	
moreno, a	dunkelhaarig	decir	sagen
mayor	älter, größer (bei Geschwistern)	7.C.8	
tener los ojos verdes	grüne Augen haben	el invierno	der Winter
pequeño, a	klein	7.D.3	
rubio, a	blond	desear	wünschen
los estudios	die schulische Ausbildung		
el año que viene	im nächsten Jahr		
después	danach		
estudiar Ciencias Económicas	Wirtschaftswissenschaften studieren		
Salamanca	Stadt im Westen Spaniens		
el deporte	der Sport		
sobre todo	vor allem		

Lección ocho

el atletismo	die Leichtathletik	8.A	
el fútbol	der Fußball	por la tarde	am Nachmittag, nachmittags
los fines de semana	hier: an den Wochenenden	el río	der Fluß
el fin	das Ende	montañoso, a	gebirgig
la semana	die Woche	llover (ue)	regnen
la discoteca	die Diskothek	el paisaje	die Landschaft
bailar	tanzen	alto, a	hoch
escuchar	(zu)hören	la temperatura	die Temperatur
la música	die Musik	la temperatura media	die Durchschnittstemperatur
moderno, a	modern	el grado	der Grad (Temperatureinheit)
esperar	erwarten, warten auf	hace (mucho) frío	es ist (sehr) kalt
muchos recuerdos	viele Grüße	estar a ... kilómetros	... km entfernt sein
7.A.2		el kilómetro	der Kilometer
el noviembre	der November	el miércoles	der Mittwoch
querido, a ...	lieber/liebe ... (Anrede im Brief)	como (am Satzanfang)	da, weil
muchas gracias por	vielen Dank für	en casa de	bei jemandem zu Hause
el otoño	der Herbst	dígame	Hallo (am Telefon)
el hermano	der Bruder	el momento	der Moment, der Augenblick
tengo los ojos azules	ich habe blaue Augen	por favor	bitte
azul	blau	contar (ue)	erzählen; zählen
vivir	wohnen, leben	esta tarde	heute nachmittag
a orillas del Rin	am Ufer des Rheins	poder (ue)	können
la empresa	das Unternehmen	pensar (ie)	beabsichtigen; (nach)denken
industrializado, a	industrialisiert	la novia	die (feste) Freundin, die Verlobte
el bosque	der Wald	el sábado	der Samstag
la zona verde	die Grünfläche	vale	einverstanden, okay
el campo	das Land (Gegensatz zu Stadt)		
pasear	spazierengehen		
el invierno	der Winter		
gris	grau		
llueve	es regnet		

la idea	die Idee	aparcar	parken
¿no te gustaría...?	möchtest du nicht ...?	coger	nehmen
la playa	der Strand	la mochila	der Rucksack
claro, a	klar, sicher	el hornillo de gas	der Gaskocher
entonces	dann, danach	¡qué suerte!	was für ein Glück!
el cine	das Kino	la historia	die Geschichte
de acuerdo	einverstanden	el camino	der Weg
tener tiempo	Zeit haben	estrecho, a	schmal
el tiempo	die Zeit; das Wetter	difícil	schwierig
solo, a	allein	caminar	wandern, laufen
encontrar (ue)	finden, treffen	durante	während (Präposition)
la piscina	das Schwimmbad	durante dos horas y media	hier: zweieinhalb Stunden lang
8.C.5		el destino	das Ziel
nevar (ie)	schneien	bueno, a	gut
		la vista	der Blick, die Sicht
8.C.7		maravilloso, a	wunderbar, herrlich
bajo	unter, unterhalb von	tener hambre	Hunger haben
cero	null	empezar (ie) a hacer algo	anfangen, etw. zu tun
hace buen tiempo	es ist gutes/schönes Wetter	el bolsillo	die Tasche, das Portemonnaie
hace mal tiempo	es ist schlechtes Wetter		
la niebla	der Nebel	olvidar	vergessen
la nieve	der Schnee	el abrelatas	der Dosenöffner
la nube	die Wolke	de verdad	wirklich, wahrhaftig
nuboso, a	bewölkt	ser listo, a	klug/pfiffig sein
el sol	die Sonne	la amiga	die Freundin
la sombra	der Schatten	entender (ie)	verstehen, hören
el viento	der Wind	estar contento, a	zufrieden sein
8.E			
el extranjero	das Ausland		
máximo, a	Höchst-		
mínimo, a	Niedrigst-		

Lección diez 10

10.A.1

el Paseo Marítimo	die Strandpromenade
el paseo	die Promenade; der Spaziergang
marítimo, a	See-
la reserva	die Reservierung
estimados señores	sehr geehrte Herren
la cama	das Bett
libre	frei
a finales de	Ende + Monatsname
el precio	der Preis
el baño	das Bad, die Badewanne
la ducha	die Dusche
pronto, a	baldig
la confirmación	die Bestätigung
cordialmente	mit freundlichen Grüßen

10.A.2

D. = Don	Titel vor männlichem Namen
muy señor nuestro	sehr geehrter Herr (Schneider)
acabar de hacer algo	gerade etw. getan haben
confirmar	bestätigen
siguiente	folgend
el primer piso	der 1. Stock, das 1. Stockwerk

Lección nueve 9

9.A

memorable	denkwürdig
volver (ue) de	zurückgehen, zurückkommen von
por la noche	nachts, abends
antes de (infinitivo)	bevor ...
el hombre	der Mensch, der Mann
sonar (ue)	klingen
contento, a	zufrieden
temprano	früh
tardar	(Zeit) benötigen
el punto	der Punkt
desayunar	frühstücken
la tienda	das Geschäft, der Laden
la lata	die Dose
la lata de conservas	die Konservendose
el pan	das Brot
preparar	vorbereiten
la comida	das Essen
continuar	weitermachen, -gehen, -fahren
poco, a	wenig

el piso	der Stock, das Stockwerk	tan caro	so teuer
el tercer piso	der 3. Stock	la calidad	die Qualität
ofrecer	anbieten	costa (ue)	kosten
el servicio	der Service, die Dienstleistung	loco, a	verrückt
		atender (ie)	bedienen
el restaurante	das Restaurant	el pasaporte	der Reisepaß
la cocina	die Küche	el carnet de identidad	der Personalausweis
regional	regional	apuntar	aufschreiben
las actividades deportivas	die sportlichen Aktivitäten	el número	die Zahl
la actividad deportivo, a	die Aktivität sportlich, Sport-	firmar	unterschreiben
los alrededores	die Umgebung	el hostal	das (einfache) Hotel
la visita	der Besuch	la caja	die Kasse
muy atentamente	mit freundlichen Grüßen	recoger	abholen
el/la gerente	der Geschäftsführer, die Geschäftsführerin	tener cuidado	aufpassen
		gastar	ausgeben
		de una vez	auf einmal

10.E.1

la estancia	der Aufenthalt
mandar	schicken
la respuesta	die Antwort

Lección once 11

11.A

estar empleado, a	beschäftigt sein
cerrar (ie)	schließen
la taquilla	der Schalter
la tarea	die Aufgabe
ingresar	einzahlen
el dinero	das Geld
retirar	(Geld) abheben
la cantidad	die Menge, der Betrag
la cuenta	das Konto
la libreta de ahorros	das Sparbuch
el consejo	der Rat(schlag)
invertir	(Geld) anlegen, investieren
cambiar	(Geld) wechseln
el eurocheque	der Euroscheck
la moneda	das (Klein) Geld; die Währung
cobrar	(Scheck) einlösen
el cheque	der Scheck
el marco alemán	die DM
el franco	der Franc
el dólar	der Dollar
el cajero automático	der Geldautomat
el joven	der Jugendliche, der junge Mann
el matrimonio	das Ehepaar
visitar	besuchen
la gente (singular)	die Leute (Plural)
el rato	der Augenblick
mira	sieh 'mal
el vuelo	der Flug
caro, a	teuer
más	mehr
suficiente	genug, hinreichend
el gasto	die Ausgabe

Lección doce 12

12.A

la mudanza	der Umzug
el camión	der Lastwagen
por todas partes	überall
el juguete	das Spielzeug
la vajilla	das Geschirr
la muñeca	die Puppe
junto con	zusammen mit
ahora mismo	jetzt gleich
meter	stellen, legen
el mueble	das Möbelstück
la pausa	die Pause
ayudar	helfen
distinto, a	verschieden, unterschiedlich
el transistor	das (Koffer) Radio
poner música	Musik anstellen
el plato	der Teller
el cuchillo	das Messer
enseguida	sofort
sacar	herausnehmen
el disco	die Schallplatte
la estantería	das Regal
papá	Papa, Vati
la planta	die Pflanze
dentro	drinnen
duro, a	hart
faltar	fehlen

Lección trece 13

13.A

la cena	das Abendessen
la agenda	das Notizbuch, der Terminkalender
marcar	(Telefonnummer) wählen
junto, a	gemeinsam
parecer	scheinen, erscheinen

antes	vorher
el barrio	das Stadtviertel, der Stadtteil
el barrio satélite	die Satellitenstadt
saludar	grüßen, begrüßen
traer	mitbringen
la galleta	das Plätzchen
entretanto	inzwischen
cenar	zu Abend essen
la ensalada	der Salat
la tortilla francesa	das Omelett
la tortilla española	das Bauernomelett
lavar	waschen
la lechuga	der (Kopf) Salat
el tomate	die Tomate
el pepino	die Gurke
la cebolla	die Zwiebel
el aceite	das Öl
el vinagre	der Essig
rápido, a	schnell
el armario	der Schrank
el postre	der Nachtisch
el flan	der Karamelpudding
a propósito	übrigens
pelar	schälen
la patata	die Kartoffel
batir	(Eier) schlagen
el huevo	das Ei
la botella	die Flasche
estar listo, a	fertig sein
la mujer	die Frau
el comedor	das Eßzimmer
dentro de	innerhalb von
tener sed	Durst haben
la sed	der Durst
el vaso	das Glas

13.B

casi	fast

Lección catorce 14

14.A

el continente	der Kontinent
inmenso, a	sehr groß
extenderse (ie)	sich erstrecken
Tierra del Fuego	Feuerland
la parte	der Teil
el conjunto	die Gesamtheit
oficial	offiziell
el portugués	das Portugiesische, der Portugiese
denominar	bezeichnen
la nación	die Nation, das Land
derivar	abstammen
el latín	das Lateinische
el Mar Caribe	das Karibische Meer, die Karibik
el Océano Pacífico	der Pazifik
la montaña	der Berg
impresionante	eindrucksvoll
la Cordillera de los Andes	die Andenkette
la altura	die Höhe
medio, a	durchschnittlich
el pico	der Berggipfel
el mundo	die Welt
nacer	(Fluß) entspringen
atravesar (ie)	durchqueren, (Fluß) fließen durch
a causa de	wegen, aufgrund
enorme	enorm, riesig
la extensión	die Ausdehnung
tanto ... como ...	sowohl ... als auch ...
la zona desértico, a	die Zone, das Gebiet Wüsten-
la selva tropical	der Tropenwald
la vegetación	die Vegetation
la materia prima	der Rohstoff
el petróleo	das Erdöl
el cobre	das Kupfer
la plata	das Silber
sin embargo	jedoch, allerdings
depender	abhängen von
el cultivo	der Anbau
el banano	die Bananenstaude
el plátano	die Banane
el azúcar	der Zucker
a pesar de	trotz
la condición	die Bedingung
numeroso, a	zahlreich
los recursos naturales	die Bodenschätze
la tierra	das Land
fértil	fruchtbar
subdesarrollado, a	unterentwickelt
exportar	exportieren
el producto	das Produkt, die Ware
bajo, a	niedrig
obtener (ie)	erhalten, bekommen
la divisa	die Devise
necesario, a	notwendig
mejorar	verbessern
la situación	die Situation, die Lage
la tasa	die Rate
el crecimiento	das Wachstum
la población	die Bevölkerung
elevado, a	hoch
la inflación	die Inflation
la deuda	die Schuld
exterior	Auslands-
el problema	das Problem
grave	schwer; ernst
el desarrollo	die Entwicklung
socioeconómico, a	sozioökonomisch

14:D.4

el volcán	der Vulkan
el estaño	das Zinn

14.D.5

el algodón	die Baumwolle

14.D.7

la banana	die Banane

Vocabulario por lecciones **227**

Lección quince

15.A

laboral	Arbeits-
la Formación Profesional	die Berufsausbildung
el comercio	das Geschäft; der Handel
la jornada	der Tag, der Tagesablauf
levantarse	aufstehen
el cuarto de baño	das Badezimmer
ducharse	sich duschen
luego	dann
arreglarse	sich zurechtmachen
la parada	die Haltestelle
enfrente de	gegenüber von
la línea	die (Autobus) Linie
la zona peatonal	die Fußgängerzone
junto a	neben
el Mercado Central	der Zentralmarkt
encontrarse (ue) con	sich treffen mit
el vendedor	der Verkäufer
extrañarse	sich wundern
vacío, a	leer
el dueño	der Inhaber, der Eigentümer
soler (ue) hacer algo	gewöhnlich etw. tun
ponerse a hacer algo	beginnen, etw. zu tun
la llamada	der Anruf
el contestador automático	der Anrufbeantworter
oir	hören
el ruido	das Geräusch
acercarse a	sich einer Sache/Person nähern
detrás	dahinter
el suelo	der Fußboden
caerse	(hin) fallen
romperse	sich brechen
el pie	der Fuß
doler (ue)	schmerzen
llamar	rufen, anrufen
el médico	der Arzt
el médico de urgencia	der Notarzt
la paciencia	die Geduld
el jefe	der Chef
organizarse	zurechtkommen
el minuto	die Minute
trasladar al hospital	ins Krankenhaus bringen
abierto, a	geöffnet, offen
el cierre	das Schließen; der Ladenschluß
agotado, a	müde, erschöpft
último, a	letzte/r
el disco compacto	die CD
a todo volumen	in voller Lautstärke
casi me dejas sordo	ich bin fast taub geworden
¿qué te parece?	was hältst du davon?
después de	nach (zeitlich)
de al lado	von nebenan
tranquilo, a	ruhig

Lección dieciséis

16.A

la superficie	die Oberfläche
el habitante	der Einwohner
político, a	politisch
el Estado	der Staat
la Monarquía parlamentario, a	die Monarchie parlamentarisch
actual	derzeitig, aktuell
el Jefe del Estado	der Staatschef
el rey	der König
constar de	bestehen aus
peninsular	Halbinsel-; hier: auf der Halbinsel
insular	Insel-; hier: auf den Inseln
las Islas Baleares	die Balearen
las Islas Canarias	die Kanarischen Inseln
el castellano	das Spanische
el catalán	das Katalanische
el vasco	das Baskische
el gallego	das Galicische
estar formado, a	gebildet sein
la provincia	die Provinz
caluroso, a	warm
suave	mild
bajar	sinken
irregular	unregelmäßig
principalmente	hauptsächlich
debido a	aufgrund von
climatológico, a	Klima-
la época	die Epoche, die Zeit
el árabe	der Araber
construir	erbauen
el sistema	das System
el canal	der Kanal
regar (ie)	bewässern
típico, a	typisch
valenciano, a	valencianisch; aus Valencia
la huerta	die bewässerten Gemüsefelder
gracias a	dank, aufgrund
el riego	die Bewässerung
hasta	bis
la cosecha	die Ernte
al año	pro Jahr
la producción	die Produktion
agrícola	landwirtschaftlich, Agrar-
la UE	die Europäische Union (EU)
la Unión Europea	die Europäische Union
efectivamente	tatsächlich; nämlich
cultivar	anbauen
los frutos cítricos	die Südfrüchte
los cítricos	die Südfrüchte
la naranja	die Apfelsine
el limón	die Zitrone
la mandarina	die Mandarine
el arroz	der Reis

Vocabulario por lecciones

famoso, a	bekannt, berühmt
excelente	hervorragend, ausgezeichnet
las hortalizas	das Gemüse
el pimiento	die Paprika
industrial	Industrie-, industriell
notable	bemerkenswert, beträchtlich
la empresa de turismos	das Autowerk
la cerámica	die Keramik
el calzado	der Schuh
la Costa del Azahar	die Orangenblütenküste
el interés	das Interesse
turístico, a	touristisch
conocido, a	bekannt
dar	geben
la construcción	der Bau; die Bauindustrie
los transportes	das Transportwesen
causar	verursachen
ecológico, a	ökologisch, Umwelt-
la contaminación	die Verschmutzung
el medio ambiente	die Umwelt
la destrucción	die Zerstörung
la tradición	die Tradition
cultural	kulturell, Kultur-
conocer	kennen
la fiesta	das Fest
celebrar	feiern
el marzo	der März
el uso	die Verwendung
además de	zusätzlich zu, neben
contener	beinhalten
la variedad	die Art

Lección diecisiete

17.A

el negocio	das Geschäft
el empresario	der Unternehmer
importar	einführen, importieren
la feria	die Messe, die Ausstellung
a mediados de (marzo)	Mitte (März)
dar una vuelta	einen (Spazier) Gang machen
el puesto	der Stand
el expositor	der Aussteller
el pabellón	der Ausstellungsraum; der (Messe)Stand
estar interesado, a en	interessiert sein an
establecer	herstellen, errichten
tener suerte	Glück haben
decidir hacer algo	beschließen, etw. zu tun
la tranquilidad	die Ruhe
así que	so daß
elegir	auswählen
el menú del día	das Tagesmenü
realmente	tatsächlich

la colección	die Kollektion, die Auswahl
el roble	die Eiche
introducir	einführen
el mercado	der Markt
pues qué bien	wie gut!
el importador	der Importeur
el tipo	die Art
el éxito	der Erfolg
el plazo	die Frist
la entrega	die Lieferung
ser de	betragen, sich belaufen auf
¿cuáles?	welche?
el pago	die Zahlung
realizarse	durchgeführt werden
la transferencia	die Überweisung
bancario, a	Bank-
la manera	die Art, die Weise
extranjero, a	ausländisch, Auslands-
estupendo, a	wunderbar
entregar	geben; liefern
el catálogo ilustrado	der Katalog
la lista	die Liste
notar	bemerken
futuro, a	zukünftig
el socio	der Gesellschafter, der Geschäftspartner

Lección dieciocho

18.A

el aspecto	der Gesichtspunkt
el sector	der Wirtschaftszweig, der Sektor
considerable	beträchtlich
la economía	die Wirtschaft
cada	jede/r/s
atraído, a por	angezogen durch
atraer	anziehen
la diversión	die Abwechslung
practicar	ausüben, praktizieren
la natación	das Schwimmen; der Schwimmsport
la vela	das Segeln; der Segelsport
el windsurf	das Surfen
el tenis	das Tennis; der Tennissport
popular	Volks-; volkstümlich
la mayoría	die Mehrzahl; die meisten
Francia	Frankreich
Inglaterra	England
concentrarse	sich konzentrieren, sich ballen
indicar	angeben
el mapa	die Landkarte
el interior	das Innere, das Inland
bello, a	schön
nacional	national, hier: spanisch

aportar	bringen, einbringen	la intención	die Absicht
crear	schaffen	el grifo	der Wasserhahn
el puesto de trabajo	der Arbeitsplatz	el jardín	der Garten
los servicios	die Dienstleistungen	el gobierno	die Regierung
la concentración	die Konzentrierung, die Zusammenballung	combatir	bekämpfen
masivo, a	massenhaft; hier: von vielen Personen	la sequía	die Trockenheit
		el plan hidrológico, a	der Plan Wasser-, wasserwirtschaftlich
serio, a	ernsthaft	desarrollar	entwickeln
incontrolado, a	unkontrolliert	el billón	die Billion
el apartamento	das Appartement, die Wohnung	repartir	verteilen
potable	trinkbar, Trink-	mejor	besser
desde	seit; von … aus	el pantano	der Stausee, die Talsperre
pobre	arm	servir de	dienen als
estar de vacaciones	in Ferien sein	por un lado	einerseits
el taxista	der Taxifahrer	por otro lado	andererseits
el aeropuerto	der Flughafen	permitir	ermöglichen; erlauben
qué va	keinesfalls! überhaupt nicht!	el aumento	die Erhöhung
		la energía	die Energie
el pescador	der Fischer	la energía hidroeléctrica	die Stromenergie aus Wasserkraft
existir	bestehen, existieren	aprovechar	ausnutzen
antiguo, a	alt	las aguas residuales	das Brauchwasser
ganar	verdienen	conforme a	entsprechend, gemäß
emigrar	auswandern	la norma	die Norm
dedicarse a	sich beschäftigen mit	la depuradora	die Kläranlage
la pesca	der Fischfang; das Angeln	prever	vorsehen
pues	nun	la realización	die Realisierung, die Verwirklichung
al principio	am Anfang, anfangs	la canalización	die Regulierung (eines Flusses)
poner esperanza en	Hoffnung setzen in		
el regadío	die Bewässerung	la medida	die Maßnahme
el invernadero	das Gewächshaus	la inversión	die Investition
ideal	ideal	participar	teilnehmen
la restricción	die Einschränkung	activo, a	aktiv
el agricultor	der Landwirt	significar	bedeuten
quejarse	sich beklagen	la utilización	die Nutzung
la solución	die Lösung	el consumo	der Verbrauch
único, a	einzig/e/r	diario, a	täglich
menos	weniger		
la opinión	die Meinung	19.B	
aguantar	aushalten, ertragen	según	gemäß, nach
18.E.5		19.D.11	
el intérprete	der Dolmetscher	el Brasil	Brasilien
		a partir de	vom … an
		la conexión	die Verbindung
		brasileño, a	brasilianisch
		consultar	befragen
		el agente de viajes	hier: Reisebüro
		aéreo, a	Flug-, Luft-

Lección diecinueve

19.A

el abastecimiento	die Versorgung
la prensa	die Presse
el artículo	der Artikel
el paso	das Vorbeifließen
afrontar	gegenüberstehen
tardar en hacer	Zeit benötigen, um etw. zu tun
resolver (ue)	lösen
el suministro	die (Wasser)Versorgung; die Lieferung
abastecer	versorgen
anunciar	ankündigen, mitteilen

Lección veinte

20.A

el mestizo	der Mestize
el indio	der Indio, der Indianer, der Inder
el crisol	der Schmelztiegel

el siglo	das Jahrhundert	la desigualdad	die Ungleichheit
sudamericano, a	südamerikanisch	social	sozial
poblado, a	bevölkert	la riqueza	der Reichtum
el europeo	der Europäer	el gas	das Gas
frecuente	häufig	el gas natural	das Erdgas
la emigración	die Auswanderung	el uranio	das Uranium
en busca de	auf der Suche nach	el plomo	das Blei
la libertad	die Freiheit	relativo, a	relativ, verhältnismäßig
la vida	das Leben	la estabilidad	die Stabilität
Sudamérica	Südamerika	sin duda	ohne Zweifel, zweifellos
el emigrante	der Auswanderer	la densidad	die Dichte
dirigirse a	sich begeben nach; sich wenden an	la renta per cápita	das Pro-Kopf-Einkommen
miles de	Tausende von	el paro	die Arbeitslosigkeit
e	(vor anlautendem i bzw. hi) und	20.C.4	
la explotación	der Betrieb; die Bewirtschaftung	el porcentaje	der Prozentsatz

Lección veintiuno 21

ganadero, a	Vieh-
el atractivo	der Anreiz
extenso, a	riesig, ausgedehnt
la pampa	die Pampa (baumlose Grasebene)
el gaucho	der Gaucho (berittener Viehhirte)
la vaca	die Kuh
desde principios de	seit Anfang
el productor	der Hersteller, der Produzent
el exportador	der Exporteur
los cereales	das Getreide
la carne	das Fleisch
vacuno	Rind-
la prosperidad	der Wohlstand
el dato	die Angabe
curioso, a	merkwürdig; bemerkenswert
matricular	(Autos) anmelden
Londres	London
el teatro	das Theater
la editorial	das Verlagshaus, der Verlag
la guerra	der Krieg
la caída	der Verfall; der Fall
internacional	international, weltweit
provocar	auslösen
la crisis	die Krise
fuerte	stark
sufrir	erleiden
la inestabilidad	die Instabilität
el cambio	der Wechsel, der Wandel
el período	die Periode, der Zeitraum
la dictadura	die Diktatur
militar	militärisch, Militär-
las Malvinas	die Malvinen, die Falklandinseln
contra	gegen
Gran Bretaña	Großbritannien
contribuir	beitragen
poner fin a	etw. beenden
democrático, a	demokratisch
lograr	gelingen
solucionar	lösen

21.A
fuera	draußen; auswärts
Castilla	Kastilien
Aragón	Aragonien
asombrar	verwundern
semiabandonado, a	halb verlassen
explicar	erklären
el fenómeno	die Erscheinung, das Phänomen
tener en cuenta	berücksichtigen
profundo, a	tief
mientras que	während (Gegensatz)
la industrialización	die Industrialisierung
centroeuropeo, a	mitteleuropäisch
seguir + gerundio	weiterhin etw. tun
mantener	aufrechterhalten, beibehalten
fundamental	grundsätzlich
agrario, a	landwirtschaftlich, Agrar-
la estructura	die Struktur
deber a	zurückführen auf
la consecuencia	die Folge, die Folgerung
la Guerra Civil	der Bürgerkrieg
la política	die Politik
la autarquía	die Autarkie
el general	der General
a partir de	ab
rural	ländlich
ya no	nicht mehr
la perspectiva	die Aussicht, die Perspektive
abandonar	verlassen
el campesino	der Landwirt, der Bauer
el trabajador	der Arbeiter, der Arbeitnehmer
Bélgica	Belgien
Suiza	Schweiz

regresar	zurückkehren
el caso	der Fall
el andaluz	der Andalusier
el extremeño	der Bewohner der Extremadura
el inmigrante	der Einwanderer, der Zuwanderer
tampoco	auch nicht
fácil	leicht
la dificultad	die Schwierigkeit
la integración	die Integration
acoger	aufnehmen
fomentar	fördern
el curso	der Kurs
gratuito, a	gratis, kostenfrei
ya que	da, weil
quedarse	bleiben

21.D.5

asociar	(miteinander) verbinden

Lección veintidós

22. A

gallego, a	galicisch; Galicier/in
por supuesto	natürlich
casarse	(sich ver)heiraten
el soldador	der Schweißer
los astilleros	die Werft
la jubilación	die Pensionierung
la profesión	der Beruf
el regreso	die Rückkehr
hasta que	bis (Konjunktion)
el mes	der Monat
la Semana Santa	die Karwoche
matricularse	sich einschreiben, sich anmelden
la escuela	die Schule
la carrera	die Laufbahn; die (Hochschul-) Ausbildung
el título	der Titel; der Abschluß
la salida profesional	die berufliche Möglichkeit
veranear	die (Sommer)Ferien verbringen
dejar	lassen; verlassen
cierto, a	gewiß
la prisa	die Eile

Lección veintitrés

23.A

la sede	der Sitz (Regierungs-, Behörden-, Unternehmens-)
la corte	der (Königs)Hof
sencillo, a	einfach, bescheiden
decidirse por	sich entscheiden für
geográfico, a	geographisch
gobernar	reagieren
centralista	zentralistisch
pronto	bald
pasar a ser	werden
artístico, a	künstlerisch
el convento	das Kloster
el palacio	der Palast
el edificio	das Gebäude
suntuoso, a	prächtig
el centralismo	der Zentralismus
rígido, a	streng
concentrar	konzentrieren
el organismo	das Organ
administrativo, a	Verwaltungs-, verwaltungsmäßig
reconocer	anerkennen
la responsabilidad	die Verantwortung, die Verantwortlichkeit
el símbolo	das Symbol
la opresión	die Bedrückung, die Angst
morir	sterben
el proceso	der Prozeß, die Entwicklung
la democratización	die Demokratisierung
la descentralización	die Dezentralisierung
el poder	die Macht
la creación	die Schaffung
central	zentral
el equilibrio	das Gleichgewicht
autónomo, a	autonom
respectivo, a	entsprechend
interesantísimo, a	sehr interessant
el gusto	der Geschmack
el museo	das Museum
fuera de	außerhalb von
el madrileño	der Bewohner von Madrid
acostarse (ue)	ins Bett gehen, schlafen gehen
la función	die Vorstellung; die Funktion
la movida	das (Nacht)Leben
especial	besonders
la moda	die Mode
dormir (ue)	schlafen
el atasco	der Stau
el tráfico	der Verkehr
el aire	die Luft
el medio de información	das Informationsmedium
la delincuencia	die Verbrechen
la droga	die Droge
unir	hinzufügen
juvenil	jugendlich, Jugend-
el reto	die Herausforderung
ilegal	ungesetzlich; hier: heimlich
aunque	obwohl, obgleich
mencionar	erwähnen
el visitante	der Besucher
atractivo, a	attraktiv

23.D.2

el dibujo	die Zeichnung

Lección veinticuatro

24.A

rodear	umgeben
la publicidad	die Werbung, die Reklame
el pescado	der (gefangene) Fisch, das Fischgericht
fresco, a	frisch
la manzana	der Apfel
tal, tales	derartig, solche/r
la exclamación	der Ausruf
romano, a	römisch
la mercancía	die Ware, das Produkt
cada uno, a	jeder/jede
intentar	beabsichtigen, wollen
llamar la atención	die Aufmerksamkeit hervorrufen
u (vor mit o oder ho beginnendem Wort)	oder
la oferta	das Angebot
a través de	durch, über
la presentación	die Präsentation, das Vorstellen
lanzar	werfen
aumentar	(an)steigen, zunehmen
la competencia	der Wettbewerb, die Konkurrenz
el aviso publicitario	die Werbeankündigung
el cartel	das Plakat
el anuncio	die Anzeige
transmitir	senden
la radio	das Radio
la televisión	das Fernsehen, das TV
los medios de comunicación	die Medien
publicitario, a	Werbe-
convencer	überzeugen
el lector	der Leser
mediano, a	mittlere/r/s
publicar	veröffentlichen
el presupuesto	der Haushalt, das Budget
ocupar	einnehmen
el lugar	die Stelle, der Platz
la tele	das Fernsehen
la financiación	die Finanzierung
estatal	staatlich, Staats-
la cadena privada	der Privatsender
financiar	finanzieren
los ingresos	die Einnahmen
emitir	senden, ausstrahlen
el programa	das Programm
cualquier	irgendein
autonómico, a	zu einer autonomen Region gehörend

Lección veinticinco

25.A

la mano de obra	die Arbeitskräfte
la Delegación de Trabajo	das Arbeitsamt
la siderurgia	die eisenschaffende Industrie
afectar	betreffen
fíjate	stell' dir vor!
la tasa de paro	die Arbeitslose
el obrero	der Arbeiter
no cualificado, a	hier: ungelernt
adecuado, a	geeignet
por parte de	seitens, durch
paliar	lindern; verbessern
el Inem	das Arbeitsamt
el cursillo	der (Fortbildungs)Kurs
la ampliación	die Erweiterung
la ampliación profesional	die Weiterbildung
la informática	die Informatik
la contabilidad	das Rechnungswesen, die Buchführung
asistir	teilnehmen
cualificarse	sich qualifizieren
recomendar (ie)	empfehlen
lo antes posible	so bald wie möglich
preparado, a	vorbereitet
alegrarse	sich freuen
durar	dauern
por el contrario	im Gegenteil, hingegen
cursar ... años de escuela	... Jahre zur Schule gehen
los conocimientos	die Kenntnise
práctico, a	praktisch
adquirir (ie)	erwerben
poner en marcha	auf den Weg bringen
educativo, a	Erziehungs-
para que	damit
consistir en	bestehen aus
la reforma	die Reform
el Bachillerato	das Abitur
la formación	die Ausbildung
las prácticas	das Praktikum
el taller	die Werkstatt
obligatorio, a	obligatorisch; verpflichtend
el ramo profesional	die Berufsrichtung

Lección veintiséis

26.A

contar (ue) con	verfügen über; haben
estar dividido, a	aufgeteilt sein
mayormente	besonders, vorwiegend
escaso, a	selten; gering
el puente	die Brücke
el granero	die Kornkammer
rico, a	reich
el Imperio Romano	das Römische Reich
próspero, a	blühend; glücklich
pacífico, a	friedlich
la convivencia	das Zusammenleben
la cultura	die Kultur
el musulmán	der Moslem
el cristiano	der Christ
el judío	der Jude

Vocabulario por lecciones

la innovación	die Neuerung, die Innovation	experimentar	erfahren; aufweisen, verzeichnen
técnico, a	technisch	histórico, a	historisch, geschichtlich
la caña de azúcar	das Zuckerrohr	la media	der Durchschnitt, der Mittelwert
el naranjo	der Apfelsinenbaum	atrasado, a	rückständig
la enseñanza	das Unterrichts-, das Schulwesen		
la biblioteca	die Bibliothek		
público, a	öffentlich		
el juego	das Spiel		
el ajedrez	das Schachspiel		
la Reconquista	die Rück-, die Wiedereroberung		

Lección veintisiete

destruir	zerstören		
el estancamiento	das Stagnieren	27.A	
general	generell, allgemein	la sandía	die Wassermelone
la ganadería	die Viehzucht	el área de descanso	der Rastplatz
bastante	ziemlich	el autocar	der Reisebus
la población activa	die erwerbsfähige Bevölkerung, die Erwerbsbevölkerung	el camionero	der LKW-Fahrer, der Fernfahrer
la aceituna	die Olive	estar sentado, a	sitzen
el trigo	der Weizen	alrededor de	um ... herum
caracterizarse	sich auszeichnen, geprägt sein	la mesita	der kleine Tisch, das Tischchen
el latifundismo	der Großgrundbesitz	plegable	faltbar; Klapp-
la propiedad	der Besitz, das Eigentum	interesar	interessieren
superar	hinausgehen über; größer sein als	transportar	transportieren, befördern
la hectárea	der Hektar	exclusivo, a	ausschließlich
el propietario	der Eigentümer	la fruta	das Obst
poseer	besitzen	cargado, a	beladen
la vez	das Mal	Bruselas	Brüssel
estar aprovechado, a	genutzt sein	el conductor	der Fahrer
la productividad	die Produktivität	delicado, a	hier: verderblich
climático, a	klimatisch, Klima-	la fresa	die Erdbeere
desfavorable	ungünstig	la ley	das Gesetz
la falta	das Fehlen; der Fehler	de un tirón	auf einmal, an einem Stück
el partidario	der Anhänger, der Befürworter	el control	die Kontrolle
opinar	meinen, der Meinung sein	la policía	die Polizei
el obstáculo	das Hindernis, die Erschwernis	la multa	die gebührenpflichtige Verwarnung, die Geldstrafe
los recursos energéticos	die Energievorkommen	devolver	zurückgeben, erstatten
la infraestructura	die Infrastruktur	cuanto antes	so bald wie möglich
deficiente	unzureichend, ungenügend	tanto, a	so viel, so groß
la carretera	die Landstraße	Marruecos	Marokko
la autopista	die Autobahn	durísimo, a	sehr hart
la mejora	die Verbesserung	descargar	abladen, entladen
espectacular	außergewöhnlich, außerordentlich	¡hala!	los! ran!
el tren de alta velocidad	der Hochgeschwindigkeitszug	cargar	laden, beladen
		la vuelta	die Rückfahrt
inaugurar	einweihen; eröffnen	a menudo	oft, häufig
la Expo 92	die Weltausstellung 1992	la pieza	das Teil; das Stück
		el automóvil	das Auto
el sector terciario	der Dienstleistungssektor	la semanita	eine (knappe) Woche
		preferier (ie)	vorziehen, etwas lieber tun
el auge	die Zunahme, die Steigerung	el huerto	der (Obst- und Gemüse)Garten
		igual	ebenso, gleich

Lección veintiocho

28.A

Cristóbal Colón	Christoph Kolumbus
el oro	das Gold
el cálculo	die Rechnung, die Berechnung
resultar	sich herausstellen als
erróneo, a	irrig, falsch
quizás	vielleicht
valioso, a	wertvoll
la belleza	die Schönheit
la diversidad	die Vielfalt
biológico, a	biologisch
tropical	tropisch, Tropen-
el tico	der Einwohner von Costa Rica
poblar (ue)	bevölkern; leben auf
hermoso, a	schön
ambos, as	beide, die beiden
el lado	die Seite
el istmo	die Landenge
relativamente	verhältnismäßig
desconocido, a	unbekannt
aparecer	erscheinen
las noticias	die Nachrichten, die Meldungen
la revolución	die Revolution
el golpe de Estado	der Staatsstreich, der Putsch
el mal	das Übel
el país en vías de desarrollo	das Entwicklungsland
la república	die Republik
estable	stabil
la constitución	die Verfassung
prohibir	verbieten
el mantenimiento	die Aufrechterhaltung
el ejército	das Heer
el analfabetismo	der Analphabetismus
el promedio	der Durchschnitt
el presidente	der Präsident
el Premio Nobel	der Nobelpreis
la paz	der Frieden
el esfuerzo	die Anstrengung, das Bemühen
el conflicto	der Konflikt
interno, a	intern
tradicional	traditionell, herkömmlich
el espíritu	der Geist
desafortunado, a	unglücklich
presentar	vorstellen; aufweisen
el Tercer Mundo	die Dritte Welt
basado, a en	gestützt auf
el monocultivo	die Monokultur
la explosión demográfico, a	die Explosion demographisch, Bevölkerungs-
extremado, a	übertrieben, außerordentlich
precario, a	heikel, unsicher
la exportación	der Export
ligado, a	gebunden an
caer	fallen
la introducción	die Einführung
el arancel de aduanas	der Zolltarif
decidir	beschließen, entscheiden
proteger	schützen
las Antillas	die Antillen
perjudicar	schaden
la competitividad	die Wettbewerbsfähigkeit
costarricense	aus Costa Rica
la década	das Jahrzehnt
tratar de hacer	versuchen zu tun
promover	fördern
el material	das Material
sintético, a	synthetisch, Kunst-
los textiles	die Textilien
la madera	das Holz
el papel	das Papier
lácteo, a	Milch-
la flor	die Blume
medicinal	medizinisch, Medizin-
al igual que	ebenso wie
constituir	darstellen, ausmachen
la tecnología	die Technologie
competitivo, a	wettbewerbsfähig
a nivel mundial	weltweit, auf Weltebene
crudo, a	roh, Roh-
creciente	wachsend, steigend
la hamburguesa	der 'Hamburger'
el resultado	das Ergebnis
el territorio	das (Staats)Gebiet
talar	(Bäume) fällen; verwüsten
el terreno	der Boden, das Gelände
prestarse a	sich eignen für
el pastoreo	die Weidewirtschaft
la erosión	die Bodenerosion
la tala	das Abholzen, die Verwüstung
el capital	das Kapital
innumerable	unzählbar
la flora	die Flora, die Pflanzenwelt
la fauna	die Fauna, die Tierwelt

Vocabulario por orden alfabético
(Alphabetisches Vokabelverzeichnis)

A

abandonar (21.A)	verlassen	la agencia publicitaria (24.A)	die Werbeagentur
abastecer (19.A)	versorgen	la agenda (13.A)	das Notizbuch, der Terminkalender
el abastecimiento (19.A)	die Versorgung	el agente de viajes (19.D.11)	hier: das Reisebüro
abierto,a (15.A)	geöffnet, offen	el agosto (7.A.1)	der August
el abrelatas (9.A)	der Dosenöffner	agotado,a (15.A)	müde, erschöpft
el abrigo (6.A)	der Mantel	agrario,a (21.A)	landwirtschaftlich, Agrar-
el abril (7.A.2)	der April	agrícola (16.A)	landwirtschaftlich, Agrar-
abrir (4.A)	öffnen	el agricultor (18.A)	der Landwirt
abundante (5.A)	umfangreich, reichhaltig	la agricultura (5.A)	die Landwirtschaft
acabar de hacer algo (10.A.2)	gerade etw. getan haben	el agua mineral (2.A)	das Mineralwasser
la academia de lenguas (3.A)	die Sprachschule	aguantar (18.A)	aushalten, ertragen
a casa (2.A)	nach Hause	las aguas residuales (19.A)	das Abwasser
a causa de (14.A)	wegen, aufgrund	ahora (2.A)	jetzt
el aceite (13.A)	das Öl	ahora mismo (12.A)	jetzt gleich
la aceituna (26.A)	die Olive	el aire (23.A)	die Luft
acercarse a (15.A)	sich einer Sache/Person nähern	el ajedrez (26.A)	das Schachspiel
acoger (21.A)	aufnehmen	a la derecha de (6.A)	rechts von
acostarse (ue) (23.A)	ins Bett gehen, schlafen gehen	a la izquierda de (6.A)	links von
		al año (16.A)	pro Jahr
la actividad (10.A.2)	die Aktivität	a las diez menos cuarto (4.A)	um Viertel vor zehn
las actividades deportivas (10.A.2)	die sportlichen Aktivitäten	a las diez (4.A)	um 10 Uhr
activo,a (19.A)	aktiv	a las nueve (4.A)	um 9 Uhr
actual (16.A)	derzeitig, aktuell	a las ocho y media (4.A)	um halb neun
la actualidad (26.A)	die Gegenwart	el alcázar (4.A)	die Burg, die (maurische) Festung
¿a cuántos estamos? (7.C.2)	den wievielten haben wir?	alegrarse (25.A)	sich freuen
el acueducto (4.A)	das Aquädukt, die römische Wasserleitung	alemán (3.A)	deutsch, die deutsche Sprache
adecuado,a (25.A)	geeignet	Alemania (7.A.1)	Deutschland
además (4.A)	ferner, darüberhinaus	al final (6.A)	schließlich
además de (16.A)	zusätzlich zu, neben	al fondo (6.A)	im Hintergrund
adiós (1.A)	auf Wiedersehen	algo (2.A)	etwas
administrativo,a (23.A)	Verwaltungs-, verwaltungsmäßig	el algodón (14.D.5)	die Baumwolle
		algunos,as (5.A)	einige
¿adónde? (3.B)	wohin?	al igual que (28.A)	ebenso wie
adquirir (ie) (25.A)	erwerben	al lado de (6.A)	neben
el adulto (1.A)	der Erwachsene	allí (2.A)	dort
aéreo,a (19.D.11)	Flug-, Luft-	al principio (18.A)	am Anfang, anfangs
el aeropuerto (18.A)	der Flughafen	alrededor de (27.A)	um ... herum
afectar (25.A)	betreffen	los alrededores (10.A.2)	die Umgebung
a finales de (10.A.1)	Ende + Monatsname	alto,a (8.A)	hoch
Africa (5.A)	Afrika	la altura (14.A)	die Höhe
afrontar (19.A)	gegenüberstehen	el alumno (3.A)	der Schüler
la agencia de viajes (3.A)	das Reisebüro	amarillo,a (6.A)	gelb
		ambos,as (28.A)	beide, die beiden

a mediados de (marzo) (17.A)	Mitte (März)		Asturias (5.A)	Asturien
a medianoche (4.C.4)	um Mitternacht		el atasco (23.A)	der Stau
a mediodía (4.C.4)	um 12 Uhr mittags		atender (ie) (11.A)	bedienen
América (3.A)	Amerika		el atletismo (7.A.1)	die Leichtathletik
la amiga (9.A)	die Freundin		a todo volumen (15.A)	in voller Lautstärke
el amigo (3.A)	der Freund		el atractivo (20.A)	der Anreiz
la ampliación (25.A)	die Erweiterung		atractivo,a (23.A)	attraktiv
la ampliación profesional (25.A)	die Weiterbildung		atraer (18.A)	anziehen
			atraído,a por (18.A)	angezogen durch
el analfabetismo (28.A)	der Analphabetismus		atrasado,a (26.A)	rückständig
			atravesar (ie) (14.A)	durchqueren, (Fluß) fließen durch
Andalucía (5.A)	Andalusien			
el andaluz (21.A)	der Andalusier		a través de (24.A)	durch, über
el año (3.A)	das Jahr		el auge (26.A)	die Zunahme, die Steigerung
el año que viene (7.A.1)	im nächsten Jahr			
			aumentar (24.A)	(an)steigen, zunehmen
antes (13.A)	vorher		el aumento (19.A)	die Erhöhung
antes de (infinitivo) (9.A)	bevor ...		aunque (23.A)	obwohl, obgleich
			la autarquía (21.A)	die Autarkie
lo antes posible (25.A)	so bald wie möglich		el autobús (2.C.1)	der Autobus
antiguo,a (18.A)	alt		el autocar (27.A)	der Reisebus
las Antillas (28.A)	die Antillen		el automóvil (27.A)	das Auto
anunciar (19.A)	ankündigen, mitteilen		autonómico,a (24.A)	zu einer autonomen Region gehörend
el anuncio (24.A)	die Anzeige			
a orillas del Rin (7.A.2)	am Ufer des Rheins		la autopista (26.A)	die Autobahn
aparcar (9.A)	parken		a ver (6.A)	'mal sehen
aparecer (28.A)	erscheinen		el avión (2.C.1)	das Flugzeug
el apartamento (18.A)	das Appartement, die Wohnung		el aviso publicitario (24.A)	die Werbeankündigung
a partir de (19.D.11)	vom ... an		ayudar (12.A)	helfen
el apellido (Anhang)	der Familienname		el azúcar (14.A)	der Zucker
a pesar de (14.A)	trotz		azul (7.A.2)	blau
aportar (18.A)	bringen, einbringen			
aprender (3.A)	lernen			
a propósito (13.A)	übrigens			
aprovechar (19.A)	ausnutzen			
apuntar (11.A)	aufschreiben			
¿a qué hora? (4.C.4)	um wieviel Uhr?		el Bachillerato (25.A)	das Abitur
aquel,aquella (6.A)	jener,jene		bailar (7.A.1)	tanzen
aquí (1.A)	hier		bajar (16.A)	sinken
el árabe (16.A)	der Araber		bajo (8.C.7)	unter, unterhalb von
Aragón (21.A)	Aragonien		bajo,a (14.A)	niedrig
el arancel de aduanas (28.A)	der Zolltarif		la banana (14.D.7)	die Banane
			el banano (14.A)	die Bananenstaude
el área de descanso (27.A)	der Rastplatz		bancario,a (17.A)	Bank-
			el banco (3.A)	die Bank
el armario (13.A)	der Schrank		el baño (10.A.1)	das Bad
arreglarse (15.A)	sich zurechtmachen		el bar (2.A)	(spanisches) Lokal, Cafeteria
el arroz (16.A)	der Reis			
el artículo (19.A)	der Artikel		el barco (2.C.1)	das Schiff
artístico,a (23.A)	künstlerisch		la barra (2.A)	die Theke
el ascensor (6.A)	der Aufzug		el barrio (13.A)	das Stadtviertel, der Stadtteil
así (5.A)	so, daher			
así que (17.A)	so daß		el barrio satélite (13.A)	die Satellitenstadt
asistir (25.A)	teilnehmen		basado,a en (28.A	gestützt auf
asociar (21.D.5)	(miteinander) verbinden		bastante 26.A)	ziemlich
asombrar (21.A)	verwundern		batir (13.A)	(Eier) schlagen
el aspecto (18.A)	der Gesichtspunkt		Bélgica (21.A)	Belgien
los astilleros (22.A)	die Werft			

Vocabulario por orden alfabético **237**

la belleza (28.A)	die Schönheit	el cambio (20.A)	der Wechsel, der Wandel
bello,a (18.A)	schön		
la biblioteca (26.A)	die Bibliothek	caminar (9.A)	wandern, laufen
la bicicleta (2.A)	das Fahrrad	el camino (9.A)	der Weg
bien (1.A)	gut	el camión (12.A)	der Lastwagen
el billón (19.A)	die Billion	el camionero (27.A)	der LKW-Fahrer, der Fernfahrer
biológico,a (28.A)	biologisch		
blanco,a (6.A)	weiß	la camiseta (6.A)	das T-Shirt
la blusa (6.A)	die Bluse	el campesino (21.A)	der Landwirt, der Bauer
el bocadillo (12.A)	das (belegte) Brötchen		
el bolsillo (9.A)	die Tasche, das Portemonnaie	el campo (7.A.2)	das Land (Gegensatz zu Stadt)
el bolso (2.A)	die Tasche	la caña de azúcar (26.A)	das Zuckerrohr
bonito,a (4.A)	hübsch		
el bosque (7.A.2)	der Wald	el canal (16.A)	der Kanal
la botella (13.A)	die Flasche	la canalización (19.A)	die Regulierung (eines Flusses)
el Brasil (19.D.11)	Brasilien		
brasileño,a (19.D.11)	brasilianisch	la cantidad (11.A)	die Menge, der Betrag
Bruselas (27.A)	Brüssel	el capital (28.A)	das Kapital
buenas noches (4.C.4)	guten Abend, gute Nacht	la capital (5.A)	die Hauptstadt
		caracterizarse (26.A)	sich auszeichnen, geprägt sein
buenas tardes (4.C.4)	guten Tag (Begrüßung am Nachmittag)		
		cargado,a (27.A)	beladen
bueno (1.A)	gut; hier: also dann	cargar (27.A)	laden, beladen
bueno,a (9.A)	gut	la carne (20.A)	das Fleisch
buenos días (1.A)	guten Tag	el carné de identidad (11.A)	der Personalausweis
Burgos (7.A.1l)	Stadt in Zentralspanien		
en busca de (20.A)	auf der Suche nach	caro,a (11.A)	teuer
buscar (6.A)	suchen	la carrera (22.A)	die Laufbahn; die (Hochschul-) Ausbildung

C

		la carretera (26.A)	die Landstraße
		la carta (4.A)	der Brief
		el cartel (24.A)	das Plakat
		la casa (2.A)	das Haus
cada (18.A)	jede/r/s	casarse (22.A)	(sich ver-) heiraten
cada año (5.A)	jedes Jahr, jährlich	casi (13.B)	fast
cada uno,a (24.A)	jeder	casi me dejas sordo (15.A)	ich bin fast taub geworden
la cadena privada (24.A)	der Privatsender		
		el caso (21.A)	der Fall
caer (28.A)	fallen	el castellano (16.A)	das Spanische
caerse (15.A)	(hin-) fallen	Castilla (21.A)	Kastilien
el café (2.A)	der Kaffee	el catalán (16.A)	das Katalanische
la caída (20.A)	der Verfall; der Fall	el catálogo ilustrado (17.A)	der Katalog
la caja (11.A)	die Kasse		
el cajero automático (11.A)	der Geldautomat	Cataluña (5.A)	Katalonien (Provinz im Nordosten Spaniens)
		causar (16.A)	verursachen
los calcetines (6.A)	die Socken	la cebolla (13.A)	die Zwiebel
el cálculo (28.A)	die Rechnung, die Berechnung	celebrar (16.A)	feiern
		la cena (13.A)	das Abendessen
la calidad (11.A)	die Qualität	cenar (13.A)	zu Abend essen
la calle (6.A)	die Straße	central (23.A)	zentral
el calor (5.A)	die Wärme, die Hitze	el centralismo (23.A)	der Zentralismus
caluroso,a (16.A)	warm	centralista (23.A)	zentralistisch
el calzado (16.A)	der Schuh	el centro (5.A)	das Zentrum
la cama (10.A.1)	das Bett	centroeuropeo,a (21.A)	mitteleuropäisch
la camarera (4.C.5)	die Kellnerin	la cerámica (16.A)	die Keramik
el camarero (2.A)	der Kellner	cerca de (5.A)	nahe bei, in der Nähe von
cambiar (11.A)	(Geld) wechseln		

Vocabulario por orden alfabético

los cereales (20.A)	das Getreide	concentrar (23.A)	konzentrieren
cero (8.C.7)	null	concentrarse (18.A)	sich konzentrieren, sich ballen
cerrar (ie) (11.A)	schließen	la condición (14.A)	die Bedingung
el cheque (11.A)	der Scheck	el conductor (27.A)	der Fahrer
la chica (1.A)	das Mädchen	la conexión (19.D.11)	die Verbindung
el chico (1.A)	der Junge	la confirmación (10.A.1)	die Bestätigung
el cierre (15.A)	das Schließen	confirmar (10.A.2)	bestätigen
cierto,a (22.A)	gewiß	el conflicto (28.A)	der Konflikt
el cigarrillo (3.D.5)	die Zigarette	conforme a (19.A)	entsprechend, gemäß
el cine (8.A)	das Kino	el conjunto (14.A)	die Gesamtheit
los cítricos (16.A)	Südfrüchte	conocer (16.A)	kennen
la ciudad (4.A)	die Stadt	conocido,a (16.A)	bekannt
claro,a (8.A)	klar, sicher	los conocimientos (25.A)	die Kenntnisse
¡claro que sí! (4.A)	natürlich! klar!	la consecuencia (21.A)	die Folge, die Folgerung
la clase (2.A)	die Unterrichtsstunde	el consejo (11.A)	der Rat(schlag)
el cliente (4.A)	der Kunde	considerable (18.A)	beträchtlich
el clima (5.A)	das Klima	consistir en (25.A)	bestehen aus
climático,a (26.A)	klimatisch, Klima-	constar de (16.A)	bestehen aus
climatológico,a (16.A)	Klima-	la constitución (28.A)	die Verfassung
cobrar (11.A)	(Scheck) einlösen	constituir (28.A)	darstellen, ausmachen
el cobre (14.A)	das Kupfer	la construcción (16.A)	der Bau; die Bauindustrie
el coche (2.A)	das Auto	construir (16.A)	erbauen
la cocina (10.A.2)	die Küche	consultar (19.D.11)	befragen
el código postal (Anhang)	die Postleitzahl	el consumo (19.A)	der Verbrauch
coger (9.A)	nehmen	la contabilidad (25.A)	das Rechnungswesen, die Buchführung
la colección (17.A)	die Kollektion, die Auswahl	el contacto (3.A)	der Kontakt
el/la colega (3.A)	der Kollege/ die Kollegin	la contaminación (16.A)	die Verschmutzung
el colegio (1.A)	die Schule	contar (ue) (8.A)	erzählen; zählen
el color (6.A)	die Farbe	contar (ue) con (26.A)	verfügen über; haben
combatir (19.A)	bekämpfen	contener (16.A)	beinhalten
el comedor (13.A)	das Eßzimmer	contento,a (9.A)	zufrieden
comer (3.A)	essen	el contestador automático (15.A)	der telefonische Anrufbeantworter
el comercio (15.A)	das Geschäft; der Handel	contestar (1.B)	beantworten, antworten
la comida (9.A)	das Essen	el continente (14.A)	der Kontinent
como (3.A)	wie	continuar (9.A)	weitermachen, weitergehen, weiterfahren
como (am Satzanfang) (8.A)	da, weil	contra (20.A)	gegen
¿cómo? (1.A)	wie?	contribuir (20.A)	beitragen
¿cómo estás? (1.A)	wie geht es Dir?	el control (27.A)	die Kontrolle
¿cómo está usted? (1.A)	wie geht es Ihnen?	convencer (24.A)	überzeugen
el compañero (2.A)	der Kamerad, der Kollege	el convento (23.A)	das Kloster
la competencia (24.A)	der Wettbewerb, die Konkurrenz	la convivencia (26.A)	das Zusammenleben
la competitividad (28.A)	die Wettbewerbsfähigkeit	cordialmente (10.A.1)	mit freundlichen Grüßen
competitivo,a (28.A)	wettbewerbsfähig	la Cordillera de los Andes (14.A)	die Andenkette
comprar (6.A)	kaufen	correcto,a (5.D.2)	richtig
la comunidad autónoma (5.E.3)	die autonome Region	la corte (23.A)	der (Königs-) Hof
con (2.A)	mit	el Corte Inglés	Name eines span. Kaufhauses
la concentración (18.A)	die Konzentrierung, die Zusammenballung	la cosa (6.A)	die Sache

Vocabulario por orden alfabético

la cosecha (16.A)	die Ernte	de (1.A)	von, aus
la costa (5.A)	die Küste	de acuerdo (8.A)	einverstanden
la Costa del Azahar (16.A)	die Orangenblüten-Küste	de al lado (15.A)	von nebenan
		deber a (21.A)	zurückführen auf
costar (ue) (11.A)	kosten	los deberes (3.A)	die Hausaufgaben
costarricense (28.A)	aus Costa Rica	debido a (16.A)	aufgrund von
la creación (23.A)	die Schaffung	la década (28.A)	das Jahrzehnt
crear (18.A)	schaffen	decidir (28.A)	beschließen, entscheiden
creciente (28.A)	wachsend, steigend		
el crecimiento (14.A)	das Wachstum	decidir hacer algo (17.A)	beschließen, etw. zu tun
creer (15.A)	glauben		
la crisis (20.A)	die Krise	decidirse por (23.A)	sich entscheiden für
el crisol (20.A)	der Schmelztiegel	decir (7.C.6)	sagen
el cristiano (26.A)	der Christ	dedicarse a (18.A)	sich beschäftigen mit
Cristóbal Colón (28.A)	Christoph Kolumbus	de dieciocho años (3.A)	von 18 Jahren
crudo,a (28.A)	roh, Roh-		
¿cuál?/cuáles? (14.B)	welche/r?	deficiente (26.A)	unzureichend, ungenügend
¿cuáles? (17.A)	welche?		
cualificado,a (25.A)	qualifiziert; hier:gelernt	dejar (22.A)	lassen; verlassen
		delante de (15.A)	vor (örtlich)
cualificarse (25.A)	sich qualifizieren	la Delegación de Trabajo (25.A)	das Arbeitsamt
cualquier (24.A)	irgendein		
cuando (Konjunktion) (11.A)	wenn	delicado,a (27.A)	hier: verderblich
		la delincuencia (23.A)	die Verbrechen
¿cuándo? (4.D.2)	wann?	del trece al catorce (4.A)	vom 13. zum 14.
¿cuántas horas? (3.B)	wie lange? wieviele Stunden?		
		democrático,a (20.A)	demokratisch
cuanto antes (27.A)	so bald wie möglich	la democratización (23.A)	die Demokratisierung
¿cuántos años tienes? (3.B)	wie alt bist du?		
		demográfico,a (28.A)	demographisch, Bevölkerungs-
el cuarto de baño (15.A)	das Badezimmer		
		denominar (14.A)	bezeichnen
cuatro (3.A)	vier	la densidad (20.A)	die Dichte
el cuchillo (12.A)	das Messer	dentro (12.A)	drinnen
la cuenta (11.A)	das Konto	dentro de (13.A)	innerhalb von
cultivar (16.A)	anbauen	el departamento (6.A)	die Abteilung
el cultivo (14.A)	der Anbau	depender (14.A)	abhängen von
la cultura (26.A)	die Kultur	el deporte (7.A.1)	der Sport
cultural (16.A)	kulturell, Kultur-	deportivo,a (10.A.2)	sportlich, Sport-
el cumpleaños (7.A.1)	der Geburtstag	la depuradora (19.A)	die Kläranlage
curioso,a (20.A)	merkwürdig; bemerkenswert	derivar (14.A)	abstammen
		desafortunado,a (28.A)	unglücklich
cursar ... años de escuela (25.A)	... Jahre zur Schule gehen		
		desarrollar (19.A)	entwickeln
el cursillo (25.A)	der (Fortbildungs-)Kurs	el desarrollo (14.A)	die Entwicklung
		desayunar (9.A)	frühstücken
el curso (21.A)	der Kurs	descansar (2.A)	(sich) ausruhen
el curso de alemán (1.A)	der Deutschkurs	descargar (27.A)	abladen, entladen
		la descentralización (23.A)	die Dezentralisierung

D

		desconocido,a (28.A)	unbekannt
		descubrir (12.A)	entdecken
		desde (18.A)	seit; von ... aus
D. = Don (10.A.2)	Titel vor männlichem Namen	desde principios de (20.A)	seit Anfang
dar (16.A)	geben	desear (7.D.3)	wünschen
dar una vuelta (17.A)	einen (Spazier-) Gang machen	desértico,a (14.A)	Wüsten-
		desfavorable (26.A)	ungünstig
el dato (20.A)	die Angabe	desgraciadamente (25.A)	leider; unglücklicherweise

Vocabulario por orden alfabético

la desigualdad (20.A)	die Ungleichheit	durar (25.A)	dauern
la despedida (Anhang)	die Schlußformel	durísimo,a (27.A)	sehr hart
después (7.A.1)	danach	duro,a (12.A)	hart
después de (15.A)	nach (zeitlich)		
el destinatario (Anhang)	der Empfänger		
el destino (9.A)	das Ziel		
la destrucción (16.A)	die Zerstörung		
destruir (26.A)	zerstören		
detallado,a (4.A)	ausführlich, detailliert		

E

detrás (15.A)	dahinter		
detrás de (6.A)	hinter		
la deuda (14.A)	die Schuld	e (20.A)	(vor anlautendem i bzw. hi) und
de una vez (11.A)	auf einmal		
de verdad (9.A)	wirklich, wahrhaftig	ecológico,a (16.A)	ökologisch, Umwelt-
devolver (ue) (27.A)	zurückgeben, erstatten	la economía (18.A)	die Wirtschaft
de vuelta a (27.A)	zurück nach	económico,a (5.A)	wirtschaftlich, Wirtschafts-
el día (4.C.4)	der Tag		
el diálogo (1.E.1)	der Dialog	la edad (7.B.B)	das Alter
diario,a (19.A)	täglich	el edificio (23.A)	das Gebäude
el dibujo (23.D.2)	die Zeichnung	la editorial (20.A)	das Verlagshaus, der Verlag
dice (7.A.1)	er/sie sagt		
la dictadura (20.A)	die Diktatur	educativo,a (25.A)	Erziehungs-
dieciocho (3.A)	achtzehn	efectivamente (16.A)	tatsächlich; nämlich
diferente (4.A)	verschieden	efectivo,a (25.A)	effektiv, wirksam
difícil (9.A)	schwierig	la EGB (Educación General Básica) (25.A)	etwa: die Volksschule
la dificultad (21.A)	die Schwierigkeit		
dígame (8.A)	Hallo (am Telefon)	el ejemplo (1.D.1)	das Beispiel
el dinero (11.A)	das Geld	el ejercicio (1.D.1)	die Übung
la dirección (7.A.1)	die Adresse, die Anschrift	el ejército (28.A)	das Heer
		elegir (17.A)	auswählen
directo,a (19.D.9)	direkt	elevado,a (14.A)	hoch
el director (3.A)	der Direktor	ella (7.A.1)	sie (3.Pers. Sing.)
dirigirse a (20.A)	sich begeben nach; sich wenden an	la emigración (20.A)	die Auswanderung
		el emigrante (20.A)	das Auswanderer
el disco (12.A)	die Schallplatte	emigrar (18.A)	auswandern
el disco compacto (15.A)	die CD	emitir (24.A)	senden, ausstrahlen
		empezar (ie) a hacer algo (9.A)	anfangen, etw. zu tun
la discoteca (7.A.1)	die Diskothek		
distinto,a (12.A)	verschieden, unterschiedlich	la empleada (3.A)	die Angestellte
		el empleado (4.A)	der Angestellte
la diversidad (28.A)	die Vielfalt	emplear (1.D.3)	verwenden
la diversión (18.A)	die Abwechslung	la empresa (7.A.2)	das Unternehmen
la divisa (14.A)	die Devise	la empresa de turismos (16.A)	das Autowerk
el dólar (11.A)	der Dollar		
doler (ue) (15.A)	schmerzen	el empresario (17.A)	der Unternehmer
donde (3.A)	wo/in dem/in der (Relativpronomen)	en (1.A)	in, auf (auf die Frage „wo?")
¿dónde? (1.A)	wo?	en casa (3.A)	zu Hause
dormir (23.A)	schlafen	en casa de (8.A)	bei jemandem zu Hause
dos (3.A)	zwei		
la droga (23.A)	die Droge	encontrar (ue) (8.A)	finden, treffen
la ducha (10.A.1)	die Dusche	encontrarse (ue) con (15.A)	sich treffen mit
ducharse (15.A)	sich duschen		
el dueño (15.A)	der Inhaber, der Eigentümer	la energía (19.A)	die Energie
		la energía hidroeléctrica (19.A)	die Stromenergie aus Wasserkraft
durante (9.A)	während (Präposition)	enfrente de (15.A)	gegenüber von
		enorme (14.A)	enorm, riesig
durante dos horas y media (9.A)	hier: zweieinhalb Stunden lang	la ensalada (13.A)	der Salat

Vocabulario por orden alfabético **241**

enseguida (12.A)	sofort	estar triste (6.A)	traurig sein
la enseñanza (26.A)	das Unterrichts-, das Schulwesen	esta tarde (8.A)	heute nachmittag
		el este (5.A)	der Osten
entender (ie) (9.A)	verstehen, hören	este,a (6.A)	dieser, diese
entonces (8.A)	dann, danach	estimados señores (10.A.1)	Sehr geehrte Herren
entrar en (2.A)	eintreten in, betreten		
entre (5.A)	zwischen	estos jerseys (6.A)	diese Pullover
la entrega (17.A)	die Lieferung	estrecho,a (9.A)	schmal
entregar (17.A)	geben; liefern	la estructura (21.A)	die Struktur
entretanto (13.A)	inzwischen	el/la estudiante (1.A)	der Student/ die Studentin, der Schüler/ die Schülerin
la época (16.A)	die Epoche, die Zeit		
el equilibrio (23.A)	das Gleichgewicht		
la erosión (28.A)	die Bodenerosion		
erróneo,a (28.A)	irrig, falsch	estudiar (1.A)	studieren, lernen
escaso,a (26.A)	selten; gering	estudiar Ciencias Económicas (7.A.1)	Wirtschaftswissen- schaften studieren
escribir (4.A)	schreiben		
escribir a máquina (4.A)	mit der Maschine schreiben	los estudios (7.A.1)	die schulische Ausbildung
escuchar (7.A.1)	(zu-) hören	estupendo,a (17.A)	wunderbar
la escuela (22.A)	die Schule	el eurocheque (11.A)	der Eurocheck
el esfuerzo (28.A)	die Anstrengung, das Bemühen	Europa (3.A)	Europa
		el europeo (20.A)	der Europäer
España (1.E.1)	Spanien	excelente (16.A)	hervorragend, ausgezeichnet
el español (20.A)	der Spanier		
especial (23.A)	besonders	la exclamación (24.A)	der Ausruf
la especie (28.A)	die Art, die Gattung	exclusivo,a (27.A)	ausschließlich
espectacular (26.A)	außergewöhnlich, außerordentlich	la excursión (4.A)	der Ausflug
		exigir (25.A)	verlangen, fordern
la esperanza (18.A)	die Hoffnung	existir (18.A)	bestehen, existieren
esperar (7.A.1)	erwarten, warten auf	el éxito (17.A)	der Erfolg
el espíritu (28.A)	der Geist	la experiencia (25.A)	die Erfahrung
la estabilidad (20.A)	die Stabilität	experimentar (26.A)	erfahren; aufweisen, verzeichnen
estable (28.A)	stabil		
establecer (17.A)	herstellen, errichten	explicar (21.A)	erklären
el Estado (16.A)	der Staat	la explosión (28.A)	die Explosion
el estancamiento (26.A)	das Stagnieren	la explotación (20.A)	der Betrieb; die Bewirtschaftung
la estancia (10.E.1)	der Aufenthalt	la Expo 92 (26.A)	die Weltausstellung 1992
el estaño (14.D.4)	das Zinn		
la estantería (12.A)	das Regal	la exportación (28.A)	der Export
estar (2.A)	sein, sich befinden	el exportador (20.A)	der Exporteur
estar a ... kilómetros de (8.A)	... km entfernt sein von	exportar (14.A)	exportieren
		el expositor (17.A)	der Aussteller
estar aprovechado,a (26.A)	genutzt sein	extenderse (ie) (14.A)	sich erstrecken
estar contento,a (9.A)	zufrieden sein	la extensión (14.A)	die Ausdehnung
estar de moda (6.A)	in Mode sein	extenso,a (20.A)	riesig, ausgedehnt
estar de vacaciones (18.A)	in Ferien sein	exterior (14.A)	Auslands-
		extrañarse (15.A)	sich wundern
estar dividido,a (26.A)	aufgeteilt sein	el extranjero (8.E)	das Ausland
estar empleado,a (11.A)	beschäftigt sein	extranjero,a (17.A)	ausländisch, Auslands-
estar formado,a (16.A)	gebildet sein	extremado,a (28.A)	übertrieben, außerordentlich
estar interesado,a en (17.A)	interessiert sein an	el extremeño (21.A)	der Bewohner der Extremadura
estar listo,a (13.A)	fertig sein		
estar sentado,a (27.A)	sitzen		
estar situado,a (5.A)	gelegen sein, liegen		

F

fácil (21.A)	leicht
facilitar (19.D.9)	erleichtern
el factor (5.A)	der Faktor
la falda (6.A)	der Rock
la falta (26.A)	das Fehlen; der Fehler
faltar (12.A)	fehlen
la familia (3.A)	die Familie
famoso,a (16.A)	bekannt, berühmt
la fauna (28.A)	die Fauna, die Tierwelt
la fecha (7.C.2)	das Datum
el fenómeno (21.A)	die Erscheinung, das Phänomen
la feria (17.A)	die Messe, die Ausstellung
fértil (14.A)	fruchtbar
la fiesta (16.A)	das Fest
fíjate (25.A)	stell' dir vor!
el fin (7.A.1)	das Ende
la financiación (24.A)	die Finanzierung
financiar (24.A)	finanzieren
los fines de semana (7.A.1)	hier: an den Wochenenden
la firma (Anhang)	die Unterschrift
firmar (11.A)	unterschreiben
el flan (13.A)	der Karamelpudding
la flor (28.A)	die Blume
la flora (28.A)	die Flora, die Pflanzenwelt
el folleto (4.A)	der Prospekt
fomentar (21.A)	fördern
la forma (1.D.3)	die Form
la formación (25.A)	die Ausbildung
la Formación Profesional (15.A)	die Berufsausbildung
formular (1.D.1)	formulieren
la foto (5.D.6)	das Foto
Francia (18.A)	Frankreich
el franco (11.A)	der Franc
la frase (21.D)	der Satz
la frecuencia (19.D.9)	die Häufigkeit
frecuente (20.A)	häufig
la fresa (27.A)	die Erdbeere
fresco,a (24.A)	frisch
la fruta (27.A)	das Obst
los frutos cítricos (16.A)	die Südfrüchte
fuera (21.A)	draußen; auswärts
fuera de (23.A)	außerhalb von
fuerte (20.A)	stark
la función (23.A)	die Vorstellung; die Funktion
fundamental (21.A)	grundsätzlich
el fútbol (7.A.1)	der Fußball
el futuro (7.A.1)	die Zukunft
futuro,a (17.A)	zukünftig

G

Galicia (5.A)	Galicien
el gallego (16.A)	das Galicische
gallego,a (22.A)	galicisch; Galicier/in
la galleta (13.A)	das Plätzchen
la ganadería (26.A)	die Viehzucht
ganadero,a (20.A)	Vieh-
ganar (18.A)	verdienen
el gas (20.A)	das Gas
el gas natural (20.A)	das Erdgas
gastar (11.A)	ausgeben
el gasto (11.A)	die Ausgabe
el gaucho (20.A)	der Gaucho (berittener Viehhirte)
el general (21.A)	der General
general (26.A)	generell, allgemein
la gente (singular) (11.A)	die Leute (Plural)
geográfico,a (23.A)	geographisch
el/la gerente (10.A.2)	der Geschäftsführer/ die Geschäftsführerin
gobernar (23.A)	regieren
el gobierno (19.A)	die Regierung
el golpe de Estado (28.A)	der Staatsstreich, der Putsch
gracias (1.A)	danke
gracias a (16.A)	dank, aufgrund
el grado (8.A)	der Grad (Temperatureinheit)
la Gran Bretaña (20.A)	Großbritannien
grande (5.A)	groß
el granero (26.A)	die Kornkammer
gratuito,a (21.A)	gratis, kostenfrei
grave (14.A)	schwer; ernst
el grifo (19.A)	der Wasserhahn
gris (7.A.2)	grau
el grupo (4.A)	die Gruppe
la guerra (20.A)	der Krieg
la Guerra Civil (21.A)	der Bürgerkrieg
gustar (6.A)	gefallen
el gusto (23.A)	der Geschmack

H

la habitación (4.A)	das Zimmer
la habitación doble (4.A)	das Doppelzimmer
la habitación individual (4.A)	das Einzelzimmer
el habitante 16.A)	der Einwohner
hablar (3.A)	sprechen

hablar (de) (5.A)	sprechen (von,über)		igual (27.A)	ebenso, gleich
hablar por teléfono (4.A)	telefonieren		ilegal (23.A)	ungesetzlich; hier: heimlich
hace (mucho) frío (8.A)	es ist (sehr)kalt		el Imperio Romano (26.A)	das Römische Reich
hace buen tiempo (8.C.7)	es ist gutes/schönes Wetter		el importador (17.A)	der Importeur
hace calor (5.A)	es ist heiß		la importancia (5.A)	die Bedeutung, die Wichtigkeit
hace mal tiempo (8.C.7)	es ist schlechtes Wetter		importante (3.A)	wichtig
hace mucho calor (5.A)	es ist sehr heiß		importar (17.A)	einführen, importieren
hace mucho tiempo (13.A)	es ist lange her		impresionante (14.A)	eindrucksvoll
			inaugurar (26.A)	einweihen; eröffnen
hacer (3.A)	tun, machen		incontrolado,a (18.A)	unkontrolliert
hacer la maleta (6.E.1)	den Koffer packen		indicar (18.A)	angeben
¡hala! (27.A)	los! ran!		el indio (20.A)	der Indio, der Indianer; der Inder
la hamburguesa (28.A)	der Hamburger		la industria (5.A)	die Industrie
hasta (16.A)	bis		industrial (16.A)	Industrie-, industriell
hasta la próxima (7.A.2)	bis zum nächsten Mal		la industrialización (21.A)	die Industrialisierung
hasta mañana (1.A)	bis morgen		industrializado,a (7.A.2)	industrialisiert
hasta que (22.A)	bis (Konjunktion)			
hay (2.A)	es gibt		el Inem (25.A)	das Arbeitsamt
el hecho (28.B)	die Tatsache		la inestabilidad (20.A)	die Instabilität
la hectárea (26.A)	der Hektar		la inflación (14.A)	die Inflation
la hermana (7.A.1)	die Schwester		la información (4.A)	die Information
el hermano (7.A.2)	der Bruder		la informática (25.A)	die Informatik
hermoso,a (28.A)	schön		la infraestructura (26.A)	die Infrastruktur
hidrológico,a (19.A)	Wasser-, wasserwirtschaftlich		Inglaterra (18.A)	England
la hija (3.A)	die Tochter		inglés (3.A)	englisch, die englische Sprache
el hijo (3.A)	der Sohn, das Kind		ingresar (11.A)	einzahlen
la historia (9.A)	die Geschichte		los ingresos (24.A)	die Einnahmen
histórico,a (26.A)	historisch, geschichtlich		inmenso,a (14.A)	sehr groß
Hola (1.A)	„Hallo", „Tag" (übliche umgangssprachliche Begrüßung)		el inmigrante (21.A)	der Einwanderer, der Zuwanderer
el hombre (9.A)	der Mensch, der Mann		la innovación (26.A)	die Neuerung, die Innovation
la hora (3.A)	die Stunde		innumerable (28.A)	unzählbar
el horario (4.E.2)	der Stundenplan		el Instituto de Formación Profesional (7.A.1)	die berufsbildende Schule
el horario de trenes (4.E.2)	der Fahrplan		insular (16.A)	Insel-; hier: auf den Inseln
el hornillo de gas (9.A)	der Gaskocher		la integración (21.A)	die Integration
las hortalizas (16.A)	das Gemüse		la intención (19.A)	die Absicht
el hostal (11.A)	das (einfache) Hotel		intentar (24.A)	beabsichtigen, wollen
el hotel (4.A)	das Hotel		el interés (16.A)	das Interesse
hoy (2.A)	heute		interesante (3.A)	interessant
la huerta (16.A)	die bewässerten Gemüsefelder		interesantísimo,a (23.A)	sehr interessant
el huerto (27.A)	der (Obst- und Gemüse-) Garten		interesar (27.A)	interessieren
el huevo (13.A)	das Ei		el interior (18.A)	das Innere, das Inland
húmedo,a (5.A)	feucht		internacional (20.A)	international, weltweit
			interno,a (28.A)	intern
I			el intérprete (18.E.5)	der Dolmetscher
			la introducción (28.A)	die Einführung
la idea (8.A)	die Idee		introducir (17.A)	einführen
ideal (18.A)	ideal		el invernadero (18.A)	das Gewächshaus
el idioma (5.D.3)	die Sprache			
la iglesia (6.E.4)	die Kirche			

la inversión (19.A)	die Investition	lanzar (24.A)	werfen
invertir (ie) (11.A)	(Geld) anlegen, investieren	largo,a (2.C.3)	lang
		la lata (9.A)	die Dose
el invierno (7.C.8)	der Winter	la lata de conservas (9.A)	die Konservendose
ir (2.A)	gehen, fahren		
ir en autobús (2.C.1)	mit dem Autobus fahren	el latifundismo (26.A)	der Großgrundbesitz
		el latín (14.A)	das Lateinische
ir en avión (2.C.1)	(mit dem Flugzeug) fliegen	lavar (13.A)	waschen
		la lección (1.A)	die Lektion
ir en barco (2.C.1)	mit dem Schiff fahren	la lechuga (13.A)	der Kopfsalat
ir en bicicleta (2.A)	mit dem Fahrrad fahren	el lector (24.A)	der Leser
ir en coche (2.A)	mit dem Auto fahren	leer (3.A)	lesen
ir en metro (2.A)	mit der U-Bahn fahren	la lengua (3.A)	die Sprache
ir en tren (2.C.1)	mit dem Zug fahren	levantarse (15.A)	aufstehen
irregular (16.A)	unregelmäßig	la ley (27.A)	das Gesetz
la isla (16.A)	die Insel	la libertad (20.A)	die Freiheit
las Islas Baleares (16.A)	die Balearen	libre (10.A.1)	frei
		la libreta de ahorros (11.A)	das Sparbuch
las Islas Canarias (16.A)	die Kanarischen Inseln		
		el libro (2.A)	das Buch
el istmo (28.A)	die Landenge	ligado,a a (28.A)	gebunden an
el italiano (20.A)	der Italiener	limitar con (5.E.3)	angrenzen an
		el limón (16.A)	die Zitrone
		la línea (15.A)	die (Autobus-) Linie
		la lista (17.A)	die Liste

		la llamada (15.A)	der Anruf
		la llamada telefónica (4.A)	der Telefonanruf
el jardín (19.A)	der Garten		
el jefe (15.A)	der Chef	llamar (15.A)	rufen, anrufen
el Jefe del Estado (16.A)	der Staatschef	llamar la atención (24.A)	die Aufmerksamkeit hervorrufen
el jersey (6.A)	der Pullover	llamar por teléfono (3.A)	anrufen
la jornada (15.A)	der Tag, der Tagesablauf		
		la llegada (4.E.2)	die Ankunft
el joven (11.A)	der Jugendliche, der junge Mann	llegar a (4.E.2)	ankommen in
		lleno,a de (12.A)	voller ... , voll mit
la jubilación (22.A)	die Pensionierung	llevar (6.A)	tragen
el judío (26.A)	der Jude	llover (ue) (8.A)	regnen
el juego (26.A)	das Spiel	llueve (7.A.2)	es regnet
el juguete (12.A)	das Spielzeug	la lluvia (5.A)	der Regen
junto,a (13.A)	gemeinsam	las lluvias (5.A)	die Regenfälle
junto a (15.A)	neben	loco,a (11.A)	verückt
junto con (12.A)	zusammen mit	lograr (20.A)	gelingen
juvenil (23.A)	jugendlich, Jugend-	Londres (20.A)	London
		luego (15.A)	dann
		el lugar (24.A)	die Stelle, der Platz

el kilómetro (8.A)	der Kilometer

		la madera (28.A)	das Holz
		la madre (3.A)	die Mutter
		el madrileño (23.A)	der Bewohner von Madrid

		mal (1.E.1)	schlecht
		el mal (28.A)	das Übel
laboral (15.A)	Arbeits-	la maleta (6.D.5)	der Koffer
lácteo,a (28.A)	Milch-	las Malvinas (20.A)	die Malvinen, die Falklandinseln
el lado (28.A)	die Seite		

mamá (3.A)	Mama, Mutti	mejor (19.A)	besser
la mañana (4.A)	der Morgen, der Vormittag	la mejora (26.A)	die Verbesserung
		mejorar (14.A)	verbessern
mandar (10.E.1)	schicken	memorable (9.A)	denkwürdig
la mandarina (16.A)	die Mandarine	mencionar (23.A)	erwähnen
la manera (17.A)	die Art, die Weise	menos (18.A)	weniger
la mano de obra (25.A)	die Arbeitskräfte	el menú del día (17.A)	das Tagesmenü
mantener (21.A)	aufrechterhalten, beibehalten	a menudo (27.A)	oft, häufig
		el mercado (17.A)	der Markt
mantener correspondencia (7.A.1)	sich Briefe schreiben	el Mercado Central (15.A)	der Zentralmarkt
el mantenimiento (28.A)	die Aufrechterhaltung	la mercancía (24.A)	die Ware, das Produkt
		el mes (22.A)	der Monat
la manzana (24.A)	der Apfel	la mesa (2.A)	der Tisch
el mapa (18.A)	die Landkarte	la mesita (27.A)	der kleine Tisch, das Tischchen
maravilloso,a (9.A)	wunderbar, herrlich		
marcar (13.A)	(Telefonnummer) wählen	el mestizo (20.A)	der Mestize
		meter (12.A)	stellen, legen
el Mar Caribe (14.A)	das Karibische Meer, die Karibik	el metro (2.A)	die U-Bahn
		mi amigo (3.A)	mein Freund
el marco alemán (11.A)	die DM	mientras que (21.A)	während (Gegensatz)
marítimo,a (10.A.1)	See-	el miércoles (8.A)	der Mittwoch
el Mar Mediterráneo (5.A)	das Mittelmeer	Miguel de Unamuno (1864–1936) (3.A)	spanischer Schriftsteller
Marruecos (27.A)	Marokko	miles de (20.A)	Tausende von
el marzo (16.A)	der März	militar (20.A)	militärisch, Militär-
más (11.A)	mehr	mínimo,a (8.E)	Niedrigst-
masivo,a (18.A)	massenhaft; hier:von vielen Personen	el minuto (15.A)	die Minute
		mira (11.A)	sieh' mal
el material (28.A)	das Material	mirar (6.A)	betrachten, sich ansehen
la materia prima (14.A)	der Rohstoff		
matricular (20.A)	(Autos) anmelden	la mochila (9.A)	der Rucksack
matricularse (22.A)	sich einschreiben, sich anmelden	la moda (23.A)	die Mode
		el modelo (6.A)	das Modell
el matrimonio (11.A)	das Ehepaar	moderno,a (7.A.1)	modern
máximo,a (8.E)	Höchst-	el momento (8.A)	der Moment, der Augenblick
mayor (7.A.1)	älter, größer (bei Geschwistern)		
		la Monarquía (16.A)	die Monarchie
la mayoría (18.A)	die Mehrzahl; die meisten	la moneda (11.A)	das (Klein-) Geld; die Währung
mayormente (26.A)	besonders, vorwiegend	el monocultivo (28.A)	die Monokultur
		la montaña (14.A)	der Berg
la media (26.A)	der Durchschnitt, der Mittelwert	montañoso,a (8.A)	gebirgig
		el monumento (4.A)	das Denkmal, die Sehenswürdigkeit
mediano,a (24.A)	mittlere,s		
medicinal (28.A)	medizinisch, Medizin-	moreno,a (7.A.1)	dunkelhaarig
el médico (15.A)	der Arzt	morir (23.A)	sterben
el médico de urgencias (15.A)	der Notarzt	el mostrador (6.A)	die Ladentheke
		Mota del Cuervo (5.A)	Name einer kleineren Stadt in der Mancha
la medida (19.A)	die Maßnahme		
medio,a (14.A)	durchschnittlich	la moto (6.A)	das Motorrad
el medio ambiente (16.A)	die Umwelt	la movida (23.A)	das (Nacht-) Leben
		muchas gracias por (7.A.2)	vielen Dank für
el medio de información (23.A)	das Informationsmedium		
		muchas lenguas (3.A)	viele Sprachen
el medio publicitario (24.B)	das Werbemittel		
		muchas personas (3.A)	viele Leute
los medios de comunicación (24.A)	die Medien		
		mucho,a (4.A)	viel
me gusta más ... (6.A)	mir gefällt ... besser	muchos países (3.A)	viele Länder

muchos recuerdos (7.A.1)	viele Grüße		¿no te gustaría...? (8.A)	möchtest Du nicht ...?
mucho trabajo (3.A)	viel Arbeit		las noticias (28.A)	die Nachrichten, die Meldungen
la mudanza (12.A)	der Umzug		la novia (8.A)	die (feste) Freundin, die Verlobte
el mueble (12.A)	das Möbelstück			
la mujer (13.A)	die Frau		el noviembre (7.A.2)	der November
la multa (27.A)	die gebührenpflichtige Verwarnung, die Geldstrafe		la nube (8.C.7)	die Wolke
			nuboso,a (8.C.7)	bewölkt
mundial (20.A)	Welt-		nuestros deberes de inglés (3.A)	unsere Englischaufgaben
el mundo (14.A)	die Welt		nuevo,a (4.C.5)	neu
la muñeca (12.A)	die Puppe		el número (11.A)	die Zahl
el museo (23.A)	das Museum		numeroso,a (14.A)	zahlreich
la música (7.A.1)	die Musik		nunca (27.A)	niemals
el musulmán (26.A)	der Moslem			
muy atentamente (10.A.2)	mit freundlichen Grüßen			
muy bien (1.A)	sehr gut			
muy mal (1.E.1)	sehr schlecht			
muy señor nuestro (10.A.2)	Sehr geehrter Herr (Schneider)			

O

o (5.D.3)	oder
obligatorio,a (25.A)	obligatorisch, verpflichtend
el obrero (25.A)	der Arbeiter
el obstáculo (26.A)	das Hindernis, die Erschwernis
obtener (ie) (14.A)	erhalten, bekommen
el Océano Atlántico (5.A)	der Atlantische Ozean
el Océano Pacífico (14.A)	der Pazifik
ocho (3.A)	acht
el octubre (7.A.1)	der Oktober
ocupar (24.A)	einnehmen
la oferta (24.A)	das Angebot
oficial (14.A)	offiziell
la oficina (4.A)	das Büro
la Oficina de Información y Turismo (4.A)	der (städtische) Verkehrsverein, das Verkehrsamt
ofrecer (10.A.2)	anbieten
oir (15.A)	hören
ojo (2.C.1)	hier: aufgepaßt; Auge
olvidar (9.A)	vergessen
opinar (26.A)	meinen, der Meinung sein
la opinión (18.A)	die Meinung, die Ansicht
la opresión (23.A)	die Bedrückung, die Angst
el organismo (23.A)	das Organ
organizar (4.A)	organisieren
organizarse (15.A)	zurechtkommen
el oro (28.A)	das Gold
el otoño (7.A.2)	der Herbst
otro,a (7.A.1)	ein anderer, eine andere
otros (2.A)	andere

N

nacer (14.A)	(Fluß) entspringen
la nación (14.A)	die Nation, das Land
nacional (18.A)	national, hier: spanisch
nadie (17.A)	niemand
la naranja (16.A)	die Apfelsine
el naranjo (26.A)	der Apfelsinenbaum
la natación (18.A)	das Schwimmen; der Schwimmsport
natural (20.A)	natürlich
necesario,a (14.A)	notwendig
necesitar (4.A)	benötigen, brauchen
el negocio (17.A)	das Geschäft
negro,a (6.A)	schwarz
nevar (ie) (8.C.5)	schneien
la niebla (8.C.7)	der Nebel
la nieve (8.C.7)	der Schnee
a nivel mundial (28.A)	weltweit, auf Weltebene
no (1.A)	nein, nicht
la noche (4.A)	die Nacht
no cualificado,a (25.A)	hier: ungelernt
el nombre (7.A.1)	der (Vor-) Name
el noreste (5.A)	der Nordosten
la norma (19.A)	die Norm
normalmente (2.A)	normalerweise
el norte (5.A)	der Norden
notable (16.A)	bemerkenswert, beträchtlich
notar (17.A)	bemerken
¿no te gustan...? (6.A)	gefallen dir ... nicht?

Vocabulario por orden alfabético **247**

P

el pabellón (17.A)	der Ausstellungsraum; der Stand
la paciencia (15.A)	die Geduld
pacífico,a (26.A)	friedlich
el padre (3.A)	der Vater
pagar (6.A)	bezahlen
el pago (17.A)	die Zahlung
el país (3.A)	das Land
el paisaje (8.A)	die Landschaft
el país en vías de desarrollo (28.A)	das Entwicklungsland
el País Vasco (5.A)	das Baskenland
la palabra (21.D)	das Wort
el palacio (23.A)	der Palast
paliar (25.A)	lindern; verbessern
la pampa (20.A)	die Pampa (baumlose Grasebene)
el pan (9.A)	das Brot
los pantalones (6.A)	die Hose
el pantano (19.A)	der Stausee, die Talsperre
papá (12.A)	Papa, Vati
el papel (28.A)	das Papier
para (4.A)	für
para (+ infinitivo) (3.A)	um zu
la parada (15.A)	die Haltestelle
el parado (25.A)	der Arbeitslose
para que (25.A)	damit
parecer (13.A)	scheinen, erscheinen
parlamentario,a (16.A)	parlamentarisch
el paro (20.A)	die Arbeitslosigkeit
el parque (6.E.4)	der Park
la parte (14.A)	der Teil
participar (19.A)	teilnehmen
el partidario (26.A)	der Anhänger, der Befürworter
a partir de (21.A)	ab
el pasaporte (11.A)	der Reisepaß
pasar (5.A)	verbringen
pasar a ser (23.A)	werden
pasar por (11.A)	hier: gehen zu
pasear (7.A.2)	spazierengehen
el paseo (10.A.1)	die Promenade; der Spaziergang
el Paseo Marítimo (10.A.1)	die Strandpromenade
el paso (19.A)	das Vorbeifließen
el pastoreo (28.A)	die Weidewirtschaft
la patata (13.A)	die Kartoffel
la pausa (12.A)	die Pause
la paz (28.A)	der Frieden
pelar (13.A)	schälen
la Península Ibérica (5.A)	die Iberische Halbinsel
peninsular (16.A)	Halbinsel-; hier: auf der Halbinsel
pensar (ie) (8.A)	nachdenken, beabsichtigen
el pepino (13.A)	die Gurke
pequeño,a (7.A.1)	klein
el periódico (3.A)	die (Tages-) Zeitung
el período (20.A)	die Periode, der Zeitraum
perjudicar (28.A)	schaden
permitir (19.A)	ermöglichen; erlauben
pero (1.A)	aber
la persona (3.A)	die Person
la perspectiva (21.A)	die Aussicht, die Perspektive
la pesca (18.A)	der Fischfang; das Angeln
el pescado (24.A)	der (gefangene) Fisch, das Fischgericht
el pescador (18.A)	der Fischer
el petróleo (14.A)	das Erdöl
el pico (14.A)	der Berggipfel
el pie (15.A)	der Fuß
la pieza (27.A)	das Teil; das Stück
el pimiento (16.A)	die Paprika
la piscina (8.A)	das Schwimmbad
el piso (10.A.2)	der Stock, das Stockwerk
el plan (19.A)	der Plan
el plano de la ciudad (4.A)	der Stadtplan
la planta (12.A)	die Pflanze
la plata (14.A)	das Silber
el plátano (14.A)	die Banane
el plato (12.A)	der Teller
la playa (8.A)	der Strand
el plazo (17.A)	die Frist
plegable (27.A)	faltbar; Klapp-
el plomo (20.A)	das Blei
la población (14.A)	die Bevölkerung
la población activa (26.A)	die erwerbsfähige Bevölkerung, die Erwerbsbevölkerung
poblado,a (20.A)	bevölkert
poblar (ue) (28.A)	bevölkern; leben auf...
pobre (18.A)	arm
poco,a (9.A)	wenig
el poder (23.A)	die Macht
poder (ue) (8.A)	können
la policía (27.A)	die Polizei
la política (21.A)	die Politik
político,a (16.A)	politisch
poner (6.A)	stellen, legen
poner en marcha (25.A)	auf den Weg bringen
poner esperanza en (18.A)	Hoffnung setzen in
poner fin a (20.A)	etw. beenden
poner música (12.A)	Musik anstellen
ponerse a hacer algo (15.A)	beginnen, etw. zu tun
popular (18.A)	Volks-; volkstümlich

248 Vocabulario por orden alfabético

por (7.A.1)	von, durch	la productividad (26.A)	die Produktivität
el porcentaje (20.C.4)	der Prozentsatz	el producto (14.A)	das Produkt, die Ware
por cierto (17.A)	übrigens	el productor (20.A)	der Hersteller, der Produzent
por ejemplo (5.E.3)	zum Beispiel	la profesión (22.A)	der Beruf
por el contrario (25.A)	im Gegenteil, hingegen	el profesor (5.D.2)	der Lehrer
por eso (5.A)	deshalb, daher	la profesora (1.A)	die Lehrerin
por favor (8.A)	bitte	profundo,a (21.A)	tief
por la noche (9.A)	nachts, abends	el programa (24.A)	das Programm
por la tarde (8.A)	am Nachmittag, nachmittags	el promedio (28.A)	der Durchschnitt
por otro lado (19.A)	andererseits	promover (28.A)	fördern
por parte de (25.A)	seitens, durch	pronto (23.A)	bald
porque (3.A)	weil	pronto,a (10.A.1)	baldig
¿por qué? (3.B)	warum? weshalb?	la propiedad (26.A)	der Besitz, das Eigentum
por supuesto (22.A)	natürlich	el propietario (26.A)	der Eigentümer
por todas partes (12.A)	überall	la prosperidad (20.A)	der Wohlstand
el portugués (14.A)	das Portugiesische; der Portugiese	próspero,a (26.A)	blühend; glücklich
por un lado (19.A)	einerseits	proteger (28.A)	schützen
poseer (26.A)	besitzen	la provincia (16.A)	die Provinz
la posibilidad (18.A)	die Möglichkeit	provocar (20.A)	auslösen
positivo,a (28.A)	positiv	publicar (24.A)	veröffentlichen
el postre (13.A)	der Nachtisch	la publicidad (24.A)	die Werbung, die Reklame
potable (18.A)	trinkbar, Trink-	publicitario,a (24.A)	Werbe-
practicar (18.A)	ausüben, praktizieren	público,a (26.A)	öffentlich
las prácticas (25.A)	das Praktikum	el pueblo (5.A)	die kleine Stadt, das Dorf
práctico,a (25.A)	praktisch	el puente (26.A)	die Brücke
precario,a (28.A)	heikel, unsicher	pues (18.A)	nun
el precio (10.A.1)	der Preis	pues, regular (1.A)	na ja, es geht so
preferir (ie) (27.A)	vorziehen, lieber etwas tun	pues qué bien (17.A)	wie gut!
la pregunta (1.B)	die Frage	el puesto (17.A)	der Stand
preguntar (4.B)	fragen	el puesto de trabajo (18.A)	der Arbeitsplatz
el Premio Nobel (28.A)	der Nobelpreis	el punto (9.A)	der Punkt
la prensa (19.A)	die Presse		
preparado,a (25.A)	vorbereitet		
preparar (9.A)	vorbereiten		
la presentación (24.A)	die Präsentation, das Vorstellen		
presentar (28.A)	vorstellen; aufweisen		
el presidente (28.A)	der Präsident		
prestarse a (28.A)	sich eignen für		
el presupuesto (24.A)	der Haushalt, das Budget		
prever (19.A)	vorsehen		
la primavera (7.A.2)	der Frühling, das Frühjahr		

primero (6.A)	hier: zuerst	que (3.A)	der/die/das (Relativpronomen)
el primero (7.C.2)	der erste	¿qué? (1.B)	was?
el primer piso (10.A.2)	der 1. Stock, das 1. Stockwerk	quedarse (21.A)	bleiben
principal (19.D.9)	wichtig, hauptsächlich	¿qué hora es? (4.C.4)	wie spät ist es?
principalmente (16.A)	hauptsächlich	quejarse (18.A)	sich beklagen
la prisa (22.A)	die Eile	querer (ie) (6.A)	wollen, lieben, mögen
prohibir (28.A)	verbieten	querido,a ... (7.A.2)	lieber/liebe ... (Anrede im Brief)
el problema (14.A)	das Problem	¡qué suerte! (9.A)	was für ein Glück!
el proceso (23.A)	der Prozeß, die Entwicklung	¿qué tal? (1.A)	wie geht's?
la producción (16.A)	die Produktion	¿qué te parece? (15.A)	was hältst du davon?

qué va (18.A)	keinesfalls! überhaupt nicht!	la revolución (28.A)	die Revolution
¿quién? (1.A)	wer?	el rey (16.A)	der König
¿quiénes? (1.C.1)	wer? (Mehrzahl)	rico,a (26.A)	reich
quizás (28.A)	vielleicht	el riego (16.A)	die Bewässerung
		rígido,a (23.A)	streng
		el río (8.A)	der Fluß
		la riqueza (20.A)	der Reichtum
		el roble (17.A)	die Eiche
		rodear (24.A)	umgeben
		rojo,a (6.A)	rot
		romano,a (24.A)	römisch

R

la radio (24.A)	das Radio	romperse (15.A)	sich brechen
el ramo profesional (25.A)	die Berufsrichtung	la ropa (6.A)	die Kleidung
rápido,a (13.A)	schnell	rubio,a (7.A.1)	blond
el rato (11.A)	der Augenblick	el ruido (15.A)	das Geräusch
la realización (19.A)	die Realisierung, die Verwirklichung	rural (21.A)	ländlich
realizarse (17.A)	durchgeführt werden		
realmente (17.A)	tatsächlich		
la recepción (7.A.1)	die Rezeption, der Empfang		

S

recibir (4.A)	erhalten, empfangen, bekommen	el sábado (8.A)	der Samstag
recoger (11.A)	abholen	saber (7.A.1)	wissen, können
recomendar (ie) (25.A)	empfehlen	sacar (12.A)	herausnehmen
		la sala (2.A)	der Raum
reconocer (23.A)	anerkennen	Salamanca (7.A.1)	Stadt im Westen Spaniens
la Reconquista (26.A)	die Rück-, die Wiedereroberung	la salida (4.E.2)	die Abfahrt
los recursos energéticos (26.A)	die Energievorkommen	la salida profesional (22.A)	die berufliche Möglichkeit
los recursos naturales (14.A)	die Bodenschätze	salir (de) (4.A)	hinausgehen (aus), verlassen; abfahren (von)
la reforma (25.A)	die Reform	saludar (13.A)	grüßen, begrüßen
el regadío (18.A)	die Bewässerung	el saludo (Anhang)	die Anrede
regar (ie) (16.A)	bewässern	la sandía (27.A)	die Wassermelone
la región (5.A)	die Gegend, die Region	sé (7.A.1)	ich weiß'
regional (10.A.2)	regional	seco,a (5.A)	trocken
regresar (21.A)	zurückkehren	la secretaria (1.A)	die Sekretärin
el regreso (22.A)	die Rückkehr	el sector (18.A)	der Wirtschaftszweig, der Sektor
relativamente (28.A)	verhältnismäßig	el sector terciario (26.A)	der Dienstleistungssektor
relativo,a (20.A)	relativ, verhältnismäßig	la sed (13.A)	der Durst
el remitente (Anhang)	der Absender	la sede (23.A)	der Sitz (Regierungs-, Behörden-, Unternehmens-)
la renta per cápita (20.A)	das Pro-Kopf-Einkommen		
repartir (19.A)	verteilen		
la república (28.A)	die Republik		
la reserva (10.A.1)	die Reservierung	seguir + gerundio (21.A)	weiterhin etw. tun
reservar (4.A)	reservieren		
respectivo,a (23.A)	entsprechend	según (19.B)	gemäß, nach
la responsabilidad (23.A)	die Verantwortung, Verantwortlichkeit	se llama (3.A)	er,sie,es heißt
		la selva tropical (14.A)	der Tropenwald
la respuesta (10.E.1)	die Antwort	la semana (7.A.1)	die Woche
el restaurante (10.A.2)	das Restaurant	la Semana Santa (22.A)	die Karwoche
la restricción (18.A)	die Einschränkung		
el resultado (28.A)	das Ergebnis	la semanita (27.A)	eine (knappe) Woche
resultar (28.A)	sich herausstellen als	semiabandonado,a (21.A)	halb verlassen
retirar (11.A)	(Geld) abheben		
el reto (23.A)	die Herausforderung	sencillo,a (23.A)	einfach, bescheiden
la revista (8.D.2)	die Zeitschrift	el señor (1.C.4)	der Herr, der Mann

250 Vocabulario por orden alfabético

la señora (1.C.3)	die Dame, die Frau
la señorita (1.D.6)	das Fräulein, die junge Dame
la sequía (19.A)	die Trockenheit
ser (1.A)	sein
ser de (17.A)	betragen, sich belaufen auf
serio,a (18.A)	ernsthaft
ser listo,a (9.A)	klug/pfiffig sein
el servicio (10.A.2)	der Service, die Dienstleistung
los servicios (18.A)	die Dienstleistungen
servir de (19.A)	dienen als
sí (1.A)	ja
si (6.A)	ob, wenn, falls
la siderurgia (25.A)	die eisenschaffende Industrie
siempre (2.A)	immer
el siglo (20.A)	das Jahrhundert
significar (19.A)	bedeuten
siguiente (10.A.2)	folgend
la silla (2.A)	der Stuhl
el símbolo (23.A)	das Symbol
sin duda (20.A)	ohne Zweifel, zweifellos
sin embargo (14.A)	jedoch, allerdings
sino (6.A)	sondern
sintético,a (28.A)	synthetisch, Kunst-
el sistema (16.A)	das System
la situación (14.A)	die Situation, die Lage
sobrar (5.D.7)	übrigbleiben
sobre (4.A)	über, auf
sobre todo (7.A.1)	vor allem
social (20.A)	sozial
el socio (17.A)	der Gesellschafter
socioeconómico,a (14.A)	sozioökonomisch
el sol (8.C.7)	die Sonne
solamente (5.A)	nur
el soldador (22.A)	der Schweißer
soler (ue) hacer algo (15.A)	gewöhnlich etw. tun
sólo (3.A)	nur; erst
solo,a (8.A)	allein
la solución (18.A)	die Lösung
solucionar (20.A)	lösen
la sombra (8.C.7)	der Schatten
sonar (ue) (9.A)	klingen
son las nueve y cinco (4.A)	es ist fünf Minuten nach neun
suave (16.A)	mild
subdesarrollado,a (14.A)	unterentwickelt
subir (6.A)	hinaufgehen, hinauffahren; einsteigen
Sudamérica (20.A)	Südamerika
sudamericano,a (20.A)	südamerikanisch
el suelo (15.A)	der Fußboden
suficiente (11.A)	genug, hinreichend
sufrir (20.A)	erleiden
Suiza (21.A)	Schweiz
el suministro (19.A)	die (Wasser-) Versorgung; die Lieferung
suntuoso,a (23.A)	prächtig
superar (26.A)	hinausgehen über; größer sein als
la superficie (16.A)	die Oberfläche
el sur (5.A)	der Süden
sus colegas (3.A)	ihre/seine Kollegen/Kolleginnen
sustituir (17.D.4)	ersetzen
su trabajo (3.A)	seine Arbeit

T

tal, tales (24.A)	derartig, solche/r
la tala (28.A)	das Abholzen, die Verwüstung
talar (28.A)	(Bäume) fällen; verwüsten
la talla (6.A)	die Kleidergröße
el taller (25.A)	die Werkstatt
tal vez (7.A.2)	vielleicht
también (1.A)	auch
tampoco (21.A)	auch nicht
tan caro (11.A)	so teuer
tanto,a (27.A)	so viel, so groß
tanto... como... (14.A)	sowohl ... als auch ...
la taquilla (11.A)	der Schalter
tardar (9.A) (Zeit)	benötigen
tardar en hacer (19.A)	Zeit benötigen, um etw. zu tun
la tarde (4.C.4)	der Nachmittag
la tarea (11.A)	die Aufgabe
la tarjeta de crédito (6.A)	die Kreditkarte
la tasa (14.A)	die Rate
la tasa de paro (25.A)	die Arbeitslosenquote
el taxista (18.A)	der Taxifahrer
el teatro (20.A)	das Theater
técnico,a (26.A)	technisch
la tecnología (28.A)	die Technologie
la tele (24.A)	das Fernsehen, das TV
la televisión (24.A)	das Fernsehen
el tema (8.D.2)	das Thema
la temperatura (8.A)	die Temperatur
la temperatura media (8.A)	die Durchschnittstemperatur
temprano (9.A)	früh
tener (3.A)	haben
tener contacto (3.A)	Kontakt haben
tener cuidado (11.A)	aufpassen
tener en cuenta (21.A)	berücksichtigen
tener hambre (9.A)	Hunger haben
tener los ojos verdes (7.A.1)	grüne Augen haben

Vocabulario por orden alfabético

tener quince años (3.A)	15 Jahre alt sein	**tratar de hacer** (28.A)	versuchen zu tun
tener sed (13.A)	Durst haben	**el tren** (2.C.1)	der Zug
tener suerte (17.A)	Glück haben	**el tren de alta velocidad** (26.A)	der Hochgeschwindigkeitszug
tener tiempo (8.A)	Zeit haben	**el trigo** (26.A)	der Weizen
tengo los ojos azules (7.A.2)	ich habe blaue Augen	**triste** (6.A)	traurig, trist
el tenis (18.A)	das Tennis, der Tennissport	**tropical** (28.A)	tropisch, Tropen-
		tú (1.A)	du
el Tercer Mundo (28.A)	die Dritte Welt	**el turismo** (5.A)	der Tourismus
el tercer piso (10.A.2)	der 3. Stock	**el/la turista** (4.A)	der Tourist/ die Touristin
terminar (2.A)	aufhören, beenden	**turístico,a** (16.A)	touristisch
el terreno (28.A)	der Boden, das Gelände	**tus** (3.A)	deine

U

el territorio (28.A)	das (Staats-) Gebiet
los textiles (28.A)	die Textilien
el texto (3.A)	der Text
el tico (28.A)	der Einwohner von Costa Rica

el tiempo (8.A)	die Zeit; das Wetter	**u** (vor mit o oder ho beginnendem Wort) (24.A)	oder
la tienda (9.A)	das Geschäft, der Laden		
la tierra (14.A)	das Land	**la UE** (16.A)	die Europäische Union (EU)
Tierra del Fuego (14.A)	Feuerland	**último,a** (15.A)	letzte/r
típico,a (16.A)	typisch	**único,a** (18.A)	einzig/e/r
el tipo (17.A)	die Art	**la Unión Europea** (16.A)	die Europäische Union
de un tirón (27.A)	auf einmal, an einem Stück	**unir** (23.A)	hinzufügen
el título (22.A)	der Titel; der Abschluß	**la universidad** (1.A)	die Universität
todavía (2.A)	noch	**la Universidad Autónoma** (1.A)	die Unabhängige Universität (Eigenname)
todo (7.A.2)	alles	**unos** (2.A)	einige
tomar (2.A)	nehmen; trinken	**el uranio** (20.A)	das Uran
el tomate (13.A)	die Tomate	**el uso** (16.A)	die Verwendung
la tortilla española (13.A)	das Bauernomelett	**usted** (1.A)	Sie (höfliche Anrede), Abkürzung: Ud.,Vd.
la tortilla francesa (13.A)	das Omelett	**la utilización** (19.A)	die Nutzung
el trabajador (21.A)	der Arbeiter, Arbeitnehmer		

trabajar (1.A)	arbeiten		
trabajar mucho (2.A)	viel arbeiten		
el trabajo (3.A)	die Arbeit	**la vaca** (20.A)	die Kuh
la tradición (16.A)	die Tradition	**las vacaciones** (5.A)	die Ferien
tradicional (28.A)	traditionell, herkömmlich	**vacío,a** (15.A)	leer
		vacuno (20.A)	Rind-
traducir (1.D.9)	übersetzen	**la vajilla** (12.A)	das Geschirr
traer (13.A)	mitbringen	**vale** (8.A)	einverstanden, okay
el tráfico (23.A)	der Verkehr	**valenciano,a** (16.A)	valencianisch; aus Valencia
la tranquilidad (17.A)	die Ruhe	**valioso,a** (28.A)	wertvoll
tranquilo,a (15.A)	ruhig	**la variedad** (16.A)	die Art
la transferencia (17.A)	die Überweisung	**varios,as** (6.A)	verschiedene
el transistor (12.A)	das (Koffer-) Radio	**el vasco** (16.A)	das Baskische
transmitir (24.A)	senden	**el vaso** (13.A)	das Glas
transportar (27.A)	transportieren, befördern	**la vegetación** (14.A)	die Vegetation
los transportes (16.A)	das Transportwesen	**veinte** (4.A)	zwanzig
trasladar al hospital (15.A)	ins Krankenhaus bringen	**la vela** (18.A)	das Segeln, der Segelsport

252 Vocabulario por orden alfabético

la velocidad (26.A)	die Geschwindigkeit	
el vendedor (15.A)	der Verkäufer	
la vendedora (6.A)	die Verkäuferin	
vender (3.A)	verkaufen	
venir (7.A.2)	kommen	
la ventana (6.A)	das Fenster	
ver (5.A)	sehen	
veranear (22.A)	die (Sommer-) Ferien verbringen	
el verano (5.A)	der Sommer	
verde (6.A)	grün	
el vestido (6.A)	das Kleid	
la vez (26.A)	das Mal	
viajar (6.D.4)	reisen	
el viaje (3.A)	die Reise	
la vida (20.A)	das Leben	
el viento (8.C.7)	der Wind	
el vinagre (13.A)	der Essig	
el vino (3.D.5)	der Wein	
la visita (10.A.2)	der Besuch	
el visitante (23.A)	der Besucher	
visitar (11.A)	besuchen	
la vista (9.A)	der Blick, die Sicht	
vivir (7.A.2)	wohnen, leben	
el volcán (14.D.4)	der Vulkan	
volver (ue) de (9.A)	zurückgehen, zurückkommen von	
el vuelo (11.A)	der Flug	
la vuelta (27.A)	die Rückfahrt	
vuestra tarea de inglés (3.A)	eure Englischaufgabe	

el windsurf (18.A) — das Surfen

y (1.A) — und
ya (4.A) — schon
ya no (21.A) — nicht mehr
ya que (21.A) — da, weil
yo (7.A.1) — ich

la zona (14.A) — die Zone, das Gebiet
la zona peatonal (15.A) — die Fußgängerzone
la zona verde (7.A.2) — die Grünfläche

Las comunidades autónomas de España

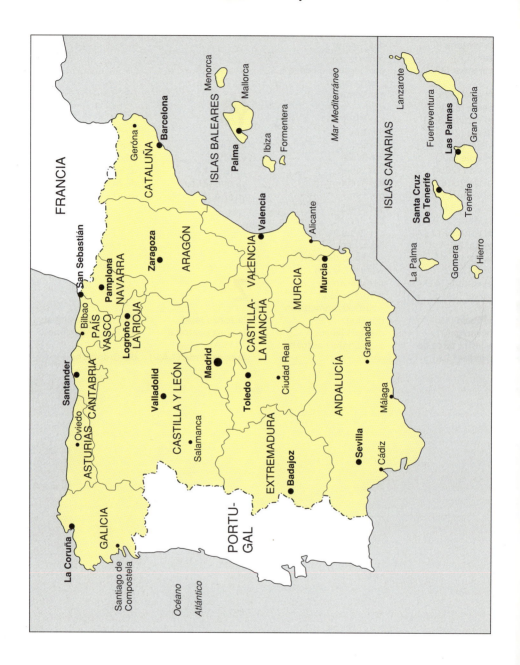

Hispanoamérica

Bildquellenverzeichnis

Zeichnungen: Camilo Matiz, Dortmund

S. 15	MEV-Bildarchiv
S. 22	Acueducto de Segovia; W. Horstmann, Münster
S. 31	Agencia de viajes en Vigo; W. Horstmann, Münster
S. 38	Una joven española; K. Schubert, Soest
S. 41	E. Galas, Köln
S. 42	El Corte Inglés, León
S. 50	MEV-Bildarchiv
S. 51	MEV-Bildarchiv
S. 58	Orense: vista parcial; Ediciones Paris, Zaragoza
S. 64	El País, Madrid
S. 89	MEV-Bildarchiv
S. 91	M. Seifert, Hannover
S. 93	Foto: Teubner, Rezept: M. Kaltenbach/SPANISCH KOCHEN; © Gräfe und Unzer Verlag, München
S. 97	E. Galas, Köln
	Un volcán en los Andes; E. Meier-Rolke, Münster
	Costa de Cuba; E. Meier-Rolke, Münster
S. 110	En las Fallas de Valencia; M. Löffler, Münster
	En la Huerta de Valencia; E. Nickel Stegemann, Münster
S. 116	Oficina española de turismo – Spanisches Fremdenverkehrsamt, Düsseldorf:
	Port Soplaya, Alboraya. Valencia; B. Berlin
	Puerto deportivo, Gandia. Valencia; B. Berlin
	Teatro romano, Sagunto: Valencia; Garrida
	Torres de Quart. Valencia; B. Berlin
S. 124	Blanes, Costa Brava; W. Horstmann, Münster
	Karte: E. Galas, Köln
S. 125	Invernaderos en la provincia de Almería; W. Horstmann, Münster
S. 130	La playa de Torrevieja en 1963; H. García Rebagliato, Torrevieja
	La playa de Torrevieja en 1993; K. Schubert, Soest
S. 131	El País, Madrid
S. 138	E. Galas, Köln
S. 146	Statistisches Bundesamt, Informe España
S. 158	El Palacio Real de Madrid; W. Horstmann, Münster
S. 159	rechts: El Museo del Prado, Madrid; W. Horstmann, Münster
	links: La Gran Vía, Madrid; W. Horstmann, Münster
S. 165	Publicidad en La Coruña/Galicia; W. Horstmann, Münster
S. 172	Una joven empleada; K. Schubert, Soest
S. 180	La Alhambra de Granada; W. Horstmann, Münster
S. 181	El puerto de Málaga; W. Hartmann, Münster
S. 187	Una autovía nueva en Extremadura; W. Horstmann, Münster
S. 193	Una playa costarricense; W. Horstmann, Münster
	Una zona de bosque talado; W. Horstmann, Münster
S. 254	E. Galas, Köln
S. 255	E. Galas, Köln